流程资产

从组件到解决方案的
企业核心能力建设

Process Asset-Building Enterprise Core Ability
From Component to Solution

张燕飞 著

中国法制出版社
CHINA LEGAL PUBLISHING HOUSE

前言 PROCESS ASSET

随着数字化时代的到来，企业已经天然地将客户视为自身发展的动力。越来越多的企业更加重视客户化的需求和体验，希望以此来保留和维系客户。在企业运作方面，客户思想体现在业务流程的设计和执行过程中，业务流程就像血液一样时刻贯穿在企业所有组织和人员中。同时，我们也看到少数企业在流程变革方面获得了巨大的成功，而且实践和理论证明这种成功是可以被复制的，据此流程的思想开始被越来越多的企业引入和实施。有的企业准备尝试推行流程理念和实践，正在流程的大门外观望；有的企业在实施流程实践的道路上遇到了重重困难，举步维艰；即使少数企业取得了部分成功，也来不及举杯庆祝，而在思考着数字化时代转型过程中遇到的新机遇和新挑战。

在践行流程理念的过程中，企业会遇到各种各样的问题，这些问题绝大多数和企业实际落地相关。流程如何为企业创造价值？如何引入和推行流程才能成功？管理者在苦苦追寻根本解决办法的时候，是不是可以回想初衷，换个角度来思考和解决问题？企业管理者和全体人员的首要目的是通过产品和服务获得收益，那流程是不是产品？是不是可以从产品的角度阐述其管理过程？从产品的投入产出角度来思考？从产品的过程管理角度来引入和推行流程工作是不是在企业中更易于理解？是不是更易于被大家接受？已经在推行流程实践的企业，是不是可以通过产品管理的手段，解决流程的连续性价值发挥问题？于是，笔者带着将流程作为产品或者资产来管理的思路撰写本书。

同时，笔者也在思考，有没有类似百科全书的业务流程实施的全集供读者参考？流程实施的产品全集是什么？所以，本书的第一个目的是，作为企业流程实施的工具书，或者是日常案头书。

一般来说，工具书需要具有通用性、实用性和完整性。本书参考借鉴包括美国 PMI 项目管理体系、英国 OGC 组织项目管理体系、The Open Group 企业架构体系、IIBA 商业分析体系、ACMP 变革管理体系、ASQ 质量管理体系、APQC 美国生产力协会等知识管理体系内容，由于各类知识体系的内容已经抽象为方法论，而且从不同管理视角给出每种业务具体的专业指导，保证方法的通用性是不成问题的。各种管理知识体系虽然在宏观层面可以指导企业实践，但对于企业来说，流程是业务管理的综合行为，宏观的某一方面的指导与企业实践需要还是存在差距的。所以，本书结合企业实践，在各类知识体系的指导下，提取实践背后的元知识，使得本书阐述的方法在企业落地具有可能性。同时从企业管理实践的发展历程出发，包括战略管理、目标管理、变革管理、架构管理、需求管理及交付管理等全业务场景，整合企业业务管理过程中分散的方法和知识，保证业务实践需要的连续性。即从方法的实践需求和连续性需求两方面保证书中方法在企业落地的实用性。即使方法满足企业实用性要求，但也并不意味着拿来就可以直接使用。书中提到的内容是指导流程方法在企业落地的最佳实践方法，也就是提到的方法不要求企业强制实施，只是推荐企业参考实施，企业可以结合自身业务实际去灵活应用。

解决了通用性和实用性要求，那么如何保证完整性？为了解决这个问题，书中提出了"框架+组件+解决方案"的设计思路和"分层+分类+分目标"的流程资产结构立方体模型。在实际组织运作中会有各种各样的问题，会产生各种各样的需求，甚至会根据企业实际提炼出新的实践方法。企业运作表

| 前言 |

现虽然千差万别，但剖开来看，组成的管理要素是十分相似的，据此形成的"框架+组件+解决方案"的设计思路和"分层+分类+分目标"的流程资产结构立方体模型，可以实现在已有的流程资产清单的基础上不断更新，新的流程资产也可以在流程资产结构立方体模型中找到相对应的位置。

笔者撰写本书的第二个目的是，希望为流程专业知识领域的形成尽微薄之力。流程即业务，业务管理涉及企业各个方面，以流程为线索形成业务管理的专业知识领域就成为一种可能。

本书主要解决的问题如下：

1. 通过展示流程方法的全集，或者说是架构下的全集，引导准备了解和想要开展流程管理工作的思路。

2. 指导流程方法在结合企业实际推行过程中的整体性和节奏性，旨在应用流程方法帮助企业快速、有效地实现价值。

3. 解决流程管理者和流程执行人员在实施具体工作的落地实践问题。

企业管理是一个复杂多变的过程，书中提到的流程资产管理方法是一个涉及流程应用的方法索引和实践指南，希望可以给需要开展流程工作的读者提供些许帮助，如果可以在本书的启发下应用和实践若干方法，给企业带来收益和价值，本书最大的目的也就达到了。以客户为中心是企业管理的原则和真谛，希望以客户为中心的流程思想和实践在国内越来越多的企业生根发芽，发展壮大。

本书内容

本书按照黄金圈思维模型，"自内向外"按照 Why—How—What 的顺序阐述流程资产管理相关内容：

Why——为什么，介绍流程作为资产管理的原因和目的；

How——如何做，介绍流程资产内容框架理论和模型；

What——做什么，介绍流程资产的形成过程和使用方法。

本书主体包括四篇，总计十个章节，内容框架关系如下。

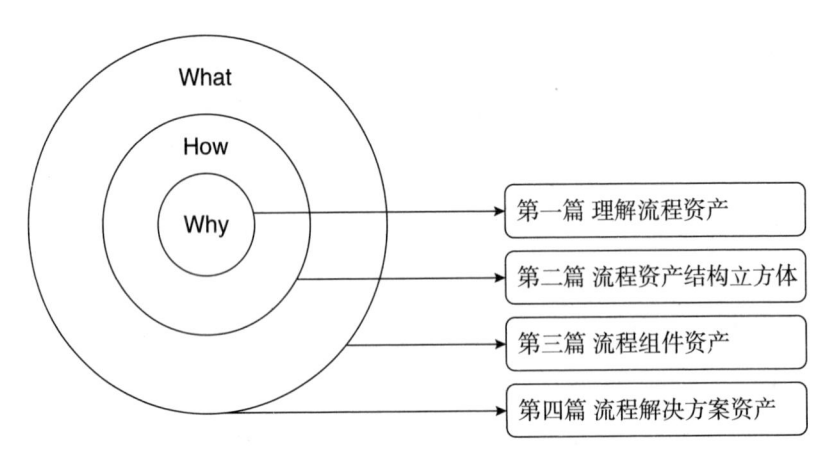

```
         What
         How
         Why     ——→  第一篇 理解流程资产
                 ——→  第二篇 流程资产结构立方体
                 ——→  第三篇 流程组件资产
                 ——→  第四篇 流程解决方案资产
```

第一篇主要介绍流程资产管理的必要性，内容包括：

1. 通过阐述企业能力、核心能力、流程资产的关系，给出流程作为资产管理的原因；

2. 阐述作为企业核心能力的流程资产的特点及存储管理；

3. 阐述流程资产如何创造价值。

第二篇主要介绍流程资产的分类，内容包括：

1. 提出并阐述流程资产管理"框架 + 组件 + 解决方案"的设计思路；

2. 提出并阐述"分层 + 分类 + 分目标"的流程资产结构立方体模型；

3. 结合组织运作过程，介绍流程资产内容图谱；

4. 阐述流程资产整体视图及相互关系；

| 前言 |

5. 阐述后续章节流程资产介绍的逻辑结构。

第三篇主要是对各类组件资产知识内容的介绍，包括定义、适用场景、操作流程、输入输出、技术工具等，总计13类资产，包括流程级组件资产（5类）、要素级组件资产（5类）和企业级组件资产（3类）。由于本书的定位是流程资产，而流程级对于要素级和企业级有着承上启下的连接作用，同时也为了方便读者可以直接对流程资产有快速认识，所以在内容顺序上调整为流程级组件资产、要素级组件资产和企业级组件资产。

第四篇主要是对解决方案资产知识内容的介绍，包括定义、适用场景、操作流程、输入输出、技术工具等，总计17类资产，包括流程级解决方案资产（9类）和企业级解决方案资产（8类）。对于实施流程生命周期管理感兴趣的读者，可以参考阅读流程级解决方案资产的内容；对于在企业层面流程变革管控和实施感兴趣的读者，可以参考阅读企业级解决方案资产的内容。

第五篇是本书的附录，阐述了书中提及的流程资产和其他管理视角的关联性，方便读者在更大范围的上下文中识别流程方法与其他管理视角的区别与联系。除此之外，对于本书中出现的大量技术工具和缩略语进行了总结，方便查阅。

在章节设置上，每一篇都会由引言和目标引出具体阐述内容，以小结提炼知识点作为章节收尾，目的是进一步帮助读者对书中介绍内容的理解和掌握。

本书知识内容阐述独立性较强。总体来说，读者可以根据自己感兴趣的内容开启学习和阅读，但有几条具体的建议如下：对流程方法有一定或者深入理解的读者，建议可以从第一章开始阅读，有助于帮助读者对已经熟悉的流程方法换一个新的视角来认识；对于流程方法还不是很熟悉或者比较陌生的读者，又或者只是对流程的方法实践感兴趣的读者，建议可以越过第一章和第二章的知识内容，直接从第三章和第四章开始阅读。读者在阅读过程中，对于提到的流程资产需要有框架性的认识，可以随时跳到第二篇查阅相关内容。

目录 PROCESS ASSET

第一篇 理解流程资产

第1章 流程资产是一种企业能力 / 003

1.1 企业能力是一种资产 / 003

1.2 企业核心能力本质上是企业知识资本的协同整合 / 004

1.3 流程是一种知识资本,是企业核心能力的表现 / 004

第2章 流程资产价值创造过程 / 007

2.1 流程资产管理的价值链 / 007

2.2 流程资产的连续系列管理通过杠杆作用提高生产力 / 010

第二篇 流程资产结构立方体

第3章 流程资产内容 / 015

3.1 "框架＋组件＋解决方案"设计思路 / 015

3.2 "分层＋分类＋分目标"流程资产结构立方体 / 017

3.3 "分层＋分类＋分目标"流程资产内容图谱 / 020

3.4 "框架＋组件＋解决方案"流程资产内容架构 / 024

3.5 流程资产适用场景 / 025

第 4 章　流程资产建模 / 029

4.1 流程资产建模与模型 / 029

4.2 流程资产内容元模型 / 030

第 5 章　流程资产知识描述结构 / 034

5.1 流程资产描述结构 / 034

5.2 描述结构关键概念说明 / 034

第三篇　流程组件资产

第 6 章　流程级组件资产 / 041

6.1 流程及流程图 / 042

6.2 视角及流程视图 / 049

6.3 流程与流程绩效目标 / 056

6.4 流程与流程关键控制点 / 063

6.5 流程与流程文件 / 069

第 7 章　要素级组件资产 / 076

7.1 流程起点终点与业务范围 / 077

7.2 活动输入输出与数据信息 / 082

7.3 业务活动及应用功能 / 089

7.4 角色与组织职责 / 095

7.5 业务规则及流程裁剪 / 102

第8章 企业级组件资产 / 109

8.1 业务架构 / 110

8.2 业务价值流 / 123

8.3 关键流程 / 131

第四篇 流程解决方案资产

第9章 流程级解决方案服务 / 141

9.1 业务需求分析管理服务 / 142

9.2 业务流程优化服务 / 147

9.3 权责设计与审批流程管理服务 / 153

9.4 数字化业务流程优化服务 / 158

9.5 业务流程适配服务 / 163

9.6 业务流程绩效评估服务 / 168

9.7 客户声音收集服务 / 173

9.8 业务流程遵从性评估服务 / 177

9.9 业务流程审计服务 / 182

第 10 章　企业级解决方案服务 / 187

10.1　业务能力管理服务 / 188

10.2　业务变革规划服务 / 196

10.3　业务变革项目实施服务 / 202

10.4　业务变革组合管理服务 / 208

10.5　业务变革项目评审决策服务 / 215

10.6　业务目标运营服务 / 220

10.7　治理风险合规服务 / 226

10.8　管理体系融合服务 / 231

第五篇　后记

附录 1　不同管理视角的相关性 / 239

附录 2　技术工具 / 249

附录 3　缩略语 / 260

PROCESS ASSET

第一篇　理解流程资产

> 如何能让企业流程资产快速地转化为企业的核心竞争力？
>
> 通过阐述企业能力、核心竞争力和流程资产的关系，分析流程资产改善企业生产力进而创造核心竞争力的过程，从策略层面理解把流程作为资产进行管理的必要性和重要性。

知识资本是企业一种以相对无限的知识为基础的无形资产，是企业的核心竞争能力。企业能力通过人才资本、结构资本、市场资本之间的相互作用、共同整合来推动企业发展，成为企业获得竞争优势的重要因素，是未来创造收益的实际推动力。在信息时代，企业应当将隐性的、未编码的组织知识转化为企业最重要的竞争性武器，应当在员工、顾客忠诚、企业文化、专利、制度和经营流程的组织知识中发现知识资本，这是实现企业潜在资产的价值过程。

——*Edvinsson L.*，*Sullivan P.*，*Karl Erik Sveiby*
雷厄夫·埃德温森，帕特里克·沙利文，卡尔·爱立克·斯威比

第1章　流程资产是一种企业能力

1.1　企业能力是一种资产

企业能力是指运用、转换与整合组织资源的能力，是资产、人员和组织投入产出过程的复杂结合，表现在整合一组资源以完成任务或者从事经营活动的有效性和效率。就资源本身而言，它几乎没有生产能力，能力是生产活动要求资源进行组合和协调而产生的[①]。总体来说，企业能力是组织为完成既定战略目标所具备的核心资产，这些核心资产来源于企业的有形资产和无形资产。

资产（Asset），是企业用于从事生产经营活动，为投资者带来未来经济利益的经济资源。预期未来的经济利益不属于单项资产的特性，甚至也不完全属于物质资产的特性，而是企业整个机体作用的结果。因为任何一个企业要形成现实的生产力，必须既有物质资源，又有人力资源，并由经营者加以合理配置和有效运营，才能够取得未来经济利益。所以，企业经济利益的取得，是生产力诸多要素综合配备的结果，当然也包括整合各种资产和技术的能力，这种整合能力即为企业能力。这和通过资源运用、转换与整合形成的企业能力的思想是一致的，所以企业能力也可以为企业带来经济利益，可以作为企业资产的管理范畴。

---

① 引用克里斯蒂森·克努森：《企业万能：名家谈企业能力》。

1.2 企业核心能力本质上是企业知识资本的协同整合

企业是由一系列活动组成的体系。从业务价值链分析，表现为产品开发设计能力、市场营销能力、产品与服务交付能力、客户服务能力等。对处于不同产业的不同价值链环节的企业来讲，其能力的构成与组合会有所不同，这导致企业具有不同的综合性能力。这种嵌于企业组织中、能给企业带来持久竞争优势的综合性组织能力就是企业的核心能力。核心能力体现为企业价值增值活动，这些价值增值活动能以比竞争者更低的成本进行，正是这些独特的持续性活动构成了公司真正的核心能力。企业核心能力的产生代表了一种企业发展的观点，企业的发展由自身拥有的与众不同的资源所决定。企业围绕这些资源构建自己的能力体系，以实现自己的竞争优势。

企业核心能力是企业在市场竞争中赖以生存和发展的能力，决定企业的生存与发展，是企业在市场经济环境中较其竞争对手所表现出来的更强地去创造、获利、应用知识和技术的持续发展的能力（Prahalad C. K., Hamel G., 1990）。在知识经济快速发展的今天，企业核心能力本质上是企业知识资本的协同整合（Edvinsson L., Sullivan P., 1996），企业知识资本管理的根本目的是提升其竞争能力（Brooking A., 1996）。

1.3 流程是一种知识资本，是企业核心能力的表现

1997年，斯图尔特提出了著名的知识资本的"H-S-C"结构，即知识资本由人力资本（Human）、结构性资本（Structure）和顾客资本（Custormer）构成。人力资本是指企业员工所具有的各种技能和知识；结构性资本是指企业的组织结构、制度规范、组织文化等；顾客资本则是指市场营销渠道、顾客忠诚、企业信誉等经营性资产。人力资本、结构性资本和顾客资本三者相互作用，共同推动企业知识资本价值的增值和实现。

根据"H-S-C"知识资本分类，流程是一种结构性资产，它包括一整套

企业特有的能力与系统，如企业促进创新的能力，提高和创造自身价值的能力，使员工学习知识的时间缩短并更快、更容易、更有效地共享公司知识和经验的能力等。流程其实像其他企业资源部门一样，员工、资金、设备等同样需要作为资源或者资产来管理，这意味着要对流程进行管理、测评和维护。

流程作为企业的核心竞争力，决定了组织在市场上销售的产品或者服务的成本。通过对流程资产进行有序、稳定的管理，可以为企业业务运营、客户服务、产品领先等方面带来诸多利益。例如，提高部门间业务交流及知识共享，减少人员臃肿及重复工作，降低运营成本，提高运营效率，及时反馈客户，提高客户服务价值及质量，不断地开发先进的产品以创建新的客户价值，进而成为行业和市场的领导者。许多组织或者高管并没有把流程看作重要的资产来管理，忽视流程资产的价值，流程资产大量地以隐性的方式存在，个体的经验知识没有转化为企业的知识资本，造成了大量的浪费。

流程作为一种核心资产，具有区别于其他企业资产的显著特征。

- **流程资产具有高度增值性**

企业能力是通过组织资源的协调整合应用表现出来的，所以企业拥有了流程，并不意味着直接拥有了流程资产创造的巨大生产力。只有通过建立流程资产整合和协调的能力，让流程资产增值，才能真正成为企业发展的巨大动力。尤其是关键核心的流程资产，那些可以直接满足客户需求的价值链相关的流程资产，可以在企业创造价值和降低成本方面起到重要作用，可以区别于竞争对手，为企业赢得和保持竞争优势作出特殊贡献。

- **流程资产具有长期收益性**

流程资产是服务企业经营和发展的底层管理逻辑。对外来说，由于是竞争对手难以模仿或者替代的，故而能取得并维持竞争优势；对内来说，可以实现有效快速进行业务复制，提升企业管理效率。所以，从外部来看，流程资产的长期收益性对潜在进入者构成一种进入壁垒，以保护垄断利润的获得，同时对内也是一种退出壁垒，对企业产生推动作用，激励企业员工为组织目标而努力。

- **流程资产具有不可直接继承性**

每个企业创造价值的方式和运作方式不一样，不能直接将其他企业的流程拿过来使用，需要依附于企业文化和资源整合，具有不可直接继承性的特点。复制使用流程资产时，必须分析自身企业的文化、环境和资源，并和企业的其他资源相互作用，形成适合自身企业的流程才有可能发挥其资产作用。流程资产还有积累的自然属性，因为流程资产具有历史依存性，是企业积累性学习的结果，也是企业的"管理资产"。这种结合企业自身环境和学习积累形成的流程资产势必造成流程资产的不可直接继承性。

流程是企业核心能力的表现。企业由不同的活动或者流程组成，这些活动或者流程体现在价值链过程中，通过价值链的分析能有效地分析在企业从事的所有活动中哪些活动对企业赢得竞争优势起关键作用，并说明如何将一系列活动组成体系以建立竞争优势。流程正在许多企业的实践中显示出其特殊地位，这些"流程"通过沉淀转化为"流程资产"，由经营的附属逐渐转变为成功获利的关键。

第 2 章　流程资产价值创造过程

2.1　流程资产管理的价值链

流程资产是指能够转化为市场价值的知识，是能够为企业带来利润的隐形知识资产。流程资产的目标是通过流程资产的运营，实现其积累和增值的作用。流程资产管理集中体现在流程资产战略、流程资产创造、流程资产维护、流程资产转化等方面。流程资产创造价值的过程如图 2-1 所示。

一、从流程制品过渡到流程资产，实现了价值定义

我们简单区分一下流程制品和流程资产的概念。按照行业的标准说法，流程制品通常由流程建模产生，流程处于构建过程中，还未正式纳入企业内部资产受控管理的状态，这个阶段产生的交付物叫作流程制品。流程资产是通过验证并受控的可为业务复用的流程制品。流程制品关注功能，是设计领域的概念；流程资产关注价值，是应用领域的概念，流程制品经过一定的管理流程转化为组织的流程资产。这个过程类似制造型企业的运作过程，研发设计部门按照客户和市场需求设计出具有功能及其功能组合的产品，这个阶段是"研发设计验证"阶段，叫作"产品"，对应"流程制品"的概念，经过试制和小批量生产验证及市场相关准备之后发布到市场端作为可销售给客户的产品，这个阶段是"上市发布"阶段，发布后的"产品"叫作"商品"，对应"流程资产"的概念。

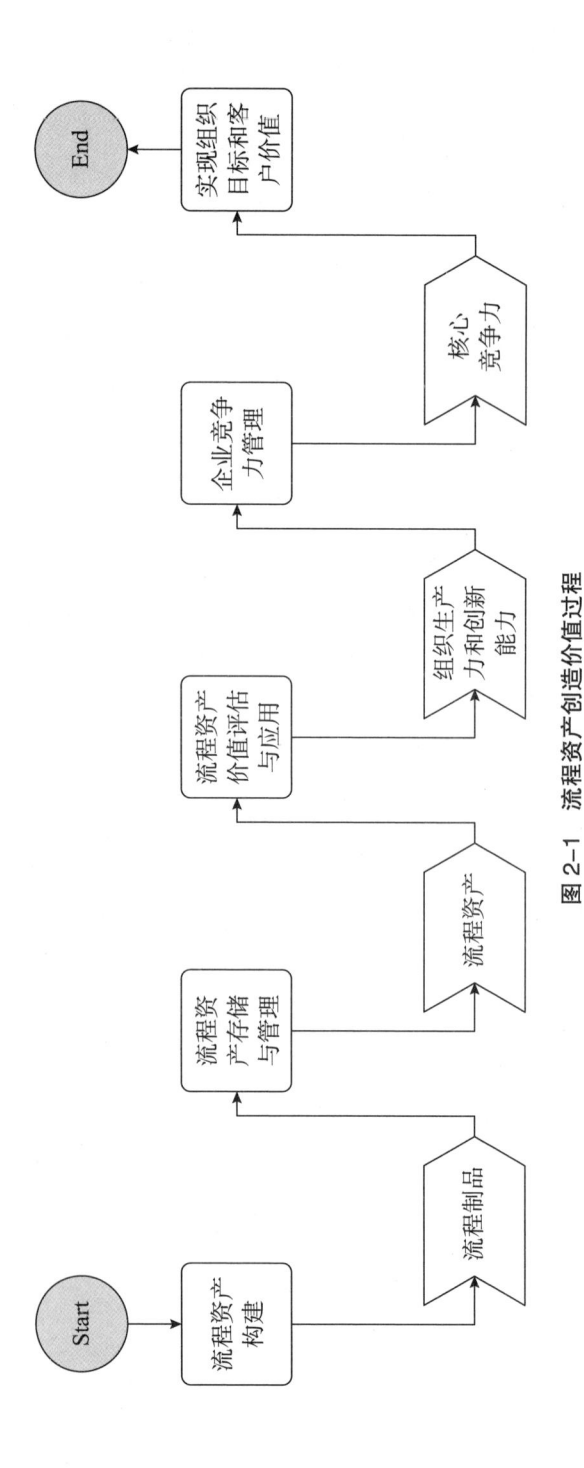

图 2-1 流程资产创造价值过程

二、流程资产存储和管理

流程资产存储一般是通过资产存储库来实现的。流程资产存储库是一个存储和管理企业和各业务单元的所有流程资产及其相关数据信息的系统。运作成熟的流程管理企业，必然会产生大量的流程资产输出，为了很好地管理和利用这些工作产品，企业需要制定一个正式的针对不同类型资产的分类方法，并且还需要专门的流程和工作来辅助这些内容的存储和管理。流程资产存储为资产的存储、分类、查询、应用等提供了信息手段。只有通过组织正式评审通过的流程资产，才可以进入流程存储库的管理和后期运营。

三、流程资产的价值评估与应用

流程资产价值可以通过复用能力、创新能力、柔性适配能力来评估，进而决定流程资产的价值应用。下面笔者就已有的业务运营，业务整合和拆分，新业务开拓和商用性几种场景分别说明。

流程资产的复用能力是所有价值的基础。企业是通过稳定的业务流程的执行与持续不断的优化来实现企业生产能力的提升。对企业内部已有业务，最重要的是流程资产的复用性和稳定性，稳定性决定了流程资产的复用范围。流程资产稳定性越高，复用范围越大，流程资产复制能力就越强，从而企业生产力就越高。

业务整合和拆分就是基于已有的流程资产，结合市场变化做出实时的调整，以帮助企业更好、更高效地发挥已有流程资产的价值。整合和拆分业务对流程资产的复用能力也有很高的要求，同时还需要考虑流程资产的柔性。业务整合和拆分需要评估已有流程资产是否可以快速适配新的业务模型，柔性越高的流程资产可以通过裁剪和适配来不断提升企业管理灵活度。例如，新成立的分公司或者子公司，通过对流程资产进行批量性的导入和适配，实现其快速运营的目标。

就新开拓的业务而言，是组织基于已有的知识资产、创新成果进入新的市场领域，寻求新的利润增长点。这个过程对流程资产的柔性要求会更高，甚至是对创新性能力的要求。

如果流程资产经过迭代抽象，其复用性超出了本企业范围，流程资产就具有了对外服务的商业价值，例如，对外提供业务流程解决方案的咨询服务或者实施服务。

流程资产通过对已有业务复用程度、新业务适配性、对外服务的商业价值进行评估，并在其应用之后转化为组织的生产能力和创新能力。

四、企业竞争力的形成

企业不断地打造其核心竞争力，以实现企业的愿景和目标。流程资产的持续运营，影响企业价值链的效率与贡献、企业运营策略选择能力，甚至是实体商品的生产效率。通过业务能力改进、业务变革的实施、信息系统等科技工具的渗透和普及，促使生产效率得到提高，业务质量得到改善，形成企业的核心竞争力，最终实现组织目标和客户目标。

2.2　流程资产的连续系列管理通过杠杆作用提高生产力

企业运用成熟的流程管理，必将产生大量的流程资产。有效管理和运用这些流程资产需要由分类学来正式规范不同类型的流程资产。流程资产连续性包括流程资产构建的连续性和流程资产项目的连续性。

流程资产构建的连续性管理是指企业建立流程资产的连续性。依据资产的重用度可以将流程资产构建管理连续性分为企业基础流程资产、业务单元通用流程资产和特定流程资产。企业基础流程资产的重用程度最高，特定流程资产重用度最低，但特定流程资产满足企业和业务需求程度最大，每类资产都是满足特定需求与组织重用程度两种特征的结合。例如，在对企业流程资产进行管理的过程中，可以建立使用基础流程角色管理，在各业务单元领域建立和管理适用于该业务单元的流程角色管理，甚至对特殊角色进行特殊管理。企业基础流程角色管理方法通用性最强，复用性最高；特殊角色的管理服务客户化程度最高，复用性最低。

流程资产项目的连续性管理是指在使用流程资产实施变革项目和流程

优化项目中产生的流程资产的连续性管理。依据资产的重用度将流程资产项目的连续性分为企业基础项目类流程资产、业务领域通用项目类流程资产和特定项目类流程资产。例如，适用于所有变革项目的流程资产和适用于组织优化的变革项目的流程资产的复用程度是不一样的。

在对企业流程资产进行管理的过程中，除区分不同连续性外，还需要将特定或者特殊的流程资产逐步发展成企业基础流程资产，但需要说明的是，连续系列并不表示环环相扣的关系。不论是构建类流程资产还是项目类流程资产，都需要同时考虑复用程度和定制需求程度的要求，特别是企业在平衡成本和价值的时候，连续系列的选择非常重要，流程资产的连续系列管理通过杠杆作用提高生产力。

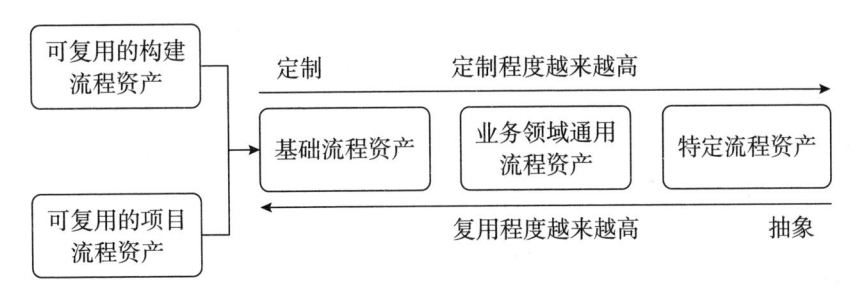

图 2-2 流程资产连续系列

流程资产存储库需要区分流程资产的连续性，通过企业流程资产的不断积累充实和迭代不同的连续层级。流程资产存储库存储的内容包括：资产元模型、业务流程、业务能力、业务需求、业务架构、流程资产解决方案等。

> **本篇小结**
>
> 流程资产是一种企业能力，也是企业核心竞争力，越来越多的企业开始重视它。流程资产具有高度增值性、长期收益性、不可直接继承性的特征，这些特征决定了流程资产在企业中创造价值的形式和约束。按照"H-S-C"结构，流程资产属于知识资本，而且是一种结构性资本，是企业核心资产，通过对流程资产的积累和应用，包括业务日常运营管理的持续改进提升以及企业投资管理过程中的资产复用等，为企业创造价值。

PROCESS ASSET

第二篇　流程资产结构立方体

流程资产结构立方体模型如何确保流程资产的结构性、层次性和完整性管理？

本篇通过阐述流程资产"框架+组件+解决方案"的设计思路及"分层+分类+分目标"的流程资产结构，让读者理解流程资产内容图谱的由来，并清楚流程资产结构立方体模型是如何实现优化和动态管理的过程。

系统是从整体与其要素、层次、结构、环境的关系来揭示其整体性特征的。要素无组织的综合也可以成为整体，但是无组织状态不能成为系统，系统所具有的整体性是在一定组织结构基础上的整体性，要素以一定方式相互联系、相互作用而形成一定的结构，才具备系统的整体性。系统的有机关联不是静态的，而是动态的。系统的动态性包含两方面的意思：其一是系统内部的结构状况是随时间而变化的；其二是系统必定与外部环境存在着物质、能量和信息的交换。比如，生物体保持体内平衡的重要基础就是新陈代谢，如果新陈代谢停止就意味着生物体的死亡，这个作为生物体的系统就不复存在。

——*Ludwig Von Bertalanffy*
路德维希·冯·贝塔朗菲

第 3 章　流程资产内容

3.1 "框架+组件+解决方案"设计思路

企业是在一定的环境（如社会环境、政治环境、经济环境等）下生存和发展的，在此基础上利用、整合配置企业外部资源（如原材料、资金等），通过提供产品和服务创造价值，为市场客户和股东实现利益。每个企业都想通过更有效的产品研发过程和更灵活的制造生产过程，让其业务可以获得更好的收益。企业目标的达成需要人力、设备、系统等多种因素综合作用。如果想要更清晰地解读企业这个黑盒子的运作，就需要把企业当作一个系统来研究，研究企业这个系统的边界、范围、内容、关联等。这里提到的系统不是来源于控制系统，或者是计算机系统，而是来自社会科学的范畴。笔者所说的系统观点，是指在一切事物和其他事物都有相关性的基础上，系统要素以一定的方式相互联系、相互作用，进而形成一定的结构。

我们应该以怎样的系统思考框架研究企业系统，以及企业系统中的流程、组织和人呢？企业目标的达成和价值输出受多种内外部因素的影响，但本质是由众多相互关联的业务流程[①]支撑其运作。我们可以把这些业务流程看作组成企业运作的子系统，各子系统实现自我运作的同时又和其他子系统发生关系，通过相互协作的方式完成企业这个大系统的目标要求。虽然每个企业的实际运作形态从外部来看是千差万别的，但从内部管理要素拆分来看是具有高度相似性的。企业的业务流程子系统的运作过程都卷入了组织目标、客

---

① 若无特殊说明，书中提到的"业务流程"同"流程"是相同概念。

户需求、岗位角色、业务活动、信息系统资源等要素，这些结构化的要素可以理解成各业务流程子系统的零部件，通过元素零部件各种组合方式协同完成业务流程子系统的目标。在组织大系统实现运转的过程中，我们会遇到各种各样的故障和问题，如子系统失灵、零部件需要更换、零部件和子系统不匹配等问题。那么，如何解决上述问题呢？答案是通过替换或者维修每个业务流程子系统或者业务要素零部件来实现。

上述零部件组合形成业务流程子系统。业务流程子系统组合形成企业大系统的方式体现了"框架＋组件＋解决方案"的流程资产管理设计思路。框架是由相互关系的业务单元组成的体系性和结构性的系统，这里的框架代表企业大系统运作的架构，可以看作业务流程子系统及其为了达到最佳运作而形成的相互关系的组合。组件代表业务流程要素或者流程，可以根据不同的业务目标被封装为流程资产服务，这些流程资产服务为企业运转过程的有效性提供保障。在企业系统的运作中，组件和框架是相对而言的，各种组件集合及其相互关系都可以组成对应的框架，类似业务流程子系统组件及其相互关系组成企业大系统框架，业务流程要素组件及其相互关系也可以组成业务要素的框架。由于企业运作的复杂性，可以通过不同大小的颗粒度和不同类型的组件封装方式来满足特定业务目标的解决方案。这个过程类似乐高玩具的构建和组装过程，依据玩家不同的喜好和目的，将各类乐高构件组装成不同的乐高作品，作品和作品之间可以构成更大的主题，这些作品背后不同的主题和故事，对应商业环境中业务目标的实现。

任何一种架构管理的本质都是通过拆分、整合、打散、重组等技术手段对系统进行有序的重构，以达到减少系统熵的目的，使系统得到不断的进化。流程资产通过"框架＋组件＋解决方案"进行管理的形式是解决企业生态协作的方法，这个方法主要是解决企业复杂生态协作的治理问题。通过这种方式管理流程资产，将其形成过程依照组件化设计、存续过程按照架构进行管理，使用过程通过组件资产封装成解决方案为企业提供服务，这个流程资产的设计、管理、应用过程使企业的流程资产大规模复制使用成为可能，可以节省流程资产开发的人均成本，并加速企业业务能力提升的周期。

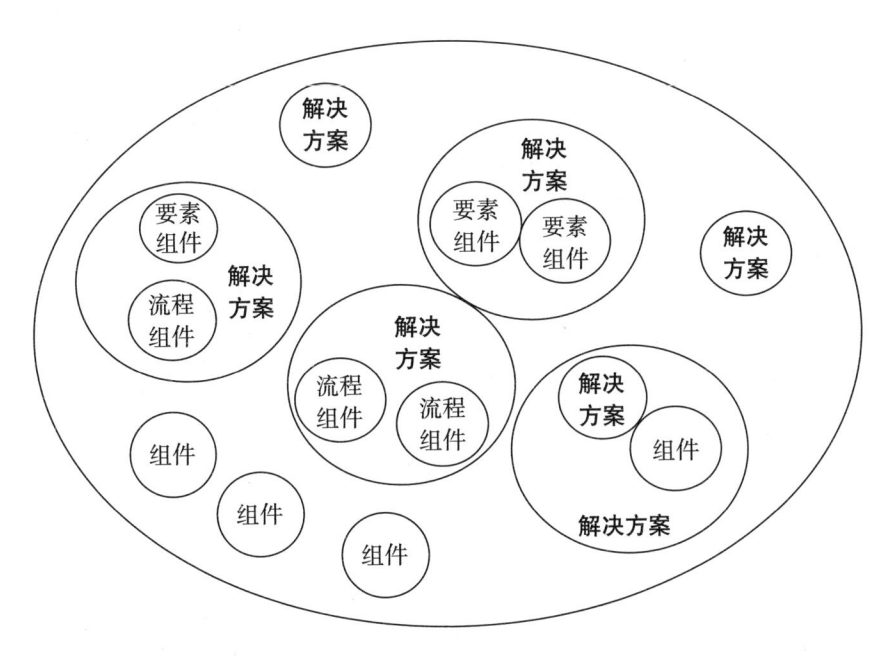

图 3-1　组件与解决方案关系图

3.2 "分层+分类+分目标"流程资产结构立方体

流程资产按照管理颗粒度可以分为要素级资产、流程级资产和企业级资产。

要素级资产是指针对流程要素采用结构化设计和管理而生成的一类流程资产，如业务活动、角色等，要素级资产是流程资产中最基本的管理单元。要素级资产的管理有助于角色、业务活动和输入输出数据的重复有效利用，从组织层面、执行层面和数据层面实现和流程的关联，在流程实施过程中优化资源配置。

流程级资产是指围绕流程设计、优化、重构等过程采用结构化设计和管理而生成的一类流程资产，如流程改进、6西格玛流程项目、精益管理等。流程级资产的管理对象是单支流程的过程和结果管理，主要是围绕业务流程的效率和效果为组织和业务干系人提供相关的服务。

企业级资产是指围绕企业整体目标需求和治理活动开展过程而生成的一

类流程资产。这类流程资产不单独针对单支流程或者某几支流程，而是对企业所有流程都适用的流程资产，如企业业务能力、企业价值流等。企业级流程资产的管理范围是针对整个企业，一般会涉及战略管理、目标管理、变革管理、架构管理和流程管理等内容。

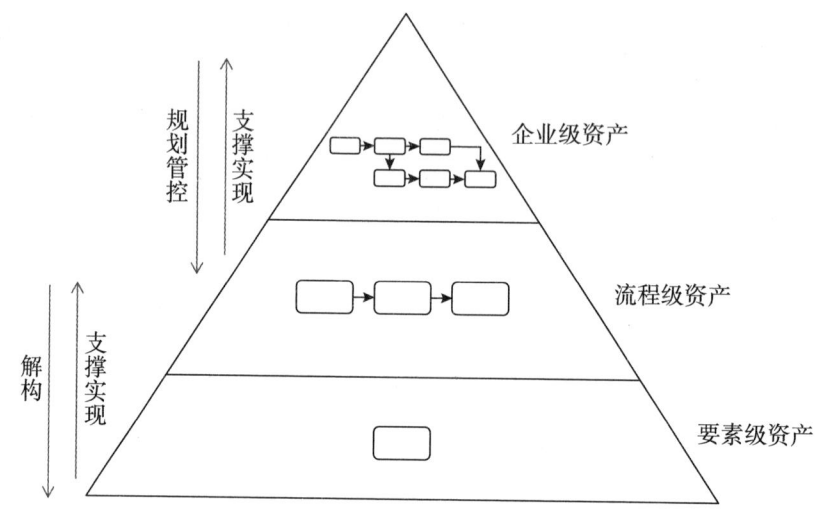

图 3-2　流程资产分层结构

流程资产在要素、流程和企业三个层级通过相互协作共同完成企业流程资产服务。要素级资产从微观层面解构和支撑流程级资产，企业级资产从宏观规划和管控流程级资产。从企业级流程资产的规划建设到流程级资产的实施部署，再到要素级资产的最终落地，共同实现流程资产在不同层级和业务组织单元的不断完善。

按照前面所阐述的"组件 + 解决方案"的设计理念，不管是要素级资产、流程级资产还是企业级资产，都存在组件资产和解决方案资产两种类型。组件资产通常是和业务目标相关的不可再分的资产管理单元，这里的业务目标可以是企业目标、流程目标，或者是更小的管理要素目标。解决方案资产是根据业务目标对组件资产组合封装形成的，这个过程会生成不同于单个组件资产的新的服务目标。组件资产和解决方案资产可以是分层级的。

要素级组件资产是指组成流程的业务要素形成的资产，如业务活动、业务角色、输入输出信息等。流程级组件资产是针对流程自身管理对象形成的资产，如流程风险、流程绩效、流程视图等。类似的道理，企业级组件资产是通过流程方式在企业层面展示价值过程中形成的资产，如企业价值流。组件资产强调资产的形成过程和形成之后对资产主体的静态管理，同时也关注资产存续过程的管理，如资产信息记录、建模要求、存储要求等。

表 3-1 流程分类层级、组件和解决方案

层级 \ 分类	组件	解决方案
要素级	要素级组件资产	要素级解决方案资产
流程级	流程级组件资产	流程级解决方案资产
企业级	企业级组件资产	企业级解决方案资产

流程资产按照管理目标可以区分为目标类流程资产和风险类流程资产。目标类流程资产和风险类流程资产通过对正向目标达成和负向目标损失两个方面进行管理，在效益、效率和风险之间取得平衡，共同为实现企业目标服务。

目标类流程资产是指和企业、各业务单元制定的战略和业务目标达成相关的流程资产。此类流程资产的使用是通过合理配置企业资源设计高效且有竞争力的流程，并监控流程目标，辅助业务过程的改进和优化来保证业务流程绩效的达成，最终合力实现企业结果目标，如流程绩效和效率分析、流程优化分析、流程重构等。目标类流程资产按照层级可以区分为企业级和流程级。

风险类流程资产是指在企业运营过程中发生的影响战略和业务目标达成的风险相关的流程资产。此类流程资产关注运营风险、合规风险、财务风险等方面的风险管理，范围包括风险识别、风险分析、风险应对等过程。风险类流程资产按照层级同样可以区分为企业级和流程级。

流程资产结构立方体模型如图 3-3 所示。

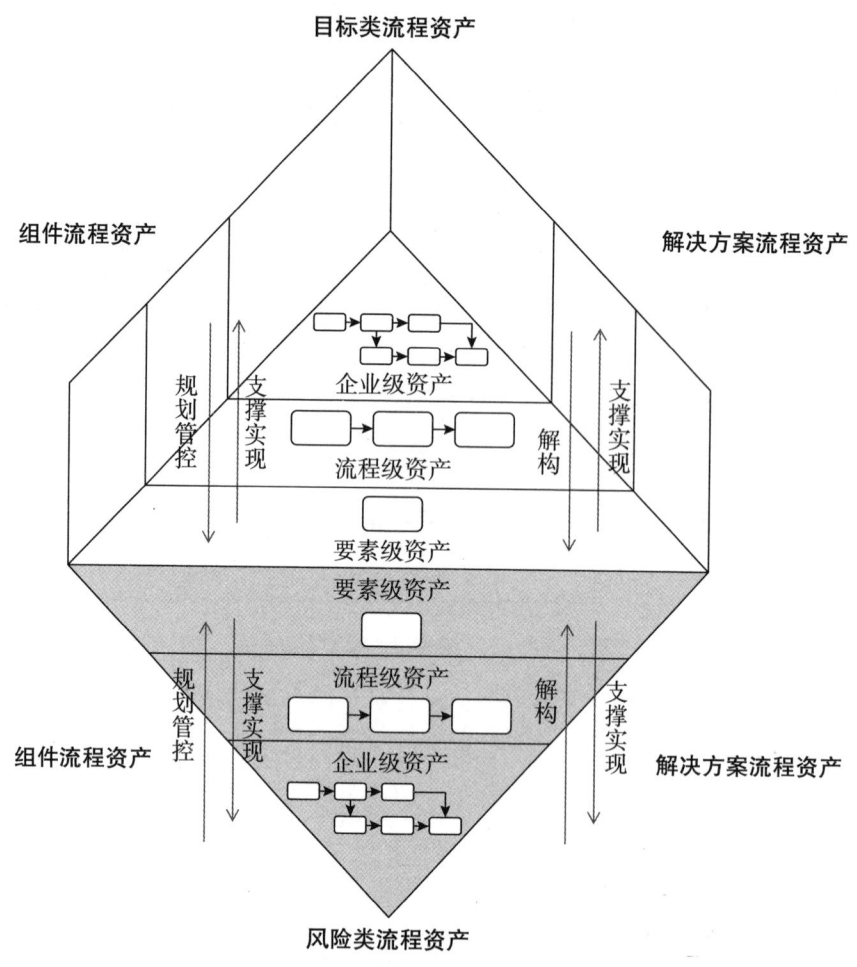

图 3-3　流程资产结构立方体模型

3.3 "分层+分类+分目标"流程资产内容图谱

首先，我们界定一下业务流程及业务流程要素的范围。依据ISO9000标准的定义，业务流程是被重复执行、逻辑上相互关联的一组业务活动序列，将明确的输入转换成明确的输出，从而实现为客户创造和向客户交付价值（产品和服务）的业务目的。据此，我们将业务流程的要素界定为：流程起点终点、业务活动、业务活动的输入输出信息、业务活动的执行主体角色、业务规则。业务流程通过将这些要素组合匹配并相互协作支持企业的日常运作。

在企业运作的过程中，业务流程贯穿业务规划、业务设计、业务实施和业务评估的生命周期阶段，这种贯穿体现了业务流程子系统时刻支撑企业大系统的运作和优化，所以流程级和企业级资产自然就包括业务运作的所有阶段。

如图 3-3 所示，流程资产结构立方体的上半部分代表目标类流程资产，下半部分代表风险类流程资产，立方体的左半部分代表组件类流程资产，右半部分代表解决方案类流程资产。同时按照流程资产的不同层级将上述立方体再次分割为要素级资产、流程级资产和企业级资产。

一、目标类流程资产

目标类流程资产是指和企业、各业务单元制定的战略和业务目标达成相关的流程资产，涉及目标设置、目标监控、目标执行和目标评估，包括组件类资产和解决方案类资产。

根据 ISO9000 标准对流程的定义和分解，目标类要素级组件资产包括流程起点终点、业务活动、业务活动的输入输出信息、业务活动执行的主体角色和业务规则。

目标类要素级解决方案资产涉及各类管理要素独立且系统性管理，包括流程输入输出、起点终点的数据管理，角色的组织管理，业务活动的信息功能或者信息系统管理。要素级解决方案管理具有独立性，并不总是直接以流程为目的而开展管理活动。

目标类流程级组件资产从流程层面保证流程运行和目标的达成，为流程解决方案资产奠定基础，是对业务流程构建过程的静态管理。目标类流程级组件资产包括依据组织和客户目标设定的业务流程目标资产，表达映射业务运作过程的业务流程模型资产。

目标类流程级解决方案资产是通过对流程级组件资产应用来实现为单支业务流程提供服务和价值的目的，对应业务流程目标监控、目标保证和目标评估的阶段，目标类流程级解决方案资产包括保证业务目标达成的业务需求管理服务和业务流程优化服务、针对数字化业务越来越普及的数字化业务流程优化服务、由于业务差异化产生的对标准业务流程的业务流程适配服务、监控流程目标是否达成组织和客户目标的流程绩效评估服务、组织外部客户

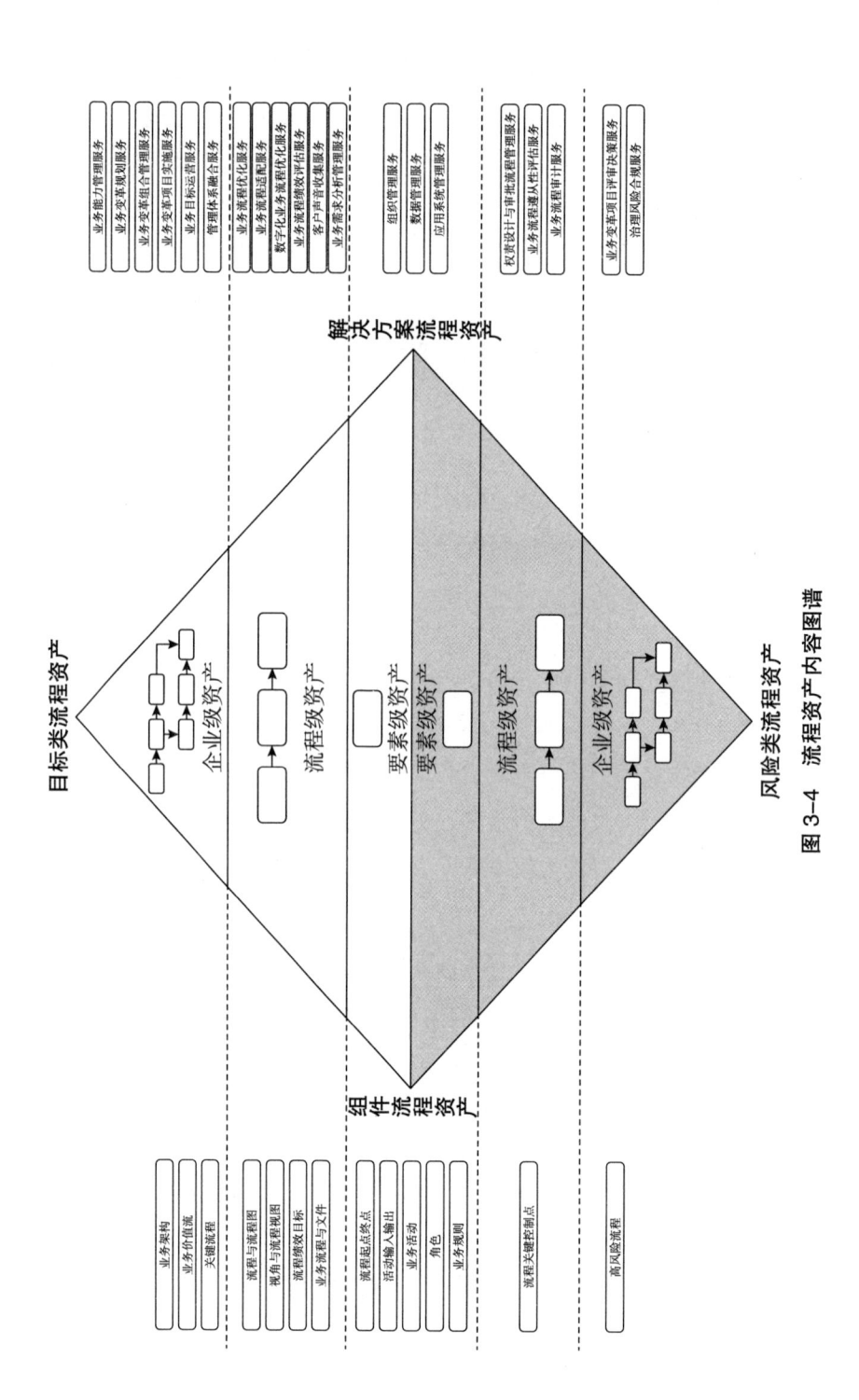

流程资产：从组件到解决方案的企业核心能力建设

解决方案流程资产

顶部标签（从左到右）：
- 业务能力管理服务
- 业务变革规划服务
- 业务变革组合管理服务
- 业务变革项目实施服务
- 管理体系融合服务
- 业务流程优化服务
- 数字化业务流程配置服务
- 业务流程绩效评估服务
- 客户声音收集服务
- 业务需求分析管理服务
- 组织管理服务
- 数据管理服务
- 应用系统管理服务
- 权责设计与审批流程管理服务
- 业务流程速查工具管理服务
- 业务流程审计服务
- 业务变革项目评审决策服务
- 治理风险合规服务

目标类流程资产 ｜ **风险类流程资产**

菱形中部（从上到下）：
- 企业级资产
- 流程级资产
- 要素级资产
- 要素级资产
- 流程级资产
- 企业级资产

组件流程资产

底部标签（从左到右）：
- 业务架构
- 业务价值流
- 关键流程
- 流程与流程图
- 视角与流程视图
- 流程绩效目标
- 业务流程与文件
- 流程起点与终点
- 活动输入输出
- 业务活动
- 角色
- 业务规则
- 流程关键控制点
- 高风险流程

图 3-4　流程资产内容图谱

和内部各个层级业务单元开展的客户声音收集服务。

目标类企业级组件资产从企业层面规划业务目标并促使业务目标的达成，包括明确企业业务价值流来保证业务模式的达成、通过识别关键流程并持续运营保证业务目标的达成、通过构建业务架构来指导和服务业务流程运作。

目标类企业级解决方案资产关注改进和管理组织综合性复杂性的业务问题，通过组织顶层规划和设计不断提升整体业务能力从而形成企业竞争力。目标类企业级解决方案资产包括业务能力管理服务、业务变革组合管理服务、业务变革项目规划服务、业务变革项目实施服务、业务变革项目评审决策服务、业务目标运营服务和管理体系融合服务。

二、风险类流程资产

风险类流程资产是指在企业运营过程中发生的影响战略和业务目标达成的风险相关的流程资产。此类流程资产关注企业风险管理，范围涉及风险识别、风险分析、风险应对等环节，包括组件类资产和解决方案类资产。

风险类要素级组件资产是通过对业务流程的组织、数据、信息系统、业务活动添加风险属性和控制措施来进行管理。例如，被组织界定为可能发生风险的业务活动或岗位称为关键控制活动或者是关键岗位。风险类要素级解决方案资产管理同目标类要素级解决方案资产，涉及数据管理、组织管理、信息功能或者信息系统管理。

风险类流程级组件资产关注业务流程风险目标设定、业务风险识别和设计，包括流程风险控制点资产等，风险类流程级解决方案资产关注高风险流程或者流程风险控制点应用，包括流程遵从性评估服务、流程审计服务、权责设计与审批流程服务。

风险类企业级组件资产关注和企业战略目标相关的企业层级的高风险流程识别，这些高风险流程对组织目标的达成有重大的影响或者威胁。风险类企业级解决方案资产涉及组织层级的风险框架及治理、业务风险评估等。

结合如上的描述，如图3-4所示，我们将流程资产按照"分层+分类+分目标"的管理方式，构成了流程资产内容图谱。

3.4 "框架+组件+解决方案"流程资产内容架构

流程资产设计思想采用"框架+组件+解决方案"的思路。那么,流程资产内容图谱这种思路是如何体现的呢?业务对象是框架组成的核心要素,将业务流程过程中涉及的业务对象解构抽取后形成流程资产框架研究的基础,框架内的业务对象按照一定的目标在架构系统内自成体系,同时又实现协调有序运作,最终实现由各类业务对象抽取形成独立视角的架构,并应用于企业管理中。

业务流程的要素为流程起点终点、业务活动、业务活动的输入输出信息、业务活动执行主体的角色、业务规则。针对相同的管理要素及其相互关系可以通过架构管理,包括角色及其相互关系构成的组织架构,在信息系统层级业务活动/功能与其相互关系构成实现的应用架构(技术架构),由业务活动输入输出和业务规则及其相互关系构成的信息架构。组织架构、应用架构、信息架构是从业务流程的要素中抽取出来形成的独立架构。

从流程级的要素来说,业务流程及业务流程级的相互关系组成了流程架构,流程架构系统地描述了企业业务全貌,并依据企业的商业模式及业务特点对业务流程及其关系进行分类分层管理。

业务流程有两个外延特征:流程目标和流程风险。流程目标是对业务流程输出结果和价值的衡量,抽取流程目标及分析其相互关系组成的企业目标架构,反映了从企业战略目标分解到各业务流程及岗位的目标框架,构建企业流程绩效管理的框架。流程风险是对业务流程运作过程中涉及的关键风险进行管理,抽取流程关键控制点,分析其相互关系组成了企业风险合规框架,覆盖风险识别、风险分析、风险控制与评估的全过程,为企业风险管理打下基础。

从企业规划角度来看,流程架构[①]、组织架构、信息架构、应用架构(技术架构)

---

① 在本书中,流程架构等同于业务架构。

组成了企业架构，指导企业IT战略投资管理，并且可以在企业变革项目实施过程中进行有效的治理。企业变革实施一般会涉及项目集的管理，将项目之间的关联识别作为变革项目实施路径的有效参考，在资源受限的情况下指导有序、有效的变革，以获得组织最佳的投资回报率。

综上所述，企业级组成的架构（企业架构、项目架构）关注企业变革与改进的项目交付，并驱动交付流程的日常运营；流程级组成的架构（流程架构、目标架构、风险架构）关注流程目标运营；流程要素级组成的架构［组织架构、信息架构、应用架构（技术架构）］关注流程实施与落地。各类架构之间的关系如图3-5所示。

3.5 流程资产适用场景

下面笔者通过聚焦业务执行的价值链过程来阐述流程资产的适用场景（如图3-6所示）。

一、业务规划阶段

企业的战略规划层级需要考虑两个方面的目标：企业绩效目标和企业风险目标。从组织商业模式特点明确承载企业战略目标实现的业务价值流服务，设定组织战略目标，识别与战略目标强相关的关键业务流程和高风险流程，并为企业战略目标的达成对企业风险实施系统管理。通常，企业在实现战略目标过程中，当业务能力存在短板时，会规划获取业务能力的举措，这个过程可以通过项目规划及实施来实现。业务需求管理也是从规划阶段开始的。业务需求是为了满足一定的业务目标由业务干系人提出，针对目前企业目标和现状资源、能力等匹配，用来理解业务现状、定义业务未来状态和决定从业务目前的状态过渡到业务想要的未来状态需要执行的活动。这个阶段会使用到的流程资产包括：企业/业务架构、业务变革规划服务、业务变革项目评审决策服务、业务变革组合管理服务、流程目标设定、业务需求管理服务、业务能力管理服务、关键流程（高风险流程）、业务价值流、业务目标运营、

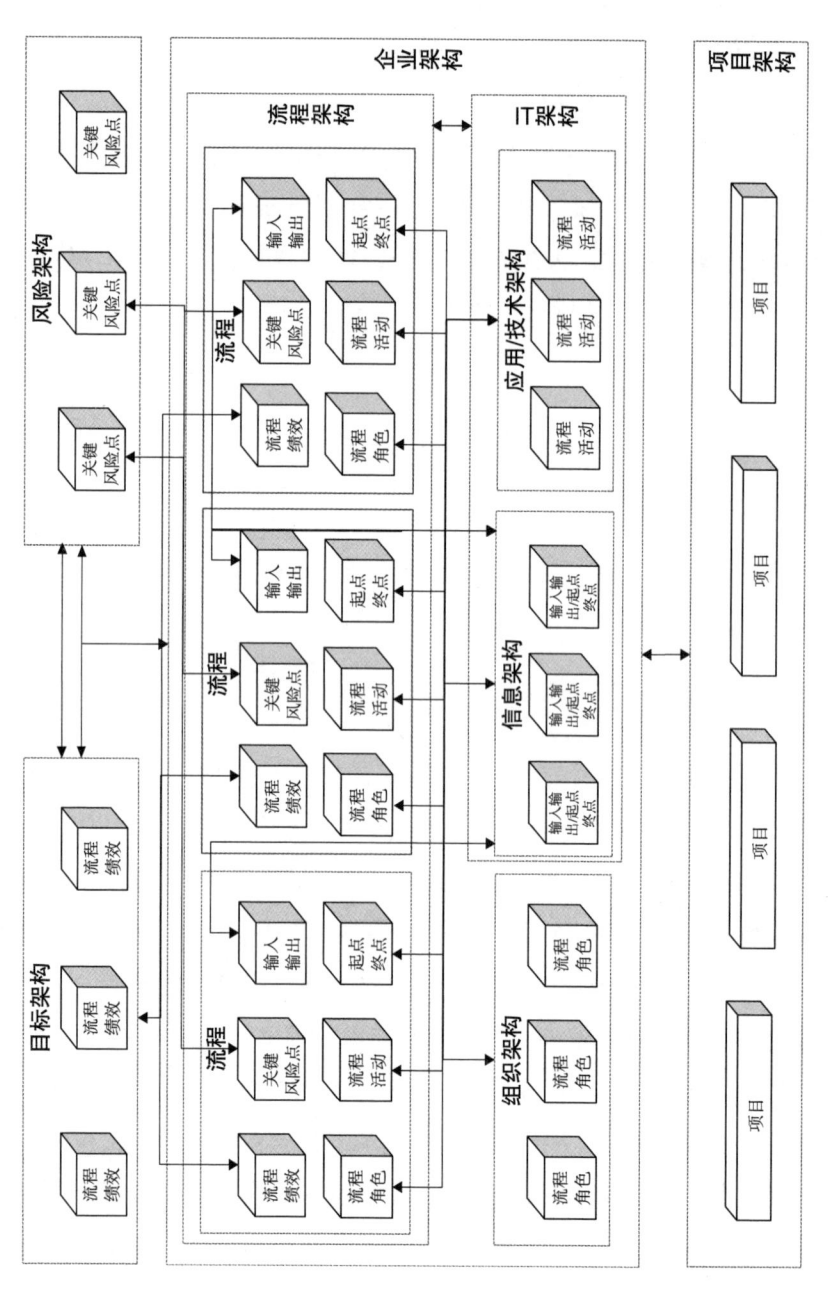

图 3-5 流程资产内容架构

治理风险合规服务等。规划阶段的资产一般会贯穿业务设计和业务执行评估阶段，目的是保证目标规划和业务设计的一致性，监控和评估战略目标和流程目标的实现情况。

二、业务设计阶段

业务设计阶段涉及方案设计、方案交付输出和保证设计和输出过程合规性的业务治理活动。这个阶段会使用到的流程资产包括：流程客户与供应商设计、流程风险控制点设计、业务规则设计、角色设计、输入输出信息设计、业务活动设计、流程与流程图设计、流程视图输出、流程文件编写、业务变革项目评审决策服务、业务变革组合管理服务、业务变革项目实施服务、企业/业务架构服务等。

三、业务实施阶段

业务实施阶段是业务按照项目交付方案和科学设计的流程来执行业务运作。在执行业务流程之前，最重要的准备工作是提供并合理配置支撑业务流程执行的组织、岗位、信息系统等资源，并保证其能力达到业务目标要求，否则业务方案是没法实际实施运行的。在实际业务的运作过程中，由于和业务目标的差距会产生大量的业务需求推动实施流程优化改进，也会出现流程在落地实施过程中根据标准化流程适配和裁剪。这个阶段会使用到的流程资产包括：业务流程优化服务（数字化）、权责设计与审批流程服务、业务流程适配服务、组织管理、数据管理、应用系统管理、流程文件、视角与流程视图、流程与流程图等。

四、业务评估阶段

业务效果的评估包括来自客户外部评估和组织内流程绩效的表现。客户外部评估通过收集客户对组织、产品、服务、品牌等反馈信息来获取客户满意度和发现新的需求。组织内流程绩效的表现包括流程的效果、效率、合规遵从等方面。这个阶段使用到的流程资产包括：客户声音收集服务，业务流程绩效评估服务、业务流程遵从性评估服务、流程审计服务等。

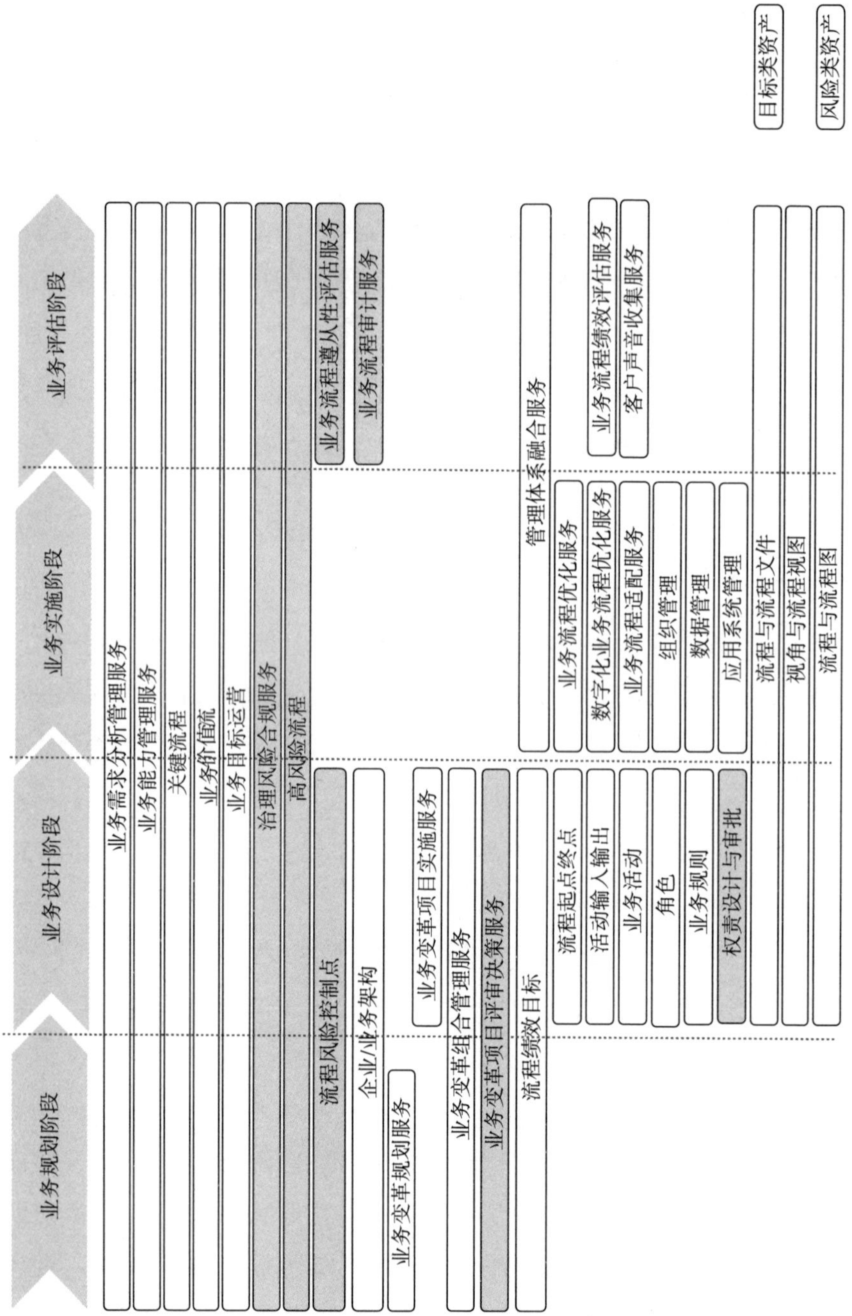

图 3-6 流程资产适用场景阶段图

第4章　流程资产建模

4.1　流程资产建模与模型

为什么我们不直接认识世界，而是通过模型？我们不可能面面俱到地考察世界的方方面面，这个过程必然要做出选择，要找到关键点。模型是抽象空间的一套演绎体系，也是抽象空间的一套语言描述。那什么是建模？建模的本质是现实世界和抽象空间的映射。笔者需要指出的是，任何模型都存在一定的视角，它帮我们看清一些东西的时候，同时也遮蔽了我们对另外一些对象的观察。所以，建模的过程一定是根据建模目的，抽取了关注的要素，而忽略了一些其他要素。只有通过不同视角的模型，才有可能从不同的角度系统全面地认识现实世界。

流程资产建模是通过使用建模语言，并遵从建模规范描述业务分析和管理过程，将流程资产形成过程用图形化的方式展示出来。流程资产的建模过程也是流程资产形成过程的一部分。在建模过程中，建模语言和工具的选择是依据不同的用户需求，易于操作、理解，是作为一种共同语言达到沟通桥梁的作用。

在企业中，流程资产并不是真正的产品，而是作为一种企业的内部过程管理，有时候也称为"组织过程资产"。流程资产需要通过构建或者购买的过程才可以作为资产来管理。为了方便描述和区别企业传统资产和流程资产的概念，我们采用业界通用的习惯标准，正如笔者在前面章节所描述的，在还未形成流程资产之前的流程状态统一描述为流程制品。流程制品的创造通常由流程建模产生，这个建模的步骤和方法是流程制品的核心内容。

一般来说，流程制品体现为建模过程中描述业务的目录清单、矩阵、图形，也包括目录清单、矩阵、图形的组合和关系的描述。流程制品同样具有组件化和结构化的特点，通过不同的目录清单、矩阵、图形的组合形成了不同的类型。

一、目录清单流程制品

目录清单流程制品是对具有独立功能和价值的流程资产建模创造的流程制品，顾名思义，表现形式就是针对流程资产的目录表或者是目录树，如流程角色清单、业务流程清单、业务能力清单等。目录清单制品为流程制品的完备性管理奠定基础，并可以通过相互组合衍生为其他类型的流程制品。

二、矩阵流程制品

矩阵流程制品是目录清单流程制品通过两两组合的建模过程而创造的流程制品。这类流程制品的表现形式通常为矩阵表格。组合对象可以是两个流程要素的组合分析，或者是某个流程要素和流程的组合分析，例如，流程角色相关性分析、流程输入输出相关性分析等。矩阵流程制品通常用于流程资产建模过程中的比较分析，进而发现关联和问题，或者是从不同的视角审视业务设计建模的合理性和正确性。

三、图形流程制品

图形流程制品是通过对多个目录清单流程制品和矩阵流程制品及其相互关系建模而创造的流程制品。图形制品通常用于表达综合的业务需求，不同类型和规模的业务需求，图形制品需要的目录清单制品和矩阵制品的数量、复杂程度不一样。图形制品除展示目录清单和矩阵流程制品，还需要表达不同类制品的协同性和相互影响。

4.2　流程资产内容元模型

在组织内，流程是客观存在的，并且流程之间存在相互联系，这种联系也是客观存在的，是由事物本身的性质所决定的。流程资产建模是对组织流程客观事物及其联系的一种抽象描述，流程资产之间的关系反映现实世界事物之间的相互关联。流程资产是我们关注的核心内容，但"资产框架"的设计与应用思路必然要求我们对流程资产之间的相互关系进行研究。流程资产之间包含复杂的逻辑关系，通过确定流程资产之间的基本关系，资产管理的整体框架就搭建起来了。

流程资产内容元模型是描述各类流程资产及其关系的模型。对不同流程资产关系进行描述，有助于理解各种流程资产的内在衍生关系，进而对流程资产框架有进一步的理解。一般来说，按照面向对象的UML建模方法，关系分类包括关联关系、泛化关系、依赖关系、实现关系。图4-1展示了从业务目标、需求到业务目标实现过程中使用到的流程资产是如何关联并开展协作的。为了让读者更好地理解流程资产之间的关系，笔者使用如上四种关系类型的业务语言来说明，而不是直接采用建模专用语言。

一、业务驱动、业务能力和业务架构

企业的业务愿景、使命和价值观是企业发展方向的指南针，并驱动整个组织及各层级设立对应的业务目标。在业务目标达成的过程中，由于内外部各种资源的约束和组织业务能力的限制，各类利益干系人会对业务流程、组织、信息系统等提出各种各样的业务需求。业务目标的达成需要有相应的业务能力支撑，所以业务需求驱动业务能力的提升改进，通过业务能力的提升和改进实现业务需求，业务能力通过流程活动的履行来表现，通过业务架构的方式来展示，业务流程执行本质上是启用流程能力。

二、价值流与关键流程

组织创造和交付客户价值的业务体现在价值流和关键流程的运作过程中。价值流是从组织创造价值的视角展示业务运作，是企业对商业模型的流程化展示。关键流程是从组织战略和业务目标的视角展示的业务运作。价值流从端到端的视角反映价值创造和交付的过程，是企业高阶

关键流程。企业价值流和关键流程都需要通过流程操作来实现。业务能力的成熟度会对识别和管理企业价值流、关键流程和变革举措有一定的意义。

三、业务组织

业务组织通过设立组织单元和岗位，并明确相应的部门职责，达成对人员和组织的管理。业务组织是业务目标实现过程中的能动因素，和组织中企业资源要素都有相关性，而且这种相关性体现为对"人"的管理，体现为业务流程中的角色。角色是具有对应的业务能力并通过履行所拥有的业务职责（业务活动）来达成组织的业务目标。

四、流程、风险与变革

流程为了满足客户和业务目标，需要确认其度量指标，该度量指标就是流程绩效指标。流程绩效指标的管理一方面是通过流程来运营监控，在流程绩效表现不佳时，催生业务流程优化和业务流程适配来保证流程绩效结果改进并达成目标；另一方面是通过变革项目规划和执行来实现，变革项目执行按照流程变革规划的目标、范围和路径开展。大多数组织在实现业务目标的过程中，还需要关注风险目标。在将风险管理融入流程执行过程中，通过风险控制活动或者风险检查动作来实现企业风险合规要求。不管是流程管理、风险管理还是变革管理，在企业层面都需要治理活动来提供支撑以确保管理过程的合规性和质量要求。

五、业务流程、数据及应用

业务流程要素由角色、业务活动、业务规则、输入输出、起点终点、客户和供应商组成。在业务运作的过程中，角色通过执行功能活动参与到流程执行过程中，并在各个业务活动的扭转过程中创建或者使用流程的输入输出数据。流程起点和终点用来界定流程范围，是一种特殊的输入输出。

| 第4章　流程资产建模 |

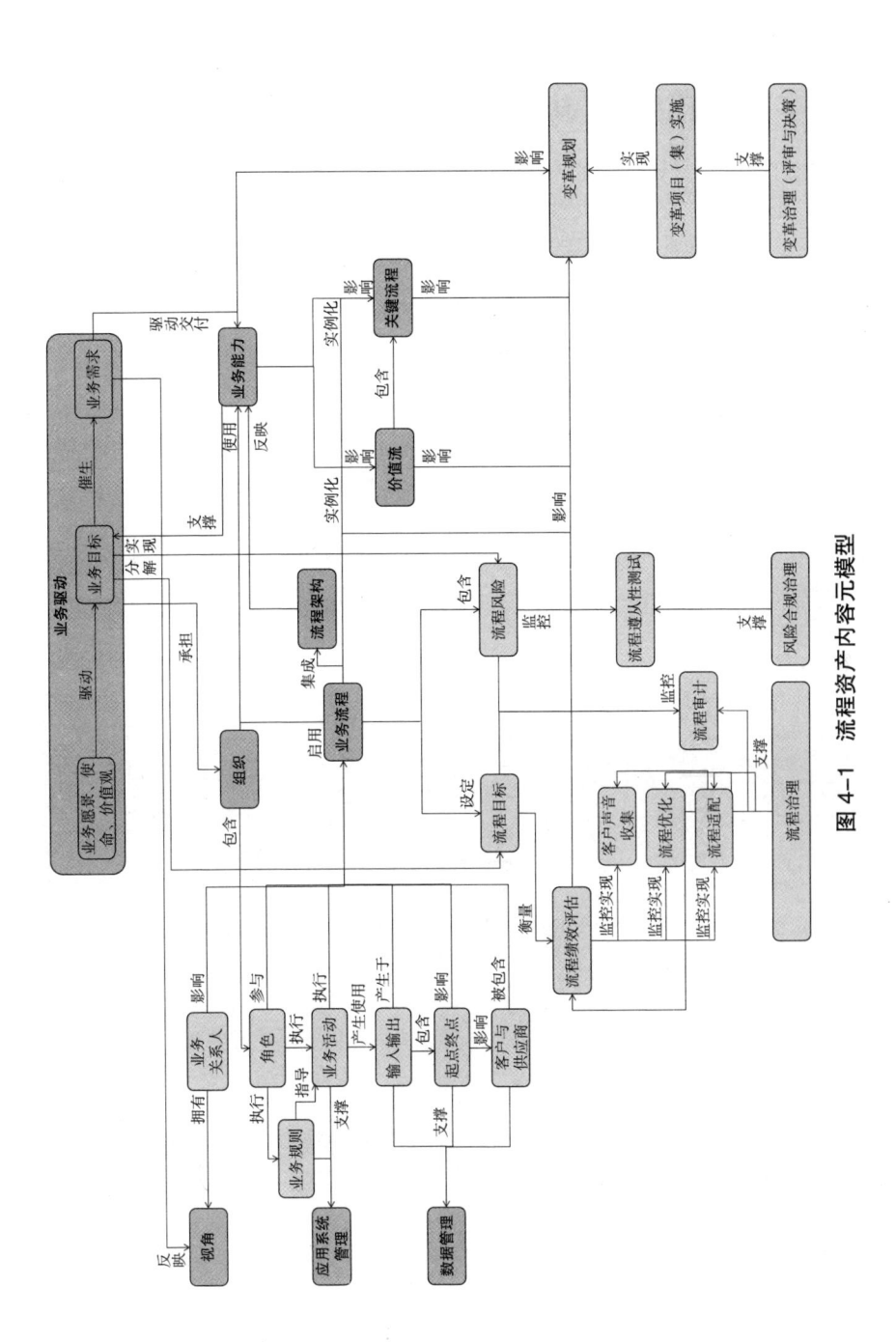

图 4-1　流程资产内容元模型

第5章　流程资产知识描述结构

5.1　流程资产描述结构

本书中每一项流程资产的介绍都采用相同的结构来描述，包括定义、解释、分类、输入、输出、适用场景、方法步骤、设计要点与建模示例、技术工具、组件。在实际描述中，不同分类的流程资产会有些许差异，例如，解决方案类资产一般不会涉及设计要点和建模示例的说明。

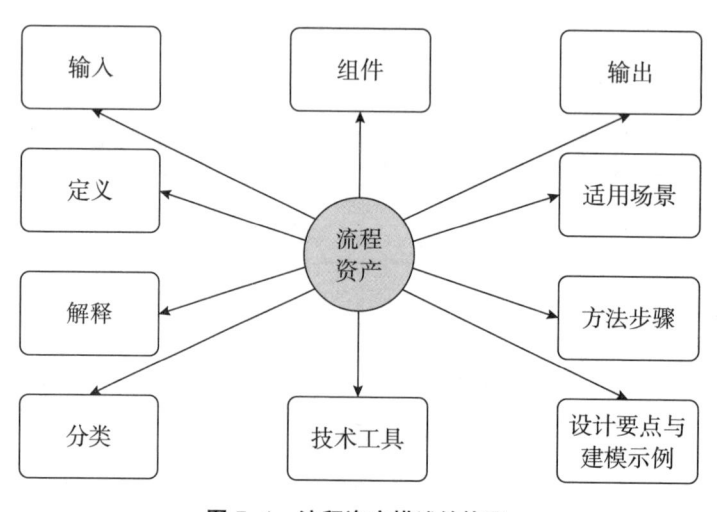

图 5-1　流程资产描述结构图

5.2　描述结构关键概念说明

名称： 对于组件类流程资产直接用代表资产名称的名词来命名；对于解决

方案类流程资产，用代表流程资产的名词或者描述加上后缀属性"服务"来命名。同时为了方便比较，对流程资产的英文名称也进行了定义。例如，组件类资产"流程图（Business Process Diagram）"和解决方案类资产"业务流程优化服务（Business Process Optimization Solution，BPO）"。

定义：对该项流程资产的简单说明，此项结构采用文本说明。流程资产名称和定义的具体描述结构如下：

流程资产名称	×××××（文本描述）/服务（英文）
流程资产定义	×××××（文本描述）

解释：对流程资产定义、特点及其他相关信息说明的详细解释，此项结构采用文本说明。

分类：根据流程资产结构立方体，对流程资产层级和目的进行说明。对应的层级分类和目的分类的描述可以通过在如下已有的分类框中打钩☑来选择，具体描述结构如下：

流程资产名称	×××××（文本描述）/服务（英文）	
层级分类	☐要素级组件资产 ☐流程级组件资产 ☐企业级组件资产	☐要素级解决方案服务 ☐流程级解决方案服务 ☐企业级解决方案服务
目的分类	☐绩效类流程资产　☐风险类流程资产	

适用场景：不同的流程资产适用于不同的业务阶段，同时结合干系人的需求确认该项流程资产主要的适用对象。对应的适用对象和适用场景阶段的描述可以通过在如下已有的分类框中打钩☑来选择，具体描述结构如下：

流程资产名称	×××××（文本描述）/服务（英文）
适用对象	☐业务流程owner　☐流程执行人　☐相关管理部门
适用场景阶段	☐业务规划阶段　☐业务设计阶段　☐业务实施阶段 ☐业务评估阶段

输入：为了产生输出信息被消费或者转化的信息，是一项流程资产任务

开始的必要信息，通常可以是流程资产任务形成范围外的信息，也可以是在流程资产形成过程中的信息，即包括外部信息和内部信息。

输出：是执行流程资产任务产生的结果，输出可以是交付物，或者是交付物的一部分。在完成一系列流程资产任务的过程中，输出是可以被创造、被转化，或者是被变更的。

注意，在后续流程资产内容介绍的章节中，输入输出信息是列举涉及的关键信息，不代表全部信息，输入输出的具体描述结构如下：

流程资产名称	×××××（文本描述）/服务（英文）
输入	输出
• ×××××（文本描述） • ×××××（文本描述）	• ×××××（文本描述） • ×××××（文本描述）

组件资产：是在解决方案流程资产形成的过程中需要使用的组件。组件是一种特殊的输入，组件资产只有在解决方案资产描述中才会出现，用"■流程资产名称"来描述，具体描述结构如下：

流程资产名称	×××××（文本描述）/服务（英文）
组件资产	■流程资产×××■流程资产×××
输入	输出
• ×××××（文本描述） • ×××××（文本描述）	• ×××××（文本描述） • ×××××（文本描述）

方法步骤：描述各类流程资产的形成过程。流程资产形成的步骤具有时序性、互动性或者是同步性，可以是正式的，也可以是非正式的。具体描述结构如下：

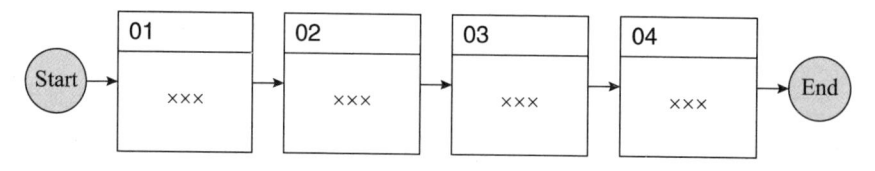

Start → 01 ××× → 02 ××× → 03 ××× → 04 ××× → End

设计要点与建模示例：在流程资产建模过程中，涉及使用目录清单、矩阵表格或者是图形化的方式来展示流程资产模型，模型分类可以通过在如下已有的分类框中打钩☑来选择，还包括推荐建模语言工具、建模输出等说明信息，用文本信息来描述，具体描述结构如下：

流程资产名称	×××××（文本描述）/服务（英文）
推荐建模语言工具	×××××（文本描述）
模型分类	□目录清单制品　□矩阵制品　□图形制品
建模输出	×××××（文本描述）

技术工具：是在输入转化为输出的过程中需要的资源。它可以是承担实施这项流程资产任务的引导，也可以是在实施这项流程资产任务中使用的工具。这些技术工具不具有任务的专业属性，工具可以作为其他任务的输入和输出，后续对流程资产内容介绍的章节中，列举了有可能用到的常见且重要的技术工具，不代表全部技术工具，具体描述结构如下：

流程资产名称	×××××（文本描述）/服务（英文）
技术工具	■×××××（文本描述）

本篇小结

本章介绍了流程资产管理框架的设计思路及结构，并据此框架展示了流程资产内容图谱。"分层+分类+分目标"的流程资产结构立方体模型，将流程资产按照管理层级分为要素级、流程级和企业级；将流程资产按照颗粒度分为组件类流程资产和解决方案类流程资产；将流程资产按照目的分为目标类流程资产和风险类流程资产。流程资产内容图谱展示了34类主要的流程资产内容，并阐述其在企业运作中的相互关联和作用，这些相互作用构成了流程资产内容的元模型。

PROCESS ASSET

第三篇 流程组件资产

组件资产作为流程资产管理的最小单位,如何在要素、流程和企业之间实现整合和层级过渡,进而可以保证业务流程的稳定有效的运作?

通过阐述各类流程组件资产的定义、分类、使用场景、方法步骤等,让读者对流程组件资产有更全面的认识和了解。

我们只知道，如果公司以客户和为他们创造价值的流程为中心，就能大大地改善其效益和质量。可是我们并没有意识到公司流程比产品更重要。原来我们以为，只要我们能改进流程——公司的工作方式，就能帮助组织提高既定市场的竞争力。现在看来，公司正在争夺的实际市场实际上是由流程来决定的，甚至还出现了将流程变成产品的事例。

——*Michael Hamme*

迈克尔·哈默

第6章 流程级组件资产

输入

- 业务现状、问题与需求
- 利益干系人
- 流程图绘制语言和规范

- 流程图
- 业务架构
- 干系人视角及需求
- 流程图绘制语言和规范

- 业务目标
- 业务流程客户及需求
- 业务流程现状表现
- 流程架构
- 标杆信息

- 外部法律及合规要求
- 企业内部政策,如人力政策、财务政策等
- 业务目标
- 业务流程现状表现

- 流程图
- 业务文件模板
- 业务文件体系政策

输出

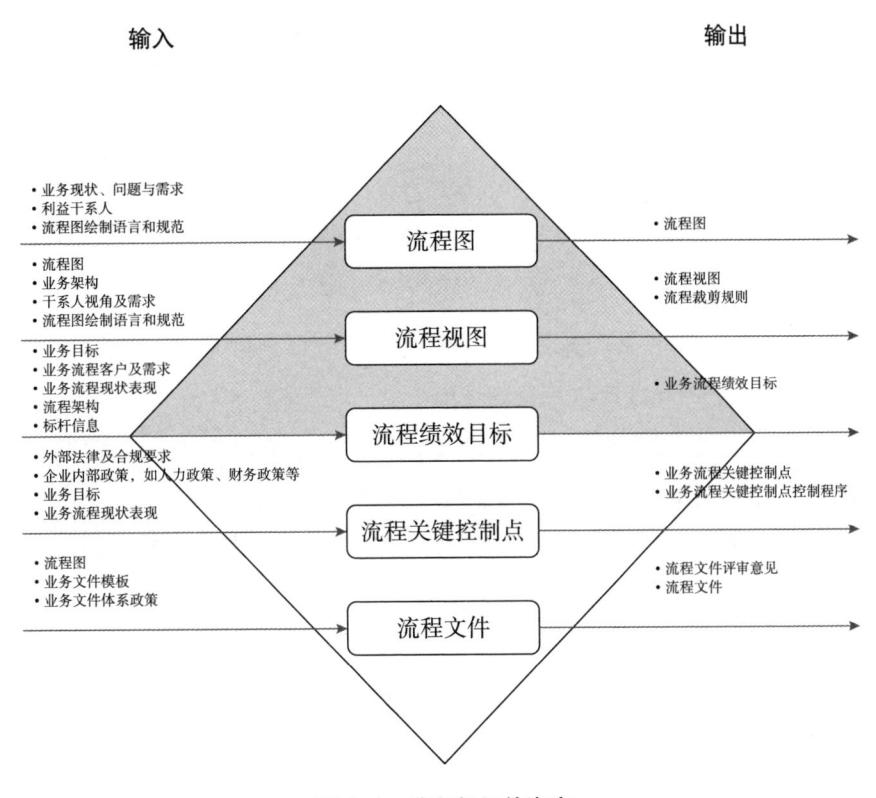

- 流程图

- 流程视图
- 流程裁剪规则

- 业务流程绩效目标

- 业务流程关键控制点
- 业务流程关键控制点控制程序

- 流程文件评审意见
- 流程文件

（流程图 → 流程视图 → 流程绩效目标 → 流程关键控制点 → 流程文件）

图 6-1 流程级组件资产

6.1　流程及流程图

一、定义

流程资产名称	流程图（Business Process Diagram）
流程资产定义	业务流程是通过卷入企业所有资源为客户和相关干系人创造价值而执行的一系列相互关联或相互作用的业务活动。业务流程通常使用流程图方式表达。流程图是使用约定的构件和交互规则，将业务流程中的角色、活动及其相互关系加以表述的图形化载体。

关于业务流程（Business Process）[①]的定义有很多，甚至有的企业也有自己对流程的定制化定义。笔者选取经典的流程定义供大家参考：

迈克尔·哈默：业务流程是把一个或多个输入转化为对顾客有价值的输出活动。

T. H. 达文波特：业务流程是一系列结构化的可测量的活动集合，并为特定的市场或特定的顾客产生特定的输出。

A. L. 斯切尔：业务流程是在特定时间产生特定输出的一系列客户、供应商关系。

H. J. 约瀚逊：业务流程是把输入转化为输出的一系列相关活动的结合，它增加输入的价值并创造出对接收者更为有效的输出。

ISO9000：业务流程是一组将输入转化为输出的相互关联或相互作用的活动。

笔者在这里将流程定义抽象汇总为：业务流程清晰地描述了企业利用所有资源为客户和相关干系人创造价值而执行的一系列相互关联或相互作用的业务活动。具体来说，业务流程是被重复执行、逻辑上相互关联的一组业务活动序列，将明确的输入转换成明确的输出，从而实现为客户创造价值（产品和服务）的业务目的。通过上述定义我们可以发现，流程强调对事物（这里把业务看作事物）的管理，而不是对人的管理，而且还强调过程序列性。

---

① 若无特殊说明，书中的"业务流程"等同于"流程"的概念。

二、解释

业务流程元素的有机组合可以保证业务流程的有效运转。根据业务流程的定义，流程元素涉及业务驱动、业务价值、业务范围、业务活动、业务资源，通过这些业务要素共同作用产生价值进而达到业务流程的目的。

（一）业务驱动

业务流程目标需要和公司战略目标保持一致，业务流程目标是为了支撑业务的战略和目标而存在的。业务流程被组织的价值观和原则引导，在组织业务愿景、使命、战略以及目标的牵引下运作，这种牵引可以是正式的形式，也可以是非正式的形式。在业务流程的运作过程中，业务流程应当使用组织政策和业务规则来指引业务决策，特别需要指出的是，人力资源政策和规则的制定应该和业务流程保持一致：一方面，可以起到加强或者牵引业务流程价值输出的作用；另一方面，业务流程的转运作和实施也需要企业文化支撑。

（二）业务价值

业务流程目标是为客户和其他干系人创造价值，这种价值输出通过可以衡量的交付产品或者服务满足客户的需求和期望来实现。价值创造可以通过一个或者多个流程绩效指标（Process Performance Indicator）来衡量。每个活动的业务绩效作为整条业务流程绩效指标的一部分需要通过合适的手段来实现定位和追踪。同时，为了评估业务流程的有效性，发现需改进的点，业务流程绩效评估应该在规定的时间点实施评估测量，同时评估过程需要考虑不同业务部门和业务地点对评估结果的影响。

（三）业务范围

业务流程存在于业务上下文中，所以业务流程应该界定清晰的组织边界。业务流程接收来自外部客户、干系人的输入或者是组织中其他业务流程的输入，同时也输出物理实体或者是有价值的信息。业务流程的结束一般表现为业务结果需求已经达到，或者是为了预期结果的最终达成的业务决策的制定完成。业务范围通常由流程起点和流程终点来界定。

（四）业务活动

业务流程由一系列业务活动组成，业务活动也有可能拥有其自身的业务子活动，业务活动在业务流程中可以是具有高度结构化重复的执行，也可以是具有高度变异性的松散结构的执行。业务活动是流程的基本单元，有明确的输入、输出和责任角色。

（五）业务资源

业务流程由各业务单元共同协作完成，并需要人力资源、技术和物理资产等业务资源支撑业务流程的执行。业务流程需要被相关岗位来执行，应该有明确的定义角色和责任，同时人力资源能够指导执行人的工作。人力资源在雇用时应该达到流程工作能力要求，保证执行人可以满足最佳绩效工作的要求。同时，信息技术资源应该指导业务流程技术方面的工作，例如，通过信息系统来固化执行，或者是由自动化设备来执行。这些信息系统或者是仪器设备是可以支持物理方面的工作的。

三、分类

流程资产名称	流程图（Business Process Diagram）	
层级分类	☐要素级组件资产 ☑流程级组件资产 ☐企业级组件资产	☐要素级解决方案服务 ☐流程级解决方案服务 ☐企业级解决方案服务
目的分类	☑绩效类流程资产	☑风险类流程资产

四、适用场景

流程资产名称	流程图（Business Process Diagram）
适用对象	☑业务流程 owner　☑流程执行人　☑相关管理部门
适用场景阶段	☐业务规划阶段　☑业务设计阶段　☑业务实施阶段 ☑业务评估阶段

（一）统一业务沟通语言

在日常工作中我们会遇到各种业务沟通的场景，如日常需求沟通、业务梳理调研、业务优化沟通等。业务流程通过图形化的展示，选择不同类型的展示形式，建立起业务之间、业务和流程 IT 之间的桥梁，并通过统一的语言提高沟通效率。统一的业务描述语言，有助于快速达成共识。

（二）围绕业务流程管理进行改进和变革

业务改进和变革可以通过业务流程的优化来承载，具体体现在研究已有的流程问题，设计未来会实施的流程方案，持续监控现有流程绩效等方面。在对业务进行管理的过程中，通过运营流程来帮助企业持续达成业务绩效。业务流程改进通常是通过优化项目、变革项目和 IT 实施来交付的。在项目实施的过程中会形成很多过程交付件和项目交付件，其中有一类很重要的交付就是业务流程方案，它是项目方案设计的重要承载，包括业务驱动、业务价值、业务范围、业务活动等描述。

（三）组织过程资产沉淀

流程资产可以作为业务部门工作的基本指引和操作指南，也可以作为新员工培训学习的资料。不管是在日常工作中还是在项目开展的过程中，我们都可以通过不断地提炼优秀的业务过程，并将其推广至更大的范围，实现组织大规模的复用，最终实现业务价值的复用。

五、输入输出

流程资产名称	流程图（Business Process Diagram）
输入	输出
• 业务现状、问题与需求 • 利益干系人 • 流程图绘制语言和规范	• 流程图

六、方法步骤

流程图建模过程一般包括如下步骤：

```
Start → 01 梳理业务流程及其流程要素 → 02 确认业务流程建模目的与视角 → 03 确认企业流程图绘制规范 → 04 根据企业流程图的绘制要求，绘制流程图

→ 05 和业务干系人确认评审流程图，最终达成共识 → 06 建立流程图档案 → 07 发布业务流程图 → End
```

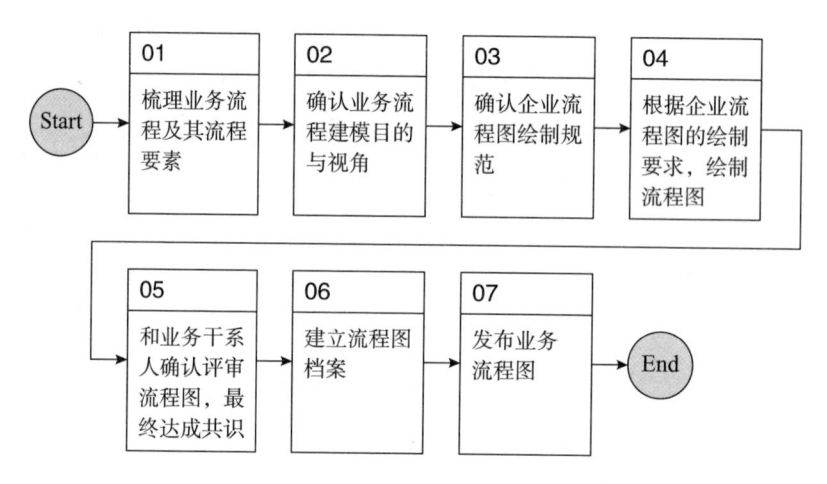

图 6-2　流程图建模步骤

步骤 1：梳理业务流程及其流程要素

业务流程梳理包括：确认流程目的、上游客户、下游供应商、相关干系人、流程范围等基本业务信息。同时，还需要描述流程内容，如业务角色、执行活动、关键风险点、执行测量标准等信息。

步骤 2：确认业务流程建模目的与视角

流程是业务驱动、业务价值、业务活动、业务范围及业务资源等要素的有机集合体。一个流程图通常不可能表达所有的要素。根据不同的建模目的，可以选择不同的建模视角。流程图可以依据目的来展示不同的建模结果，但每一个建模过程都是针对某一特定对象的业务模型，它提供了一个特定对象的业务流程模型视角。建模目的不同，技术选择也不同，如面向活动的建模、面向角色的建模、面向决策的建模等。

步骤 3：确认企业流程图绘制规范

流程图有多种建模语言和建模工具，但企业为了统一规范流程的要求，通常会制定流程图绘制规范，用来规定绘制流程图可以使用的语言、工具、

符号等要求。这样做的好处是统一沟通语言和平台管理。

步骤4：根据企业流程图的绘制要求，绘制流程图

流程图包括相关执行角色、输入输出信息和信息系统等流程要素信息。根据流程包含的关键要素，流程图需要据此选择合适的建模符号，但并不是所有要素都需要设计在流程图中，可以适当裁剪。

步骤5：和业务干系人确认评审流程图，最终达成共识

绘制流程图时不仅要考虑业务表达的准确性，还要考虑设计方面的规范性、简单性、清晰性和美观性等要求。在评审过程中，相关的业务专家、流程专家需要对流程图的内容、规范和视觉进行审核，确认是否可以达到正确且美观地表达业务流程的目的。

步骤6：建立流程图档案

建立流程图档案，主要是建立流程图资产索引，包括业务流程编号、名称、描述、责任人等信息，通常用业务流程档案来表示。业务流程的建档可以通过信息技术手段来实现。

步骤7：发布业务流程图

在流程图评审达成共识之后，需要按企业要求对流程图实施正式发布和归档，并纳入企业流程资产库，以便后期管理。

七、设计要点与建模示例

流程资产名称	流程图（Business Process Diagram）
推荐建模语言工具	Epros Aris Visio PPT　BPMN　泳道图　UML　EPV
模型分类	☑目录清单制品　☐矩阵制品　☑图形制品
建模输出	流程图档案卡　流程图

在对业务流程进行命名时，我们需要注意如下几点：

- 业务流程名称应当只有一个。
- 业务流程名称应该反映活动，而不是感觉。

- 业务流程名称应该明确地表达业务流程的结果。
- 业务流程名称应该被内外部业务干系人准确地理解。
- 业务流程名称不应该描述在哪里执行、谁在执行、执行什么或者怎样执行等信息。

流程图建模的过程中，我们需要注意如下几点：

- 在设计和绘制流程图时，需要注意流程图是否合理完整地表达了目的性、是否简单清晰、是否会造成沟通方面的歧义性等方面要求，同时也需要注意流程图绘制的美观性要求。
- 不管是何种业务流程建模，都应该遵从统一的流程建模标准，而且业务流程及其要素都应该通过建模模板来描述。例如，UML、BPMN、EPV、泳道图等。
- 绘制流程图的工具很多，例如 Visio、PPT 等软件。当然，也有专业的流程图设计工具，例如，Epros、Aris 等。

业务流程建模输出包括流程图档案卡片和流程图，流程图档案卡片是关于流程包含的内容和要素的详细描述。流程图是业务流程的图形展示。

表 6-1 流程图档案卡

流程名称		流程编码	
流程目的		流程描述	
流程客户		流程供应商	
流程输入（信息）		流程输出（信息）	
流程起点		流程终点	
支撑部门/岗位		支撑信息系统	

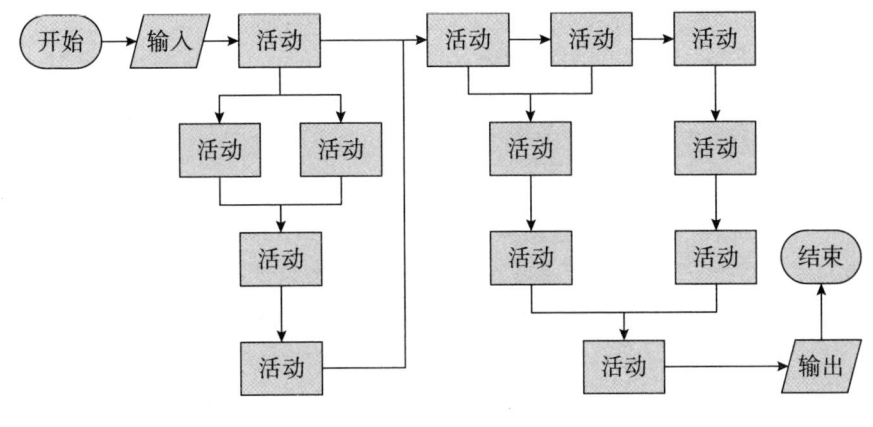

图 6-3 流程图

八、技术工具

流程资产名称	流程图（Business Process Diagram）
技术工具	■业务流程分析　■访谈　■调研　■Workshop ■德尔菲法　■焦点小组　■头脑风暴法　■评审技术等

6.2 视角及流程视图

一、定义

流程资产名称	流程视图（Business View Diagram）
流程资产定义	流程视图是指向某一特定情形或特定用户群提供业务流程信息集合的一类业务建模。它通过组件化组装（引用）设计，在流程架构之下选择和组装流程，反映了特定规则下或特定业务场景中流程与流程之间的关系。

通常一个流程图不可能清楚地表达所有的要素。由于沟通对象不同，业务目标和关注需求也不同，为了满足根据不同视角（Viewpoint）绘制流程图来表达不同业务目的的需求，流程视图就出现了。

二、解释

（一）视角、视图和业务干系人

在阐述流程视图之前，必须了解两个重要的概念：业务干系人和视角。业务干系人是有可能参与到业务过程中的人员和业务部门的组合，会在业务过程中直接或者间接地互动并发生关系，他们的意识和行为会影响业务过程的结果。视角是指由于不同组织或者业务单元的干系人责任及目标的不同，产生的业务干系人特定关心的业务方面。一言以蔽之，视角描述是指从何处看，视图则是指看到的内容。视角是视图的模式，而视图是视角实例化的结果。

企业由业务单元组成。业务交易和业务运作实时在发生。各业务干系人由于背景和责任的差异，其对企业的关注点有很大的不同，而这些不同通过不同视角观察到的企业某一侧面的形象就产生了在此干系人视角之下的视图。例如，从产品经理视角把相关的流程连起来审视产品经理业务管理流程视图、从国家视角展示标杆流程视图、从项目视角查看流程运行的效果等，在不同的需求下，大家看到的是不同的视图。由于流程视图根据不同的需求和视角产生，通常又叫作流程场景图。

流程视图和视角是统一的，不同的沟通对象有不同的需求和视角，不同的视角就会出现不同的流程视图。例如，作为给高层管理者关注的业务价值流的端到端视图，作为业务执行人员关注的不同场景的业务执行图，作为区域或者领域关心的针对本区域或者领域的特有的流程视图。管理视角是很多企业忽略的内容，容易造成流程视图或者流程场景的缺失或能力不完善。

（二）流程视图有不同于业务流程图的目的和应用

从广义的角度来看，流程视图也属于流程图。流程图是业务的通用、标准展示，一般不太区分场景和需求。流程视图本质上是从设计角度转化为应用角度。企业的流程架构是通过结构化的方式来表达业务，而实际的业务执行是连续的，业务视图将模块化的设计经过一定的需求转化成业务执行的场景，进而满足不同利益干系人的需求。

（三）流程视图的层级管理

流程视图可根据业务需求从不同视角去构建，如区域、国家、产品、功能领域、客户、项目组、业务部门、流程管理部门等。由于需求和视角的多样性，流程视图可以进行层级管理，进而形成流程视图的架构管理。例如，区域视角可以区分为区域视图、国家视图、城市视图；业务单元的视角可以分为2B[①]业务视图和2C[②]业务视图；也可以按照业务性质进行分层管理，例如，合同变更流程视图可以包括标准合同变更流程视图、非标合同变更流程视图、项目类合同变更视图，产品类合同变更视图等。从本质上看，业务视图的层级管理是视角的分层和分级。

（四）流程视图具有差异性、灵活性、组件化的特点

在流程架构的框架下，可以选择相同层级或者不同层级的流程架构模块进行组合形成所需要的流程视图，这体现了业务的差异性和设计的灵活性，是流程管理精细化的体现。同时，由于业务场景的复杂性，业务流程会分解为不同的业务流程视图，实现业务流程的场景化设计。

三、分类

流程资产名称	流程视图（Business View Diagram）	
层级分类	□要素级组件资产 ☑流程级组件资产 □企业级组件资产	□要素级解决方案服务 □流程级解决方案服务 □企业级解决方案服务
目的分类	☑绩效类流程资产　☑风险类流程资产	

[①] 2B：to Business 的缩写，代表面向商业用户。
[②] 2C：to Customer 的缩写，代表面向终端消费者。

四、适用场景

流程资产名称	流程视图（Business View Diagram）
适用对象	☑业务流程 owner　☑流程执行人　☑相关管理部门
适用场景阶段	☐业务规划阶段　☑业务设计阶段　☑业务实施阶段 ☑业务评估阶段

（一）利益干系人管理

流程视图立足于需求方使用的视角，满足不同利益干系人的沟通要求和设计要求。由于不同利益干系人关注的视角不同，采用不同的视图，沟通效率会更快、更有效，更容易争取利益干系人的支持。

（二）从使用者的角度验证流程的合理性

流程设计的总体要求是覆盖所有业务场景和业务组织。从不同的视角审视流程视图和流程总体设计方案的一致性，有助于发现流程在各个环节和角色执行中的缺失和冗余，从而验证整体流程方案的可行性和准确性。

（三）业务流程适配与优化

通过在业务架构框架内实现不同业务模块的选择组装来展现不同视角的业务管理。例如，实现不同岗位业务流、不同客户价值流、不同产品设计流程，甚至是不同区域管理流程的适配。流程适配可以满足业务复杂性的管理要求，从不同角度对业务进行描述。

五、输入输出

流程资产名称	流程视图（Business View Diagram）
输入	输出
• 流程图 • 业务架构 • 干系人视角及需求 • 流程图绘制语言和规范	• 流程视图 • 流程裁剪规则

六、方法步骤

流程视图建模过程一般包括如下步骤：

```
01 确认并描述业务流程现状
02 识别业务干系人，干系人需求和干系人视角
03 识别业务干系人视角层级并确认流程视图层级
04 根据业务需求和特点，明确业务视图裁剪规则
05 在流程架构之下选择流程元素，组装合适颗粒度的流程视图
06 和业务干系人确认评审业务流程视图，最终达成共识
07 建立业务流程视图档案
08 发布业务流程视图
```

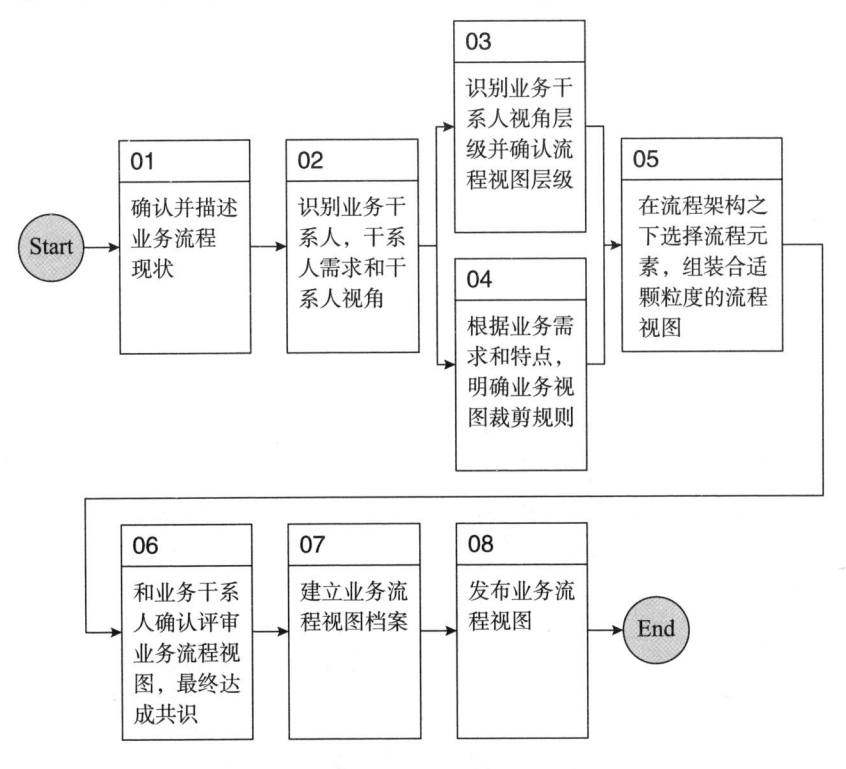

图 6-4 流程视图建模步骤

步骤 1：确认并描述业务流程现状

业务流程梳理包括：确认流程目的、上游客户、下游供应商、相关干系人、流程范围、起点和终点等基本业务信息。同时，还需要针对流程内容进行描述，包括业务角色、执行活动、关键风险点、执行测量标准等信息，这些信息可以在讨论业务的过程中获取。

步骤 2：识别业务干系人、干系人需求和干系人视角

识别所涉及的业务干系人，在必要的情况下可以制订干系人沟通计划。业务干系人确认的信息包括：干系人职位、权利、参与角色、关注的业务需求，据此形成此业务需求下的干系人视角。

步骤3：识别业务干系人视角层级并确认流程视图层级

流程视图层级是确认视图展示深度的要求。业务干系人的需求和关注点决定了流程视图展示的颗粒度和层级。干系人关注业务宏观层面问题，流程视图需要展示高阶流程；干系人关注微观的业务执行流程，流程视图需要展示低阶流程。区分高阶流程和低阶流程的展示时，我们可以将流程架构的层级作为参考。

步骤4：根据业务需求和特点，明确业务视图裁剪规则

流程视图裁剪规则是确认视图展示的宽度要求。根据业务干系人的需求关注点和标准业务流程的匹配，可以裁剪或者合并不需要重点展示的业务流程或子流程。

步骤5：在流程架构之下选择流程元素，组装合适颗粒度的流程视图

根据业务视图展示的层级和内容，在流程架构的框架下，选择合适层级的流程及活动组装成干系人需求视角下的流程视图。在组装过程中，与流程视图特定业务场景、使用目的强相关的活动可以详尽体现或者细化，弱相关的活动以流程甚至粗颗粒度流程来展示。

步骤6：和业务干系人确认评审业务流程视图，最终达成共识

组织相关的业务专家、流程专家对流程视图的内容、规范和视觉共同审视，确认是否可以达到正确且美观地表达业务流程的目的。

步骤7：建立业务流程视图档案

建立业务流程视图资产索引，包括业务流程视图编号、视角、名称、描述、责任人等信息，通常用流程视图档案卡来表示。业务流程视图的建档可以通过信息技术来实现。

步骤8：发布业务流程视图

在流程视图评审达成共识之后，需要遵从企业受控要求，且对流程图实施正式发布和归档，并纳入企业流程资产库，以便后期进行管理。

七、设计要点与建模示例

流程资产名称	流程视图（Business View Diagram）
推荐建模语言工具	Epros　Aris　Visio　PPT
模型分类	☑目录清单制品　□矩阵制品　☑图形制品
建模输出	流程视图档案卡　流程视图

流程视图绘制要求和流程图基本一致，在建模过程中我们需要注意如下几点：

- 流程视图是根据不同视角挑选需展示的业务活动，但同样要求体现完整的业务流，需要端到端地展示一个或者多个业务主题，要求具有业务完备性。
- 流程视图层级是分层分级的，但对颗粒度不做强制性要求，且不同颗粒度的部分可以出现在一张流程视图中。
- 在流程视图中对流程中基于特定视图业务场景的非关键流程元素，可以不体现。
- 流程视图组成元素可来自流程架构任一层中的元素，包括流程类、流程组、流程或子流程、活动、任务等。
- 流程视图中基本组成元素可以从已发布的流程中引用，无须独自创新。

流程视图建模输出包括流程视图档案卡和流程视图。流程视图档案卡是对流程视图包含的内容和要素的详细描述。流程视图是业务场景的图形展示。

表 6-2　流程视图档案卡

流程视图名称		流程视图编码	
流程视图目的		流程视图描述	
标准流程名称		适配（干系人）视角	
是否有裁剪规则		引用裁剪规则	
流程客户		流程供应商	
流程输入（信息）		流程输出（信息）	
流程起点		流程终点	
支撑部门/岗位		支撑信息系统	

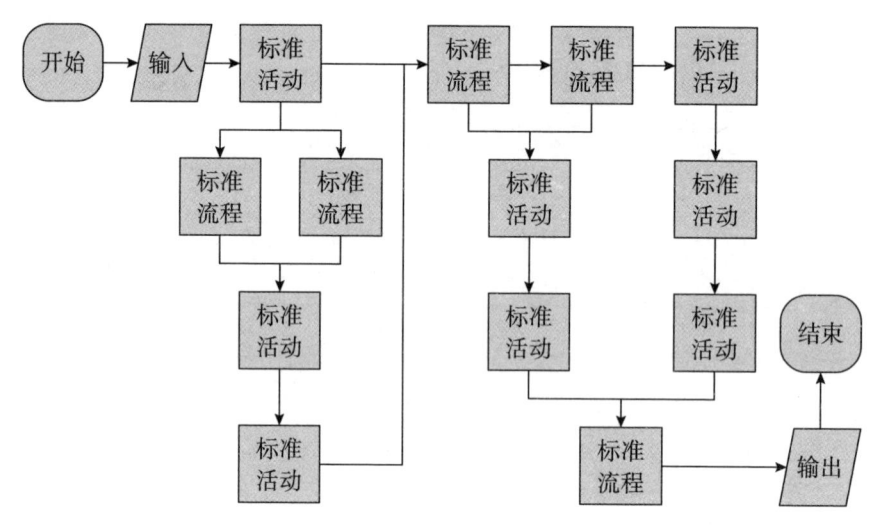

图 6-5　流程视图

八、技术工具

流程资产名称	流程视图（Business View Diagram）
技术工具	■利益干系人登记表　■情景分析法　■业务流程分析 ■访谈　■调研　■Workshop　■德尔菲法　■焦点小组 ■头脑风暴法　■评审技术等

6.3　流程与流程绩效目标

一、定义

流程资产名称	流程绩效目标（Key Performance Indicators，KPI）
流程资产定义	流程绩效目标是以客户为导向，是流程交付价值输出的衡量。这种价值输出通过可以交付产品或者服务满足客户的需求和期望来实现。

流程是一种产生业务成果的手段，工作成果的评价需要通过设定目标来实现。每一个流程存在的意义都是为一个或者多个组织目标作贡献的，每一

个流程都应该按照流程绩效目标来测评，来反映该流程对一个或者多个组织目标的贡献度。流程目标是衡量流程运作绩效的量化管理指标，是对业务流程创造的价值衡量。

二、解释

（一）流程绩效目标的来源

流程绩效目标通常来源于三个方面：客户需求、组织目标和标杆信息。在任何情况下，我们都要确认流程目标的设置是否与客户及组织需求相关联。

组织目标是企业的整体目标，每个流程都是为组织目标作贡献，属于流程目标设置的内部驱动因素。

业务流程是为了给客户交付产品或者服务。客户需求是流程目标设置的外部驱动因素。客户需求在很大程度上决定了业务流程的目标。如果业务流程服务于外部客户，如销售流程，其目标应该由组织目标和客户需求目标驱动，可以按照产品及服务满足客户需求的程度来衡量；如果业务流程是满足内部客户，如生产流程，其目标应该由内部客户需求驱动，可以按照为满足这些内部客户需求的程度以及为外部客户提供的增值服务为基础来衡量。

标杆信息，特别是与标杆企业的相同流程比较，例如，某企业的库存管理流程是业界标杆，可以通过学习研究其流程并了解差距后，设置与企业自身匹配的流程目标。

（二）流程绩效目标连接战略层与执行层

传统的绩效管理通常是企业将战略目标分解为各组织部门目标。这种指标分解方法认为，企业整体绩效是由各组织部门的绩效组成。当我们的视线跨越组织架构图的职能边界时，就可以看见组织的业务流程。吉尔里·A. 拉姆勒（Gear / A. Rummler）和艾伦·P. 布拉奇（Alan P. Brache）在《流程圣经》中提出了企业3层绩效管理模型，从公司的战略目标，分解为业务流程目标，再根据业务流程定位到组织岗位的目标，这种绩效管理方法，突出组织产出是通过流程产生的，通过流程绩效实现战略绩效和部门绩效之间的承上启下，保证组织整体目标不变形。由于企业业务流程横纵之间具有关联性，流程绩效根据流程来设置，流程绩效之间通过相互关联和制约共同支持企业整体目标的达成。流程目标将企业整体目标黑盒子打开，将企业目标的实现过程有序化、透明化，进而支撑企业的整体运营分析。

表 6-3 绩效 9 变量

		绩效 3 需求		
		目标	设计	管理
绩效 3 层面	组织	组织目标	组织设计	组织管理
	流程	流程目标	流程设计	流程管理
	岗位	岗位目标	岗位设计	岗位管理

来源：吉尔里·A.拉姆勒、艾伦·P.布拉奇。

（三）流程绩效目标集成跨部门接口环节

流程绩效弥补了传统绩效的断点，集成了部门与部门之间的衔接部分，即跨部门接口环节。组织产出是通过流程产生的。例如，产线工人的主要绩效指标是完成"产品交付数量"，我们可以设置科学的制造流程，并通过精益方法对其实施统计过程控制（SPC）技术方面的培训、授予流水线紧急叫停特权等方式来改善流程质量。但是，即便有前述这些做法，如果因产品设计问题、预测不准频繁换线问题、采购物料齐套问题等也会导致工人无法及时正确地完成交付工作。企业想通过"产品交付数量"的指标来实现快速高效地生产优质产品的目标，这基本是不可能的。流程绩效指标通过横纵业务关系来设置指标，特别是接口环节的指标，保证整体业务目标和单个环节业务目标保持一致。

三、分类

流程资产名称	流程绩效目标（Key Performance Indicators，KPI）	
层级分类	☐要素级组件资产 ☑流程级组件资产 ☐企业级组件资产	☐要素级解决方案服务 ☐流程级解决方案服务 ☐企业级解决方案服务
目的分类	☑绩效类流程资产　☑风险类流程资产	

四、适用场景

流程资产名称	流程绩效目标（Key Performance Indicators，KPI）
适用对象	☑业务流程owner　☑流程执行人　☑相关管理部门
适用场景阶段	☑业务规划阶段　☑业务设计阶段　☐业务实施阶段 ☐业务评估阶段

（一）保证战略到执行的一致性

企业整体指标是由各领域、各流程业务共同执行产生的效果，是通过流程执行实现的，分析企业结果可以通过流程过程的度量来细化和支撑。从战略、流程、活动、部门岗位承接整体目标，保证战略目标到业务执行目标的一致性。在企业目标的执行过程中，管理者评估和更新流程绩效指标，并进行过程纠偏，为业务决策支持和改进提供依据。

（二）业务绩效目标是业务流程改进的基础

分析业务流程绩效应以组织设置的业务流程目标为基础。一方面可以通过监控流程绩效来分析是否达成组织设置的业务流程目标；另一方面也可以通过组织和客户的反馈来优化业务流程进而改进业务流程目标的设置。通过设置业务流程目标，执行业务绩效监控，实施业务流程优化改进的正向良性循环，保证企业组织目标的达成。

（三）激励流程执行者和业务改进

管理者可以用流程绩效指标来引导和激励流程执行者，并根据衡量指标制定管理规则，促进业务执行过程和流程目标的一致性。

五、输入输出

流程资产名称	流程绩效目标（Key Performance Indicators，KPI）
输入	输出
• 业务目标 • 业务流程客户及需求 • 业务流程现状表现 • 流程架构 • 标杆信息	• 业务流程绩效目标

六、方法步骤

业务流程绩效目标建模过程一般包括如下步骤：

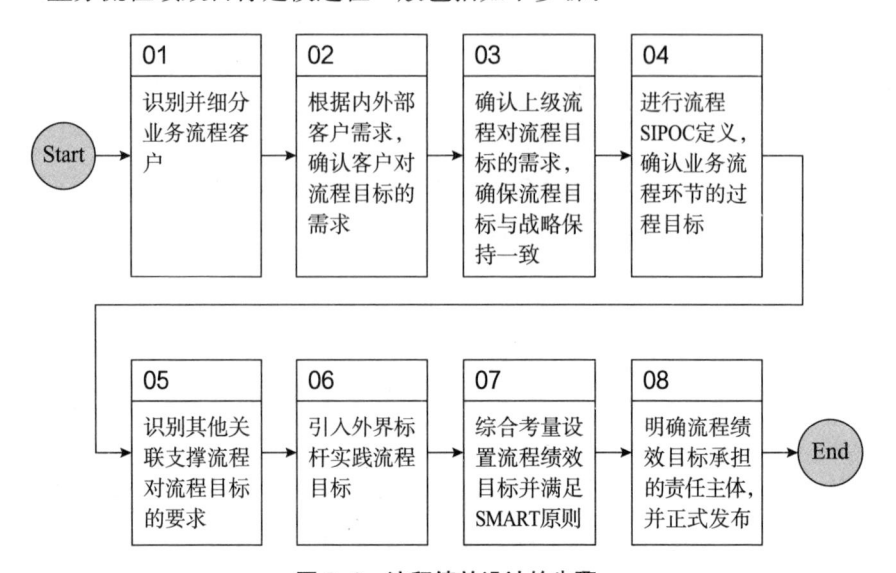

Start → 01 识别并细分业务流程客户 → 02 根据内外部客户需求，确认客户对流程目标的需求 → 03 确认上级流程对流程目标的需求，确保流程目标与战略保持一致 → 04 进行流程SIPOC定义，确认业务流程环节的过程目标 → 05 识别其他关联支撑流程对流程目标的要求 → 06 引入外界标杆实践流程目标 → 07 综合考量设置流程绩效目标并满足SMART原则 → 08 明确流程绩效目标承担的责任主体，并正式发布 → End

图 6-6　流程绩效设计的步骤

步骤1：识别并细分业务流程客户

业务流程客户可以分为内部客户和外部客户。外部客户是业务流程交付产品和服务价值的客户对象，内部客户是业务流程相关的下游流程客户。在识别流程客户的过程中，也需要对外部供应商的流程目标和内部业务流程的上游流程输出的业务结果提出目标要求。

步骤2：根据内外部客户需求，确认客户对流程目标的需求

了解客户需求，和客户沟通关键流程的目标，设立客户目标。如果业务流程服务于外部客户，可以按照产品及服务满足客户需求的程度来衡量；如果业务流程服务于内部客户，可以按照为满足这些内部客户需求的程度以及为外部客户提供的增值服务为基础来衡量。

步骤3：确认上级流程对流程目标的需求，确保流程目标与战略保持一致

依据流程架构识别上级流程和上级关联流程对业务绩效指标的需求，确保业务流程目标设置是根据组织目标层层分解，从而保证业务目标设置同组织战略目标的一致性。

步骤4：进行流程SIPOC定义，确认业务流程环节的过程目标

定义业务流程每个环节的上游供应商、下游客户、输入、输出，并明确每个环节的输入和输出的要求，包括质量要求和效率要求等，业务环节可以是子流程或者是业务活动。

步骤5：识别其他关联支撑流程对流程目标的要求

对关联支撑流程定义每个业务活动的上游供应商、下游客户、输入、输出，并明确每个环节的输入和输出的要求，包括质量要求和效率要求等。

步骤6：引入外界标杆实践流程目标

通过学习、研究标杆流程实践，了解差距，为企业设置自身合适的流程目标提供参考。

步骤7：综合考量设置流程绩效目标并满足SMART原则

结合外部客户需求、战略要求、上级流程需求（组织目标需求）、业务流程过程需求及外部标杆事件，分析影响客户和上级绩效目标达成的业务差距和根本原因，综合考量后设置可衡量的流程目标。流程绩效指标要有关于明

确的数据收集、分析渠道、统计频率和计算公式等详细信息的说明，做到满足 SMART 原则。在设置业务流程目标的过程中要做到以下四个一致：关键流程目标、满足客户需求与组织目标相一致，支撑流程目标与主流程目标相一致，部门和岗位或者角色与流程所需执行的任务相一致，目标系统各元素彼此间纵向和横向相一致。

步骤8：明确流程绩效目标承担的责任主体，并正式发布

分配并确认流程绩效目标承担的责任主体，并明确该责任主体的岗位、角色及其能力要求，并通过一定的程序正式发布。流程绩效目标是为支撑组织目标而设置的，是组织目标的分解和支撑，又通过岗位目标来实现，所以流程绩效目标可以和组织目标、岗位目标一起发布，以保证企业绩效系统的一致性和有效性。

七、设计要点与建模示例

流程资产名称	流程绩效目标（Key Performance Indicators，KPI）
推荐建模语言工具	Epros　Aris　PPT　Excel　Word
模型分类	☑目录清单制品　□矩阵制品　□图形制品
建模输出	流程绩效卡

流程绩效目标建模过程中，我们需要注意如下几点：

- 流程绩效设计要关注关联设计。设置纵向流程指标时，我们要依据企业整体指标分解，不能依据部门职责来设置；设置横向流程指标时，我们要考虑跨部门的业务关联关系，协同跨部门组织目标一致。
- 流程绩效指标设计要落实到部门和岗位上，一般涉及流程责任主体和流程执行主体。
- 流程绩效指标可能有多个，一般选取业务优先级较高、对整体目标影响较大或者是问题发生频率最高的业务目标，并将其作为关键的流程绩效目标来管理。

流程绩效建模输出为流程绩效卡，示例如下。

表 6-4 流程绩效卡

流程绩效名称	
流程绩效编号	
流程绩效定义说明	
流程绩效度量公式	
度量单位	
度量业务流程	
度量组织及岗位	
数据提取系统	

八、技术工具

流程资产名称	流程绩效目标（Key Performance Indicators，KPI）
技术工具	■ GQM 方法　■ BSC 方法　■ Workshop　■数据分析 ■ SIPOC 工具　■ 业务流程分析　■流程架构 ■标杆对比　■财务分析等

6.4 流程与流程关键控制点

一、定义

流程资产名称	流程关键控制点（Key Control Point，KCP）
流程资产定义	流程关键控制点是在业务执行过程中对业务目标达成可能会造成资金、资产、法律合规、财务、信息安全等方面影响和损失的业务活动。

在业务活动中，有一类特殊的活动，这类业务活动执行的结果会对业务价值产生较大的负面影响，甚至影响业务价值的交付。这些业务活动通常和资金安全、资产安全、法律遵从、财务报告、数据质量、产品与服务质量等要求相关。为了降低这些业务活动带来的风险，保证业务流程的价

值交付，我们需要把这些业务活动设置为关键控制点进行重点管理。例如，合同评审活动在订单管理业务执行过程中对业务交易的法律风险有重大影响，所以在订单管理流程中认为合同评审是关键风险活动，设置为流程的关键控制点。

关键控制点是业务流程中存在风险较高的业务活动，属于业务风险的管理范畴。关键控制点管控是通过定义业务活动控制程序，选择并实施针对业务活动的控制检查，目的是将风险对业务目标实现带来的影响降到可接受水平。由于业务流程的节点很多，作为业务管理者不能对每个活动都进行控制，如果能控制这些关键控制点，那么业务达成的风险基本能控制。

二、解释

（一）平衡业务风险与业务效率

在设置关键控制点时，需要结合企业战略目标综合考虑质量、成本、效率的要求，做到业务风险与业务效率的平衡。在流程不断提高效率的目标下，业务风险红线需要考虑。根据业务风险发生的概率和影响程度，设置业务流程的风险等级，不同风险等级的流程采取不同的风险控制力度和措施，从流程效率和风险管控两个方面保证业务快速健康运作。

（二）多角度识别关键控制点

关键控制点管理首要进行的是识别业务问题和风险。关键控制点的识别可以从两方面进行：一方面从业务正向梳理并发现问题、痛点；另一方面从逆向检查发现问题、识别风险，如通过质量内审、客户审核、客户重大投诉等发现问题。关键控制点也可以根据业务风险的类别进行识别，如合规风险、财务风险、资产安全风险等。流程的关键控制点是动态的，需要对关键控制点的设置与检查程序进行定期检查、回顾与评审，以满足企业内外部不断变化的要求。

（三）与流程融合的关键控制点使业务风险管理的全过程变成了可能

业务风险是在业务运作的过程中产生的，可以将关键控制点控制程序的设置嵌入制度、流程和信息系统中，通过流程生命周期管理来实施业务风险的全生命周期管理。例如，在产品设计过程中需要满足不同国家的认证要求才可以销售。再如，在产品发布流程中，就需要考虑将认证活动嵌入业务流程中，并进行相应的流程检查是否执行相关检查动作。流程型风险管理可以实现业务风险设计、分析、监控对应的全过程管理，可以通过流程优化转移或者降低风险，可以通过流程检查发现风险，可以通过流程观察追踪风险，通过制订风险管理计划来审视、优化和检查已有的流程关键风险点的运作，从事后控制转变为事前预防。

三、分类

流程资产名称	流程关键控制点（Key Control Point，KCP）	
层级分类	☐要素级组件资产 ☑流程级组件资产 ☐企业级组件资产	☐要素级解决方案服务 ☐流程级解决方案服务 ☐企业级解决方案服务
目的分类	☑绩效类流程资产　☑风险类流程资产	

四、适用场景

流程资产名称	流程关键控制点（Key Control Point，KCP）
适用对象	☑业务流程 owner　☑流程执行人　☑相关管理部门
适用场景阶段	☑业务规划阶段　☑业务设计阶段　☐业务实施阶段 ☐业务评估阶段

（一）风险控制点奠定了企业风险管理的业务基础

通过建立风险控制环境，建立流程组织和普及流程文化，将风险管理植入业务活动、组织角色、制度等方面，通过流程架构识别风险控制点，形成企业完整的风险管理地图。针对企业风险地图中高风险流程，实施重点风险管理，有针对性地采取风险检查与监控流程，积极改善业务中存在的风险漏洞。

（二）流程合规性检查和流程优化

流程化风险管理可以通过检查流程执行结果来实现风险点的监督。反过来，流程风险点检查，有助于优化流程设计。例如，检查与采购岗位相关流程的执行情况，可以发现已有流程执行是否满足企业职责分离的合规要求。检查财务报表和资产的管理流程，可以发现企业资金和资产管理是否安全。检查产品、物料研发和销售流程，可以发现企业是否存在国际认证合规风险。流程检查或审计作为企业内部第三方，帮助业务人员及时发现风险，为业务流程优化、风险管理和企业运营管理提供价值。

五、输入输出

流程资产名称	流程关键控制点（Key Control Point，KCP）
输入	输出
• 外部法律及合规要求 • 企业内部政策，如人力政策、财务政策等 • 业务目标 • 业务流程现状表现	• 业务流程关键控制点 • 业务流程关键控制点控制程序

六、方法步骤

关键控制点建模过程一般包括如下步骤：

步骤1：识别业务流程相关的外部法律法规合规要求

外部法律法规合规要求主要是指业务经营过程中需要遵守的相关政府或者监控部门的政策、法律、法规、标准等要求，例如，贸易合规、产品合规、环保要求、企业责任等，避免在业务流程执行过程中因发生合规风险而造成业务损失的情况。

第6章 流程级组件资产

```
Start → 01 识别业务流程相关的外部法律法规合规要求 → 02 识别业务流程相关的企业内部政策、制度等管理要求 → 03 识别影响业务流程目标达成的潜在风险 → 04 根据风险发生概率和风险影响程度，确认风险等级

05 根据风险评估结果，选择风险关键控制点并设计控制措施 → 06 设计与开发关键控制点及其检查程序 → 07 发布关键风险点及检查程序 → End
```

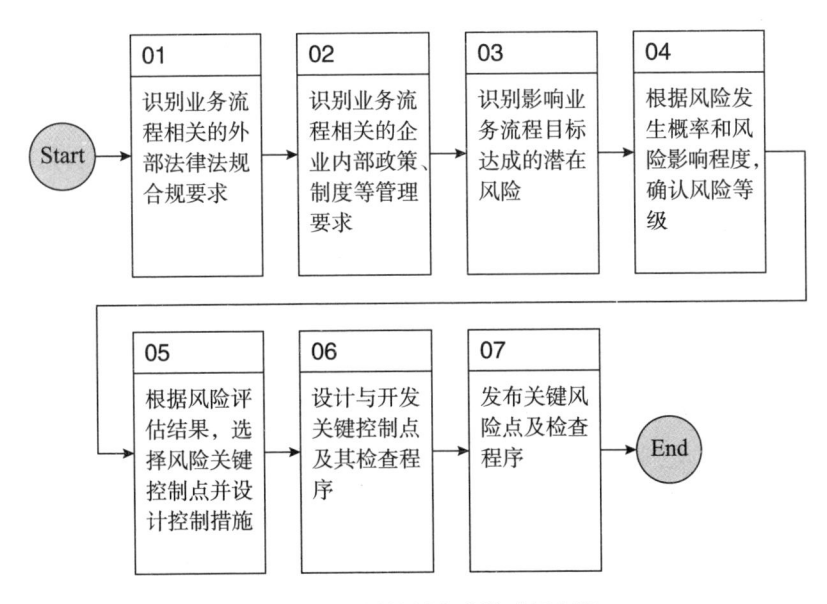

图 6-7　关键控制点建模过程步聚

步骤 2：识别业务流程相关的企业内部政策、制度等管理要求

企业内部要求主要是指企业发布的政策、指引、流程和制度等提出的要求。这些内部要求提出了企业在财务、运营、资产安全等过程中需要遵守的行为准则和业务操作规范。

步骤 3：识别影响业务流程目标达成的潜在风险

业务风险和业务目标是强相关的，离开业务目标谈业务风险是没有意义的。所以业务风险识别是在结合内外部管控要求下，通过识别影响业务流程目标达成的要素来实现的。在建立了完整可信的流程架构的组织中，可以使用流程架构工具来识别。这是因为流程架构展示了企业业务的全集，通过应用流程架构采用分层分级分类的方式识别业务风险保证了识别过程的完整性。

步骤 4：根据风险发生概率和风险影响程度，确认风险等级

风险等级可以根据风险发生概率、风险影响程度和企业风险承受力来评估确认。企业抵抗风险能力和风险管理目标很大程度上影响风险影响程度的认定，所以风险影响程度需要结合组织风险承受力评估和企业风险目标要求来判断。

步骤 5：根据风险评估结果，选择风险关键控制点并设计控制措施

根据风险评估的等级结果，选择关键风险实施控制措施。确认关键控制点后，还需要明确业务风险的管理责任和管控措施，还包括名称、属性分类、风险等级等基本信息的描述。在流程关键风险点控制设计过程中，可以通过角色、权限、活动等流程要素来设计组合方案。例如，通过 SOD 矩阵设计执行角色的合理性，通过权限控制表或是审批层级考虑业务流程执行主体的权限等级，通过评审点和活动质量要求设计流程业务活动的执行质量和合规性等。

步骤 6：设计与开发关键控制点及其检查程序

关键控制点检查程序包含其相关/归属的业务流程控制活动如何被执行，谁负责该控制活动，该控制活动是否需要被测试或被审计，该控制活动如何进行测试，什么时候进行测试，测试频率如何和谁来测试等内容。

步骤 7：发布关键风险点及检查程序

建议关键控制点、检查程序和流程一起发布。流程一经发布，风险控制责任和措施即刻生效。

七、设计要点与建模示例

流程资产名称	流程关键控制点（Key Control Point，KCP）
推荐建模语言工具	Epros　Aris　PPT　Excel　Word
模型分类	☑目录清单制品　□矩阵制品　□图形制品
建模输出	流程关键风险点控制卡

关键控制点建模过程中，我们需要注意如下几点：

- 并非每个流程都需要设置关键控制点，并非每个风险点都要设置为关键控制点，只有降低重大风险的控制点才是关键控制点。
- 需要避免为了推行新流程而设置关键控制点的情况。
- 可以依据流程架构层层分解并设置企业风险地图。
- 从风险发生概率、影响度和风险承受度三个维度来衡量风险的等级。

关键控制点建模输出为流程关键风险点控制卡，示例如下：

表 6-5 流程关键风险点控制卡

流程关键风险点名称	
流程关键风险点编号	
流程关键风险点定义说明	
流程关键风险点等级	
流程关键风险影响描述	
流程关键风险控制目标及说明	
流程关键风险点检查频次	
控制业务流程	
流程关键风险知识库	

八、技术工具

流程资产名称	流程关键控制点（Key Control Point，KCP）
技术工具	■风险分析与管理技术　■情景分析法　■SOD 矩阵 ■权责分工表等

6.5　流程与流程文件

一、定义

流程资产名称	流程文件（Business Process Document）
流程资产定义	流程文件是通过一定的建档规则，将业务流程以文件的形式进行有规律的分类管理，用文件的形式将流程的内容展示出来，实现业务流程的快速查询、盘点和维护的目的。

流程可以通过流程文件来描述。业务流程的建档可以通过管理流程文件来实现。

流程文件相比流程图，内容除了结构化的图形展示，还包括很多业务具体的说明，比流程图的内容更丰富。流程文件信息包括文件属性信息和文件内容信息两部分。文件属性信息包括：业务流程文件名称、业务流程文件编号、业务流程文件修订记录、文件有效期、文件生效时间、文件类型和文件状态等信息。文件内容信息包括：业务流程责任人、业务流程背景与目的说明、业务使用对象和范围说明、角色及岗位说明、业务执行过程说明、业务流程图及说明等。

二、解释

（一）流程文件与其他文件的关系

企业需要考虑流程文件和其他文件的关系，如流程文件与行政文件的关系，流程文件与技术文件的关系等。通常，企业管理类文件可以大致分为行政类文件和流程类文件。行政类文件包括公司纲领、公司政策和组织文件。流程类文件是对业务过程执行要求的系统化和规范化的落实，同时承载了公司政策、质量、数据、内容等管理要求。

（二）通过分层分类对流程文件进行管理

由于业务复杂度和覆盖范围不同，流程文件在企业中通常是分层分级管理，这也是流程建档的基础。流程文件的层级管理在不同的企业有不同的分类方法，有些企业分为手册、制度、规范、流程、操作指导书等，有些企业分为政策、规则、流程等。不管是何种分类方法，建议考虑流程架构的对应层级关系。

（三）流程文件统一受控，官方发布

一般来说，企业的流程文件是被统一管理的，而且受控于企业文件发布要求，这也是流程作为资产管理的一个表现。不同层级的流程文件的管理强度和授权是不一样的：高层级的流程文件管理比较严格，授权范围小；低层级的流程文件管理比较松散，授权范围较大。流程文件的管理程度和

业务的稳定性特点是相一致的，高层级的流程设计范围比较大，影响比较深远，而且也相对稳定，反之亦然。

（四）流程文件需要定期盘点审核

既然流程文件作为资产，那么定期的盘点和审核是有必要的。当前，流程文件的数量、有效文件的数量、时效文件的数量和业务执行是否匹配？是否需要作废和优化？这些都是我们在流程文件管理过程中需要考虑的内容。在业务发展的过程中，高阶流程文件和低阶流程必须不断地进行调整，但调整的节奏不一样，高阶流程文件注重宏观，相对稳定；低阶流程和业务操作紧密联系，调整频率会更频繁。

三、分类

流程资产名称	流程文件（Business Process Document）	
层级分类	☐要素级组件资产 ☑流程级组件资产 ☐企业级组件资产	☐要素级解决方案服务 ☐流程级解决方案服务 ☐企业级解决方案服务
目的分类	☑绩效类流程资产　☑风险类流程资产	

四、适用场景

流程资产名称	流程文件（Business Process Document）
适用对象	☑业务流程owner　☑流程执行人　☑相关管理部门
适用场景阶段	☐业务规划阶段　☑业务设计阶段　☑业务实施阶段 ☑业务评估阶段

（一）将业务设计或执行记录作为资产归档

流程文件为业务设计实施和业务执行提供书面化的记录，也是业务过程和职责边界达成共识的基础。通过管理流程文件，明确企业业务中的流程数量与规模，明确企业业务流程的有效性，实现业务流程的资产盘点和持续运营。

(二) 为流程检查与审计奠定基础

业务审计的目的是发现业务是否在按照要求运作，可以依据流程文件的要求检查流程执行的情况。发现业务执行过程中是否存在财务、合规或者运营风险。对于内部管理，流程文件可以作为业务审计的基础输入和结果改进审核的依据，对于外部体要求，流程文件可以满足业务过程记录的质量管理体系的管控和检查要求。

(三) 实现公司知识和经验能力的共享

流程文件描述了业务运作的基本要求和步骤，可以作为业务部门的工作基本指引和操作指南，也可以作为新员工培训学习的资料。流程文件可以让员工缩短学习知识的时间，更有效地共享公司知识和经验。

五、输入输出

流程资产名称	流程文件（Business Process Document）
输入	输出
• 流程图 • 业务文件模板 • 业务文件体系政策	• 流程文件评审意见 • 流程文件

六、方法步骤

流程文件建档过程一般包括如下步骤：

步骤1：确认流程建档需求和文件性质

文件可以分为规范、流程、操作指导等类型，文件性质的选择根据业务需求来决定。如果是展示跨部门的业务操作过程，建议按照流程文件建档；如果是针对某个活动或者操作的详细说明，建议按照操作指导书输出；如果是针对某类业务的职责、权限等管理要求的输出，建议按照制度规范输出。一般来说，流程文件是业务管理必须输出的一类文件。

```
Start → 01 确认流程建档需求和文件性质 → 02 确认流程文件版本信息 → 03 确认文件架构层级 → 04 套用模板编写文件
     → 05 组织业务干系人评审和会签，发布流程文件 → 06 定期盘点和审视流程文件的有效性，并跟踪具体措施 → End
```

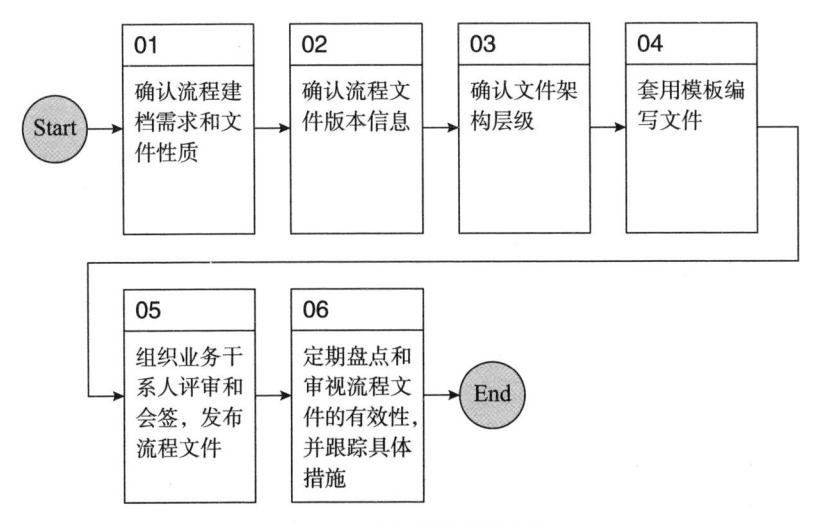

图 6-8　流程文件建档步骤

步骤 2：确认流程文件版本信息

明确本次文件是新建需求还是优化需求。如果是优化需求，是否有作废或者合并的文件，本次优化之后的版本信息内容也需要确认。

步骤 3：确认文件架构层级

根据业务流程文件内容层级确认文件所属的流程架构归属。每一个流程架构下面都可以通过流程文件来支撑。

步骤 4：套用模板编写文件

根据流程文件模板编写流程文件内容。流程文件的编写可以是在和业务沟通确认之后达成共识的业务内容，也可以是首次规划的业务内容。

步骤 5：组织业务干系人评审和会签，发布流程文件

在业务流程文件编制完成之后，可以组织业务干系人进行评审。评审可以以不同的形式开展。对于复杂的业务流程文件，还需要多次评审，最终由流程责任人和相关方会签通过后启动流程发布受控流程。流程文件发布需要建立流程档案信息，包括流程编号、流程性质、流程发布时间和责任人等。

步骤6：定期盘点和审视流程文件的有效性，并跟踪具体措施

流程文件的有效期和业务变化都会引起文件的修订，所以需要建立业务流程文件的有效性管理机制，确保文件和业务的一致性。

七、设计要点与建模示例

流程资产名称	流程文件（Business Process Document）
推荐建模语言工具	Epros　Aris　Word
模型分类	□目录清单制品　□矩阵制品　☑图形制品
建模输出	流程文件建档卡

在编写流程文件时，我们需要注意如下几点：

- 流程文件编写的过程不仅仅是形成文件的过程，更是和业务讨论达成一致的过程。
- 流程文件编写要和业务保持一致，反映业务执行的实际情况或者即将执行的业务管理的过程。
- 建议流程文件评审在线下和业务方达成共识后启动评审流程。从本质上来看，流程文件评审发布是一个受控流程，并不承担业务讨论评审的作用。
- 流程文件编写要使用公司的统一模板。文件性质不同，模板也不同。不同性质的文件不可混在一起。

业务流程文件可以由流程文件建档卡来管理，示例如下：

表6-6　流程文件建档卡

业务流程文件属性信息				
名称		编号	
修订记录		版本信息	
生效时间		有效期	
文件状态		文件类型	

业务流程文件内容信息			
业务流程责任人		业务流程背景说明	
业务流程目的说明		业务流程范围说明	
角色及岗位说明		业务流程图及说明	

八、技术工具

流程资产名称	流程文件（Business Process Document）
技术工具	■会议评审　■交叉检查　■桌面检查等

第 7 章　要素级组件资产

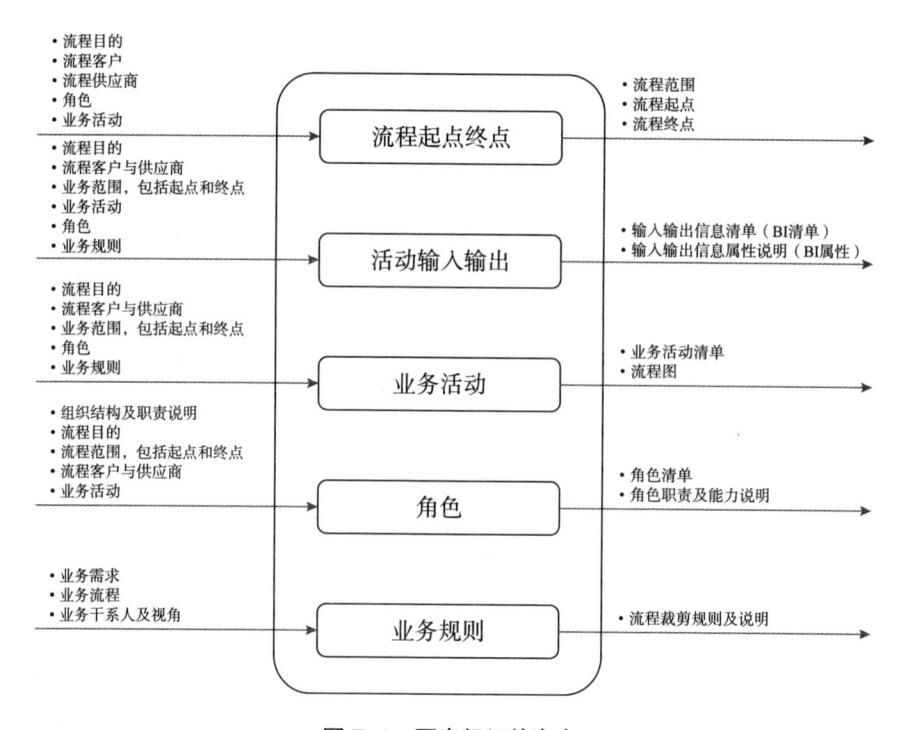

图 7-1　要素级组件资产

7.1 流程起点终点与业务范围

一、定义

流程资产名称	流程起点和终点（Start Point & End Point）
流程资产定义	流程起点和终点决定了流程的范围，流程起点是触发流程第一个活动的开始事件，流程终点是流程最后一个活动所产生的结束事件。业务流程的结束一般表现为业务结果需求已经达到，或者是为了预期结果最终达成的业务决策的制定完成。

起点、终点可以是单一事件，也可以是多个事件。任何流程都至少有一个开始事件和一个结束事件。流程起点和终点事件是输入输出产品、服务或者信息的状态，这种状态可以控制或影响业务的运作。事件也可以为业务规则，例如，每个工作日的 8 点银行开始办理服务业务流程，"每个工作日的 8 点"就属于业务规则的流程起点。业务流程范围图通常用来界定流程起点和终点，用来定义并明确业务流程外部或者内部边界。例如，订单履行流程，其中该业务流程的一个起点事件是客户订单需求已确认，终点事件是客户接受正确数量的产品。

二、解释

（一）流程起点的输入要求

流程起点是由流程供应商提供的，换句话说，是由外界或者上游流程提供的。流程起点需要考虑输入信息的要求，需要什么样的输入以保证好的输出。可以把输入要求转化成具体的可衡量的交付和质量等指标来实现流程起点输入信息的要求，例如，交付时间要明确具体、信息填写准确等。

（二）流程终点的输出要求

流程终点输出的是物理实体或者是有价值的信息，是由客户定义或者讨论完成定义后交给客户认可的输出，在企业内部也可以是为了预期结果的最终达成的业务决策的制定完成，通常是下游流程的输入。流程输出信息可以表现为我们给客户制造的产品、我们给客户提供的信息，以及我们给客户提供的服务。流程终点输出信息的形式包括报告、文件、图纸、决定、评审意见、问题解决方案、完成的项目、产品等。流程输出必须可衡量，要有质量标准，需要把客户的要求转化成具体的可衡量的指标，可以从质量、交付、成本、效率等方面考虑衡量指标。

三、分类

流程资产名称	流程起点和终点（Start Point & End Point）	
层级分类	☑要素级组件资产 ☐流程级组件资产 ☐企业级组件资产	☐要素级解决方案服务 ☐流程级解决方案服务 ☐企业级解决方案服务
目的分类	☑绩效类流程资产　☑风险类流程资产	

四、适用场景

流程资产名称	流程起点和终点（Start Point & End Point）
适用对象	☑业务流程 owner　☑流程执行人　☑相关管理部门
适用场景阶段	☑业务规划阶段　☑业务设计阶段　☑业务实施阶段 ☑业务评估阶段

（一）确定流程客户和供应商

流程起点和终点关联两个重要定义：流程客户和供应商。供应商可以是内部供应商，也可以是外部供应商，是指提供每个流程输入的人或组织。客户可以是内部客户，也可以是外部客户，是指接受或者依赖于流程输出的人或组织。流程起点和终点的输入输出信息设计需要满足具象性，可衡量的要求，输出一定是客户达成共识的，满足客户需求的输出。客户的界定通常为：

- 接受你的产品、服务或者信息。
- 评估你的产品、服务或者信息。
- 拥有或控制你的产品、服务或者信息。
- 使用你的产品、服务或者信息。

（二）界定业务流程范围

流程起点是触发流程第一个活动的开始事件，流程终点是流程最后一个活动所产生的结束事件。通过界定流程起点到流程终点的过程，我们自然也能确认流程的业务范围。

五、输入输出

流程资产名称 输入	流程起点和终点（Start Point & End Point） 输出
• 流程目的 • 流程客户 • 流程供应商 • 角色 • 业务活动	• 流程范围 • 流程起点 • 流程终点

六、方法步骤

流程起点终点建模过程一般包括如下步骤：

步骤1：确认业务流程上游供应商和下游客户，包括内外部供应商和内外部客户

明确业务流程客户和供应商，并识别是内部客户还是外部客户，是内部供应商还是外部供应商。外部客户一般是指接收、评估、拥有或者使用业务流程最终输出的产品、服务和信息的主体。内部客户是企业内部相关的部门或者岗位。外部供应商是指企业外部为业务流程提供资源、信息和服务等输

入的供应商。内部供应商涉及企业内部相关部门或者岗位。

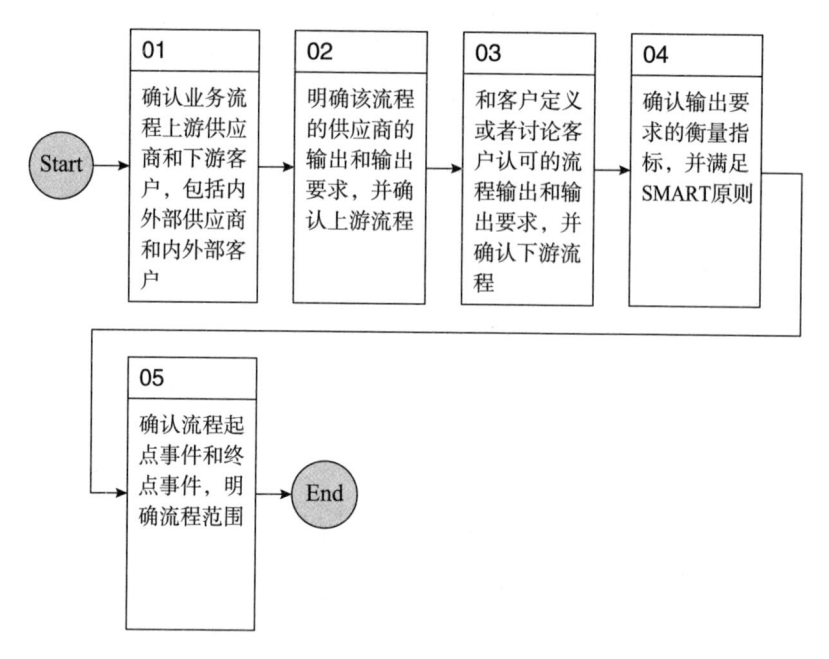

图 7-2　流程起点终点建模步骤

步骤 2：明确该流程的供应商的输出和输出要求，并确认上游流程

和内部供应商、外部供应商讨论输出的信息、资源和服务，包括输出形式、输出标准、输出质量、交付时间等要求；明确供应商输出如上信息并保证输出信息质量的关键业务过程，即上游流程。

步骤 3：和客户定义或者讨论客户认可的流程输出和输出要求，并确认下游流程

和客户讨论输出的产品、服务和信息及其要求，包括输出形式、输出标准、输出质量、交付时间等要求，这些要求主要是由客户认可并接受。如果是内部客户，需要明确业务输出交接的下游流程。

步骤 4：确认输出要求的衡量指标，并满足 SMART 原则

根据内部客户、外部客户的需求与交付目标，设定该流程的业务目的，业务目标用来衡量和监控流程客户需求的实现程度。

步骤 5：确认流程起点事件和终点事件，明确流程范围

根据流程供应商的输入信息及其要求，确认流程起点，根据流程客户的输出信息及其要求，确认流程终点。整合如上输入输出信息创建流程接口清单和确认流程范围。

七、设计要点与建模示例

流程资产名称	流程起点和终点（Start Point & End Point）
推荐建模语言工具	Epros　Aris　Visio　PPT
模型分类	☑目录清单制品　□矩阵制品　☑图形制品
建模输出	流程输入输出接口清单　流程范围图

在流程起点终点建模的过程中，我们需要注意如下几点：
- 流程起点和终点用事件来描述，事件通常表示活动或者事务的状态。
- 起点事件描述通常为名词+状态描述，例如，业务订单需求被接收。
- 终点事件描述通常为名词+状态描述，例如，业务订单处理已完成。

流程起点终点的业务建模包括流程输入输出接口表和流程范围图。示例如下（见表7-1）。

表 7-1　流程输入输出接口

供应商	输入		流程名称	输出		客户
	描述	可量化的衡量指标		描述	可量化的衡量指标	

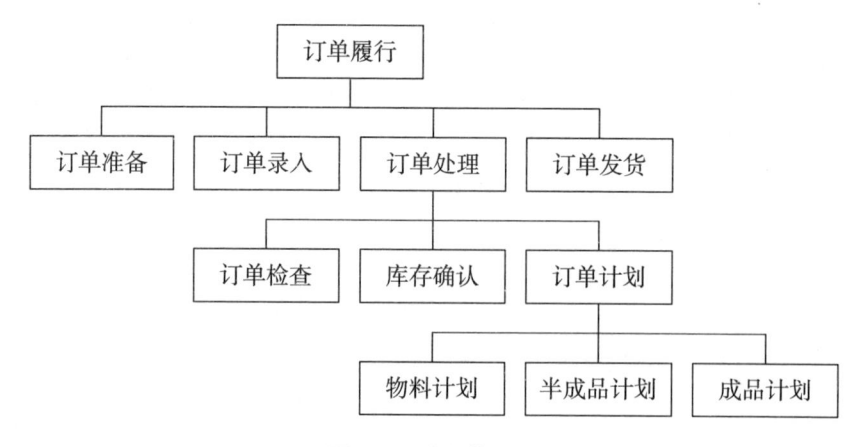

```
                        ┌──────────┐
                        │  订单履行  │
                        └──────────┘
         ┌────────────┬──────┴──────┬────────────┐
    ┌────────┐   ┌────────┐   ┌────────┐   ┌────────┐
    │ 订单准备 │   │ 订单录入 │   │ 订单处理 │   │ 订单发货 │
    └────────┘   └────────┘   └────────┘   └────────┘
                        ┌────────┬──┴─────┬────────┐
                   ┌────────┐ ┌────────┐ ┌────────┐
                   │ 订单检查 │ │ 库存确认 │ │ 订单计划 │
                   └────────┘ └────────┘ └────────┘
                                    ┌────────┬──┴─────┬────────┐
                               ┌────────┐ ┌──────────┐ ┌────────┐
                               │ 物料计划 │ │ 半成品计划 │ │ 成品计划 │
                               └────────┘ └──────────┘ └────────┘
```

图 7-3 流程范围图

注：如上流程范围图使用功能结构图来展示。功能结构图就是按照功能的从属关系画成的图，图中的每一个框都称为一个功能模块。管理信息系统的各子系统可以看作系统目标下层的功能，将系统功能进行分解，分解颗粒度根据业务需求来确认。

八、技术工具

流程资产名称	流程起点和终点（Start Point & End Point）
技术工具	■业务功能分解技术等

7.2 活动输入输出与数据信息

一、定义

流程资产名称	活动输入输出（Input & Output）
流程资产定义	活动输入（Input）输出（Output）是指流程中各业务活动输入输出的物理实体或者是有价值的数据信息。

业务活动的执行结果将转化成物理实体或者信息数据作为输出。活动输入输出是指流程中各业务活动输入输出的物理实体或者是有价值的数据信息（Business Item，BI），表现为数据实体以及承载数据的表、证、单、书，如要货需求表、会计凭证、采购订单等。

业务活动的输入输出构成了流程间和流程活动间的信息链。业务活动的输入输出是流程内部各活动的输入输出，流程的输入输出是界定流程范围的输入输出，本质上，流程的输入输出是一种特殊的业务活动的输入输出。

数据是流程中信息的载体，可以使用数据视角分析业务流程包括流程内部数据之间的流转效率与质量，跨流程之间的数据流转的断点与集成性。独立的数据视角涉及企业系统化数据管理和治理。

二、解释

（一）输入输出是业务活动信息的流动

业务活动的输入输出实质上体现了业务在信息数据方面的流动。在业务活动流的基础上，包含活动对输入输出实体状态的影响，即活动的结果。这样流程就表现为实体连续的状态变迁过程，构成了实体的信息转化和流动。每个流程活动都会有输入和输出。每个输入输出有且只有一个流程活动创建，可在多个流程活动中使用或更新，即创建一次，使用多次。业务活动的输入输出具有生命周期的特点，在整个生命周期中也需要管理和维护。

（二）输入输出元素管理属于数据视角分析

为保证流程中的信息有效集成，需要对输出的信息进行详细的描述，并进行统一管理。例如，每个输入输出的责任管理、属性管理、质量管理、安全管理、层级管理、来源管理等，这些都是流程关键要素层级的精细化管理。输入输出的管理属于数据管理的范围，具体可以参考关于数据管理方面的内容。

三、分类

流程资产名称	活动输入输出（Input & Output）	
层级分类	☑要素级组件资产 ☐流程级组件资产 ☐企业级组件资产	☐要素解决方案服务 ☐流程级解决方案服务 ☐企业级解决方案服务
目的分类	☑绩效类流程资产	☑风险类流程资产

四、适用场景

流程资产名称	活动输入输出（Input & Output）
适用对象	☑业务流程 owner　☑流程执行人　☑相关管理部门
适用场景阶段	☐业务规划阶段　☑业务设计阶段　☑业务实施阶段 ☑业务评估阶段

（一）业务流程设计分析与验证

通过审视与优化流程输入输出的集成质量，确认流程集成的有效性，保证数据在业务流程中的一致性。输入输出从信息流和系统设计实现层面验证业务的合理性，落实 IT 系统的实现，匹配 IT 系统。

（二）数据管理

业务活动承载的输入输出信息流，可以使数据和业务紧密结合，是数据管理的基础。输入输出信息的数据责任、数据质量、数据维护、数据应用等可以在企业层级进行统一管理。

将数据作为企业资产进行管理，是企业数字化转型的基础，利用数据挖掘建模等技术为企业分析决策提供洞察，同时数据驱动的商业模式的变化，在优化业务流程和提升客户体验方面也有巨大的推动作用。

五、输入输出

流程资产名称	活动输入输出（Input & Output）
输入	输出
• 流程目的 • 流程客户与供应商 • 业务范围，包括起点和终点 • 业务活动 • 角色 • 业务规则	• 活动输入 • 活动输出 • 活动输入信息属性说明 • 活动输出信息属性说明

六、方法步骤

活动输入输出建模过程一般包括如下步骤：

01 确认业务流程客户与目标
02 根据业务流程中的活动识别出所有活动的输入输出
03 明确输入输出数据信息的来源和去向
04 验证输入输出BI信息的产生来源的唯一性
05 创建数据流程图，并分解数据流程图至合适的颗粒度
06 创建数据状态图，并确认BI的生命周期状态
07 对活动的输入输出进行详细的描述，包括层级和属性内容

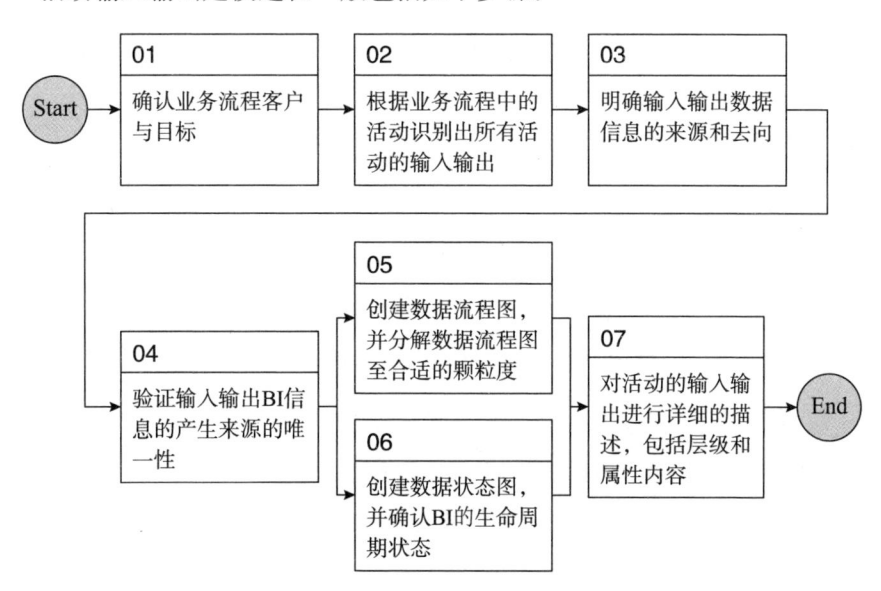

图 7-4　活动输入输出建模步骤

步骤1：确认业务流程客户与目标

明确业务流程客户，并识别是内部客户还是外部客户，外部客户一般是指接收、评估、拥有或者使用业务流程最终输出的产品、服务和信息的主体。内部客户是企业内部相关的部门或者岗位。根据内外部客户的需求与交付目标，设定该流程的业务目的，业务目标用来衡量和监控流程客户需求的实现程度。

步骤2：根据业务流程中的活动识别出所有活动的输入输出

选择任意业务活动，识别上游相邻业务活动的输出要求，识别下游相邻业务活动的输入要求，完成业务流程范围内所有活动的如上操作。

步骤3：明确输入输出数据信息的来源和去向

明确输入输出数据信息的来源和去向，通常涉及信息系统分析。审视每一个BI的信息流及支撑的信息系统，并识别在哪些环节是创建信息，哪些环节是使用信息，哪些环节是信息的状态改变。

步骤 4：验证输入输出 BI 信息的产生来源的唯一性

在业务流程中，BI 信息的创建来源是唯一的，不可以有多个创建来源，但可以在多个流程、活动和系统中使用，这样做可以确保业务流程中数据源头的统一管理，为流程集成提供集成和保证。BI 信息创建唯一性的过程可以使用 CRUD 图验证。

步骤 5：创建数据流程图，并分解数据流程图至合适的颗粒度

数据流程图展示了业务流程中数据信息的流转和关系。如果在业务实际过程中需要更加详细的业务内容，可以拆分数据流程图，将 BI 分解到更小的颗粒度。

步骤 6：创建数据状态图，并确认 BI 的生命周期状态

有必要的话，可以识别每个 BI 的生命周期状态，了解 BI 的状态变迁规则和路径。数据状态图有助于我们从 BI 的状态了解业务流程执行的真实状态场景。

步骤 7：对活动的输入输出进行详细的描述，包括层级和属性内容

详细记录每个活动的输入输出信息，有必要记录输入输出信息相关的属性内容，创建业务信息（BI）清单。

七、设计要点与建模示例

流程资产名称	活动输入输出（Input & Output）
推荐建模语言工具	Epros Aris Visio PPT
模型分类	☑目录清单制品 ☑矩阵制品 ☑图形制品
建模输出	BI 清单及属性表 数据流程图 数据状态图 CRUD 矩阵 ER 图

活动输入输出建模过程中，我们需要注意如下几点：

- 在数据建模过程中，信息的创建来源唯一，不可以有多个创建来源，但可以在多个流程、活动和系统中使用。
- 流程中多次出现的同一个数据信息，其名称必须保持一致。
- 为保证流程中的信息有效集成，输入输出应该使用模板描述并统一管理。

活动输入和输出的业务建模包括流程 BI 清单（及属性）、数据流程图、数据状态图、CRUD 矩阵和 ER 图，具体示例如下。

表 7-2　BI（Business Item）清单

上游业务活动	上游活动输出信息	业务流程活动 1	下游活动输出信息	下游业务活动
		业务流程活动 2		
		业务流程活动 3		

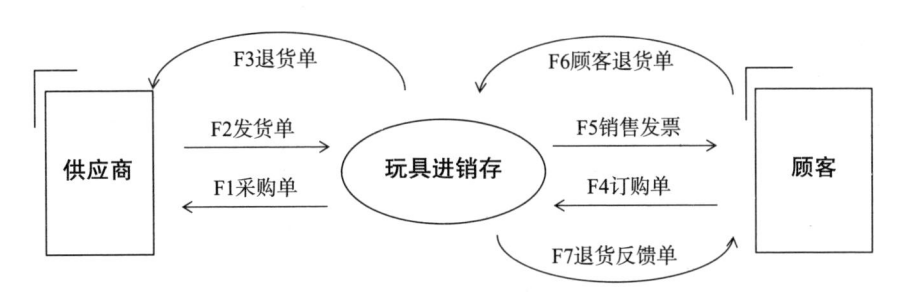

图 7-5　数据流图（DFD）

注：数据流图（DFD）从数据传递和加工角度，以图形方式来表达系统的逻辑功能、数据在系统内部的逻辑流向和逻辑变换过程，是结构化系统分析方法的主要表达工具。

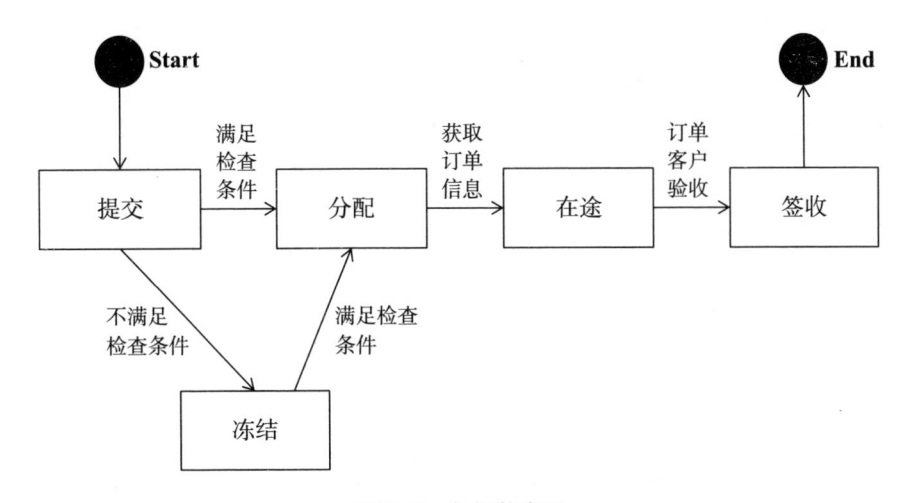

图 7-6　数据状态图

注：数据状态图主要用于描述一个对象在其生存期间的动态行为，表现为一个对象所经历的状态序列，引起状态转移的事件（Event），以及因状态转移而伴随的动作（Action）。用来描述和分析信息系统中各类实体的不同可能状态，从一个状态如何转变到另一个状态。

表 7-3　CRUD 矩阵

业务流程	数据 1	数据 2	数据 3	数据 4
业务活动 1	C	U	U	U
业务活动 2	U	U	U	C
业务活动 3	U	C	U	U
业务活动 4	U	U	U	U
业务活动 5	U	U	C	U

注：CRUD 图是指在做计算处理时的增加（Create）、读取（Retrieve）、更新（Update）和删除（Delete）几个单词的首字母简写，主要被用于描述软件系统中数据信息的基本操作功能。

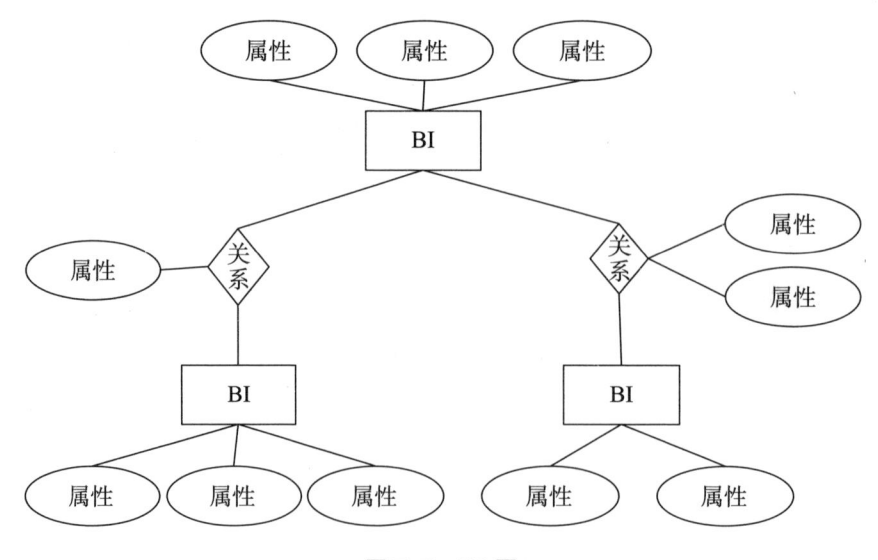

图 7-7　ER 图

注：ER 图也称实体—联系图（Entity Relationship Diagram），提供了表示实体类型、属性和联系的方法，用来描述现实世界的概念模型。

八、技术工具

流程资产名称	活动输入输出（Input & Output）
技术工具	■数据建模　■数据分析　■业务流程分析　■评审检查等

7.3 业务活动及应用功能

一、定义

流程资产名称	业务活动（Business Activity）
流程资产定义	业务活动是流程中执行的动作和步骤，是流程的基本单元，有明确的责任角色和明确的输入输出。

流程中的业务活动不是孤立存在的，需要由执行主体、输出结果、流程目的等因素相互影响才能产生价值。单独描述业务活动对业务是没有价值的。业务活动之间是相互作用的，这组有关联性的相互作用的一系列业务活动共同实现流程目标。

业务活动也有可能拥有其自身的业务子活动，业务活动在业务流程中可以是具有高度结构化的重复执行，也可以是具有高度变异性的松散结构执行。

业务活动可以使用应用功能视角分析业务流程在信息系统的功能实现，这也是流程固化在信息系统中需要考虑的重要因素。

二、解释

（一）业务活动根据价值产出可以分为增值活动与非增值活动

业务活动根据输出结果是否具有增值性可以分为增值活动和非增值活动。增值活动是对流程或者客户产生价值的活动，如生产包装、客户发货等业务活动。非增值活动是流转过程中不产生价值但有必要存在的活动，如等待活动。根据是否产生价值，可以进行流程活动的优化，如删除、合并、自动化、简化等措施。由于业务是在实际环境中发生的，并不是每一个活动都是增值活动，当然我们的目标是尽可能减少和消灭非增值活动，提高流程效率，如生产换线动作的次数，内部运输流程的活动，很多时候还涉及精益管理的内容，这也是企业竞争力的体现。

（二）业务活动根据活动性质分为执行活动与审批活动

业务活动根据活动性质可以区分为业务执行活动和业务审批活动。业务执行活动是业务流转的一系列活动，不包括由于企业质量或者风险等要求增加的审核活动。业务审批活动一般和工作流相关，如出差申请审批活动。审批活动既要关注业务风险的控制，也要关注业务流程的效率，在企业风险可控的情况下，实现流程效率的最大化。

（三）业务活动实现和部署

业务活动功能在信息系统部署的时候，需要关注流程与具体实施地点的匹配矩阵。在企业实际业务中，有些流程是集团统一的流程，可能在全球业务中都使用该流程；有些流程是区域化流程，只在部门区域使用。流程与具体实施地点的匹配除明确流程范围外，更重要的是在流程业务系统部署的时候提供输入。

三、分类

流程资产名称	业务活动（Business Activity）	
层级分类	☑要素级组件资产 ☐流程级组件资产 ☐企业级组件资产	☐要素级解决方案服务 ☐流程级解决方案服务 ☐企业级解决方案服务
目的分类	☑绩效类流程资产	☑风险类流程资产

四、适用场景

流程资产名称	业务活动（Business Activity）		
适用对象	☑业务流程owner	☑流程执行人	☑相关管理部门
适用场景阶段	☐业务规划阶段 ☐业务评估阶段	☑业务设计阶段	☐业务实施阶段

（一）研究业务活动分类，有助于优化业务流程

流程描述了为客户提供产品或服务的活动及其偏序关系。通过识别业务活动的效率、成本以及目的作用，区分增值活动和非增值活动，识别流程中的浪费，例如，不合适的工具方法、无用的信息传递、沟通障碍、不具备工作技能的人员、优先级和授权的不适当等，为业务流程优化提供输入。从业务活动分析去辨识流程，通过业务活动的消除、合并、转移、协调、自动化等措施提升流程效率，降低流程成本。

（二）业务活动分析与解构，有助于业务流程设计与复制

通过业务活动裁剪适配支撑多场景流程匹配工作。根据不同的业务场景，对业务活动进行组件化管理，通过活动裁剪和组装来实现不同业务场景下流程的适配。在业务流程范围不清楚的情况下，根据业务活动的识别、定义和分解，有助于快速高效地和干系人就业务流程的范围达成一致的意见。

（三）实现信息系统资源的合理配置

通过审视已有流程的信息系统实现和集成情况，为优化业务流程和信息系统功能提供输入。可以尝试解决如下问题：是不是存在因相同或者相近的业务承载不同的信息系统而造成资源浪费的情况？是不是存在多个系统频繁操作而影响业务操作效率的情况？是不是存在信息系统承载了很多不同性质的业务流程，而造成信息系统的定位不明确，或者造成系统性能降低的情况？上述问题涉及信息系统规划、实现，甚至优化的问题。

五、输入输出

流程资产名称	业务活动（Business Activity）
输入	输出
• 流程目的 • 流程客户与供应商 • 业务范围，包括起点和终点 • 角色 • 业务规则	• 业务活动清单 • 流程图

六、方法步骤

业务活动建模过程一般包括如下步骤：

```
Start → 01 确认业务流程客户与目标 → 02 确认业务流程范围，即业务流程的起点和终点 → 03 在业务流程范围内，和业务干系人讨论业务流程中的主要业务活动 → 04 分解高阶业务活动，确认满足客户和业务流程目标的详细业务活动
→ 05 确认分解的业务活动的底层活动和业务流程起点终点的一致性 → 06 确认业务活动信息系统和组织资源 → 07 对业务活动分析和设计信息进行详细描述和记录 → End
```

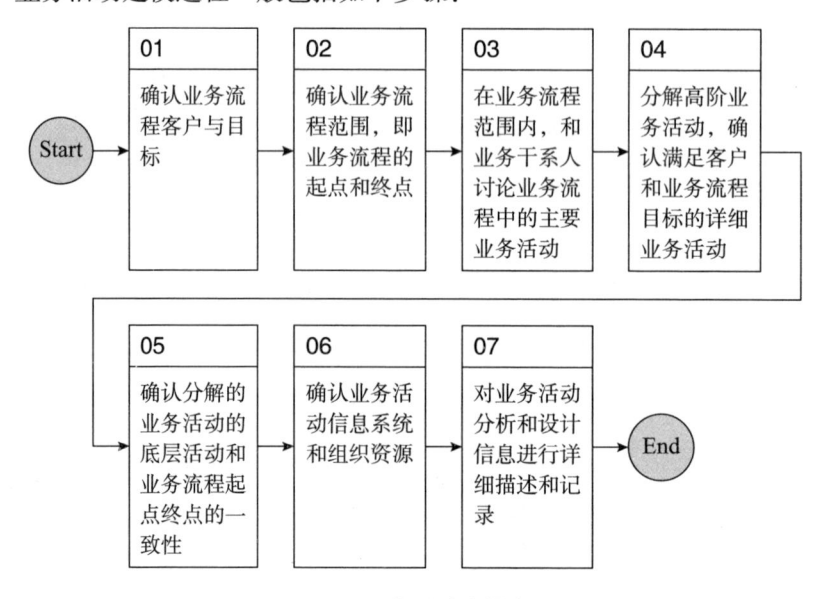

图 7-8 业务活动建模步骤

步骤 1：确认业务流程客户与目标

明确业务流程客户，并识别是内部客户还是外部客户。外部客户一般是指接收、评估、拥有或者使用业务流程最终输出的产品、服务和信息的主体。内部客户是企业内部相关的部门或者岗位。根据内外部客户的需求与交付目标，

设定该流程的业务目的。业务目标用来衡量和监控流程客户需求的实现程度。

步骤2：确认业务流程范围，即业务流程的起点和终点

识别业务流程供应商和客户，明确其输入输出信息及其要求，确认流程起点和流程终点，创建流程接口清单，据此确认业务流程范围。

步骤3：在业务流程范围内，和业务干系人讨论业务流程中的主要业务活动

在业务流程范围内，从业务流程的起点出发，讨论支持业务流程客户目标需求设计或者实施的高阶业务活动。高阶业务活动设计需要评估已有组织的业务能力是否可以操作、是否可以实现客户目标，甚至是超出客户的预期。

步骤4：分解高阶业务活动，确认满足客户和业务流程目标的详细业务活动

根据业务范围讨论得出大颗粒度的高阶业务活动，再将大颗粒度的业务活动分解为更小颗粒度的业务活动，逐层分解业务活动直至业务认为合适的颗粒度，最终讨论并确认可以满足业务流程目标和客户需求的业务活动。

步骤5：确认分解的业务活动的底层活动和业务流程起点终点的一致性

验证并确认分解后的首个业务活动起点和输入要求是否和业务流程范围的起点相一致，分解后的最后一个业务活动终点和输出要求是否和业务流程范围的终点相一致。如果存在不一致的现象，重新讨论确认。

步骤6：确认业务活动信息系统和组织资源

业务活动还需要确认对信息系统和组织资源的要求。这些业务活动现有的人力资源是否具备能力执行？是否有信息系统支撑？是否需要增加新的功能来支撑？是否需要独立部署？……这些问题都需要考虑。确定业务活动和组织级信息系统的对应关系，有助于后期业务流程的实施落地。

步骤7：对业务活动分析和设计信息进行详细描述和记录

明确业务流程客户、供应商、目标、业务活动及其时序、组织和信息系统资源后，记录业务活动分析设计的详细信息，包括业务活动说明、业务功能分解、业务流程时序、业务功能与系统匹配等，这些信息可以作为后期支持业务流程实施的重要文档。

七、设计要点与建模示例

流程资产名称	业务活动（Business Activity）
推荐建模语言工具	Epros　Aris　Visio　PPT
模型分类	☑目录清单制品　☑矩阵制品　☑图形制品
建模输出	业务活动清单　业务流程与系统矩阵　业务功能分解图　流程图

业务活动建模过程中，我们需要注意如下几点：

- 业务活动通常以动宾结构命名，如"接收 PO"。
- 业务活动颗粒度没有严格的标准。对于业务成熟度高（作业相对标准化、自动化率较高、员工技能娴熟、IT 化率高等）的业务活动颗粒度可以概括描述，反之则要详细描述。
- 根据前面章节介绍的流程文件建档的解释，针对复杂业务活动需要显现显性化管理，例如，编制操作指导书，对指导书的管理和流程文件的管理是一样的。
- 业务活动设计需要按照企业规定的流程图标准来绘制。

业务活动建模包括业务活动清单、业务流程与系统矩阵、业务功能分解图、流程图。我们在前面已介绍过业务功能分解图和流程图建模。业务活动清单、业务流程与系统矩阵具体示例如下。

表 7-4　业务活动清单

活动编号	活动名称	活动描述	活动起点	活动终点	信息系统/功能模块

表 7-5　业务流程与系统矩阵

业务流程	信息系统 / 功能模块	信息系统 / 功能模块	信息系统 / 功能模块	信息系统 / 功能模块
业务活动 / 子流程				
业务活动 / 子流程				
业务活动 / 子流程				
业务活动 / 子流程				

八、技术工具

流程资产名称	业务活动（Business Activity）
技术工具	■ SIPOC 方法　　■ 业务功能分解技术　　■ 接口图等

7.4　角色与组织职责

一、定义

流程资产名称	角色（Role）
流程资产定义	角色是业务流程执行的主体，负责流程活动的执行及输出，有明确的职责及技能要求。

角色是业务流程执行的主体，负责流程活动的执行及输出，有明确的职责及技能要求，不等同于组织中的岗位、职位，但可以建立匹配关系。组织为完成某一目标，往往会把此目标分解，以便能和不同能力和责任的角色合作完成。角色最终由某些参与成员负责，它的绩效取决于员工的能力水平、组织认知和投入程度。

角色可以从组织视角分析其在组织或者岗位的资源配置情况，包括配置的合理性和合规性，最大化地实现组织在流程中的角色资源优化和风险控制。业务流程组织视角配置包括组织部门的宏观匹配和岗位职责的微观匹配。

二、解释

（一）角色之间的客户服务关系体现为流程服务链

流程是把组织中角色的各种关系按一定的逻辑顺序和规则连接起来完成组织目标的过程，流程运行体现为这些关系的建立、发生和完成过程。流程是由完成流程目标的角色客户服务链组成，角色之间是相对的客户服务关系，可以要求服务或提供服务，服务价值的大小由客户评价，以此作为报酬的依据。如果在每一个环节，角色都能使自己的客户满意，那么沿着客户的服务链就可能使最终的顾客满意。

（二）角色协作性

每一个角色负责流程的局部活动，通过信息加工和信息传递与其他角色在若干活动点交互。有时同一角色负责多个流程的不同部分，可能会出现时间和资源等的冲突，需要协调。业务活动的协调是角色之间遵循一定规则的有序互动，角色合作的基础是员工、业务单元和组织等不同层次需要实现的相同组织目标，而协同技术确保合作顺利进行。

（三）角色层次性

员工、业务单元和组织都可视为角色。角色具有层次性，它是和组织目标的分解相对应的，以便实施面向过程的目标管理。即组织的战略目标分解到若干核心过程，而过程可按规则再分解至各级角色。同级角色之间通过一定的协调手段，为完成共同的目标合作，而上下级角色存在目标的包含关系。

（四）角色通用性

角色管理最重要的是人力、资源等要素的精炼和整合。角色一般不随组织结构变化而变化，在业务管理中可以复用。业务活动执行人是从流程角度设置执行人，而不是从组织角度设计执行人，把职责匹配到现有的组织岗位中，实现业务活动的角色化管理。

三、分类

流程资产名称	角色（Role）	
层级分类	☑要素级组件资产 ☐流程级组件资产 ☐企业级组件资产	☐要素级解决方案服务 ☐流程级解决方案服务 ☐企业级解决方案服务
目的分类	☑绩效类流程资产　　☑风险类流程资产	

四、适用场景

流程资产名称	角色（Role）	
适用对象	☑业务流程 owner　　☑流程执行人　　☑相关管理部门	
适用场景阶段	☐业务规划阶段　　☑业务设计阶段　　☐业务实施阶段 ☐业务评估阶段	

（一）流程设计与流程优化

角色视角避免了传统的流程过多地关注活动的现象，这导致其在设计新的流程时，重视技术的作用而忽视人及其角色，因而不能协调人、信息、技术、资源和战略之间的对应性。流程设计的关键问题是合理分解流程，保证角色的组成简洁有效、责权相配、协调有效。角色的协调内容也是多元的，包括目标、计划、关系、利益、权力和工作协调等，相应的协调方法也是多样的。流程优化是把传统组织内部的角色拆散，并重新提升、组装到为顾客创造价值的流程中去，其中也包含在信息技术的支持下角色之间协作机制和关系的调整。

（二）通过流程角色与活动的匹配分析流程的合理性

通过比较角色之间，角色与活动之间的关系，分析流程执行的合理性。比较常用的组织视角的关系矩阵是 RACI 矩阵和 SOD 矩阵。RACI 矩阵侧重描述业务角色的职责关系。SOD 矩阵，又称权责分离矩阵，从风险内控的角度关注业务角色的相容性，例如，出纳和会计的角色不能由一个人承担，验收人和入账人不能由一个人承担等。

（三）设计和分析角色库，增加组织管理柔性

企业的组织结构和运营方式具有明显的行业特征，因此对同一类型组织而言，组成过程的基本单元具有相似性，可把其目标、能力、责任和协调方式等内容在适当的角色层次封装起来，预制成可重用的角色构件。流程的设计过程则表现为这些构件的重新选择、调整和组装过程，使组织对变化呈现出一定的柔性。例如，对于一个制造组织而言，它的能力体系一般包括研发能力、生产能力、市场营销能力等，这些相对独立的能力之间存在较强的耦合性。角色库是流程管理的重要输出，对角色库的统一管理，需要关注新设计的角色是否有组织岗位承载，有多少组织岗位承担了相同的角色，这些相同的角色是否需要独立成为新的组织或者部门等内容。角色通过能力共享信息达到紧耦合的关系，实现有效协作，或者是当某一类角色分散在业务各个部门，或者岗位越来越多时，为优化组织岗位提供输入，进而提高组织效率。

五、输入输出

流程资产名称	角色（Role）
输入	输出
• 组织结构及职责说明 • 流程目的 • 流程范围，包括起点和终点 • 流程客户与供应商 • 业务活动	• 角色清单 • 角色职责及能力说明

六、方法步骤

流程角色建模过程一般包括如下步骤：

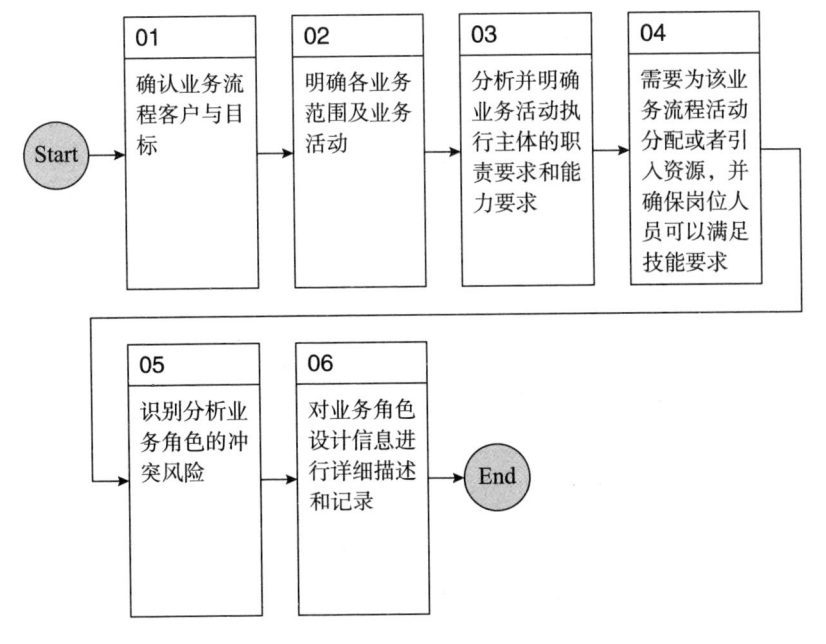

```
┌──────┐   ┌──────┐   ┌──────┐   ┌──────┐
│  01  │   │  02  │   │  03  │   │  04  │
│确认业务流│  │明确各业务│ │分析并明确│ │需要为该业│
│程客户与目│  │范围及业务│ │业务活动执│ │务流程活动│
│标    │   │活动  │   │行主体的职│ │分配或者引│
│      │   │      │   │责要求和能│ │入资源，并│
│      │   │      │   │力要求│   │确保岗位人│
│      │   │      │   │      │   │员可以满足│
│      │   │      │   │      │   │技能要求│
└──────┘   └──────┘   └──────┘   └──────┘

┌──────┐   ┌──────┐
│  05  │   │  06  │
│识别分析业│ │对业务角色│
│务角色的冲│ │设计信息进│
│突风险│   │行详细描述│
│      │   │和记录│
└──────┘   └──────┘
```

图 7-9　流程角色建模步骤

步骤 1：确认业务流程客户与目标

明确业务流程客户，并识别是内部客户还是外部客户，外部客户一般是指接收、评估、拥有或者使用业务流程最终输出的产品、服务和信息。内部客户是企业内部相关的部门或者岗位。根据内外部客户的需求的主体与交付目标，设定该流程的业务目的，业务目标用来衡量和监控流程客户需求的实现程度。

步骤 2：明确各业务范围及业务活动

识别业务流程供应商和客户，明确其输入输出信息及其要求，确认流程起点和流程终点，创建流程接口清单，据此确认业务流程范围。在业务流程范围内，确认业务流程涉及的业务活动，保证业务流程中首个业务活动和最后一个业务活动的起点和终点与业务流程范围的一致性。

步骤 3：分析并明确业务活动执行主体的职责要求和能力要求

业务活动的执行结果需要设置衡量指标来满足客户与组织目标的需求。如何保证这些衡量指标的达成？一方面需要根据业务目标对业务角色的职责进行正确的分配和明确描述；另一方面需要有能够胜任这些工作职责要求的业务能力要求。只有对角色的工作职责和能力要求、业务活动进行正确匹配才能达到业务流程目标。

步骤4：需要为该业务流程活动分配或者引入资源，并确保岗位人员可以满足技能要求

匹配现有组织和岗位，包括业务角色的宏观匹配和微观匹配。宏观匹配是指匹配相应的业务单元及其职责。微观匹配是指匹配相应的岗位人员技能要求。在匹配过程中，确认组织目前是否有对应的部门承担业务职责和是否有对应岗位或人员确保执行。如果现有组织和岗位不能满足业务流程目标的需求，就涉及现有岗位职责的优化、新增。在确认具体的岗位人员之后，还需要对其进行赋能，保证技能满足业务流程目标需求。

步骤5：识别分析业务角色的冲突风险

确认各业务活动角色后，需要统筹分析各角色之间的关系冲突，尤其是表现在业务流程内容要求设计中的权限分配、职责分离等要求。

步骤6：对业务角色设计信息进行详细描述和记录

记录业务角色分析设计的详细信息，包括业务角色说明、职责分配、能力要求、SOD、权限等信息，这些信息可以作为后期支持业务流程实施的重要文档。

七、设计要点与建模示例

流程资产名称	角色（Role）
推荐建模语言工具	Epros　Aris　Visio　PPT
模型分类	☑目录清单制品　☑矩阵制品　☑图形制品
建模输出	角色清单　组织岗位模型　RACI 矩阵　SOD 矩阵

流程角色建模过程中，我们需要注意如下几点：

- 角色名称在公司范围内保持唯一，流程中多次出现的角色，其名称必须保持一致。

- 角色是针对要执行的流程活动的一组职责的抽象定义。角色可以直接与岗位匹配，可以是一对一，也可以是一对多，即可以分配到多个岗位承担。
- 如果某项工作存在多个责任角色，建议拆分成不同的活动，以便各负其责。活动角色设计建议与业界标准角色相匹配。

流程角色建模输出包括角色清单、组织岗位模型、RACI 矩阵、SOD 矩阵，具体示例如下。

表 7-6 角色清单

业务活动名称	角色名称	角色职责说明	分配部门

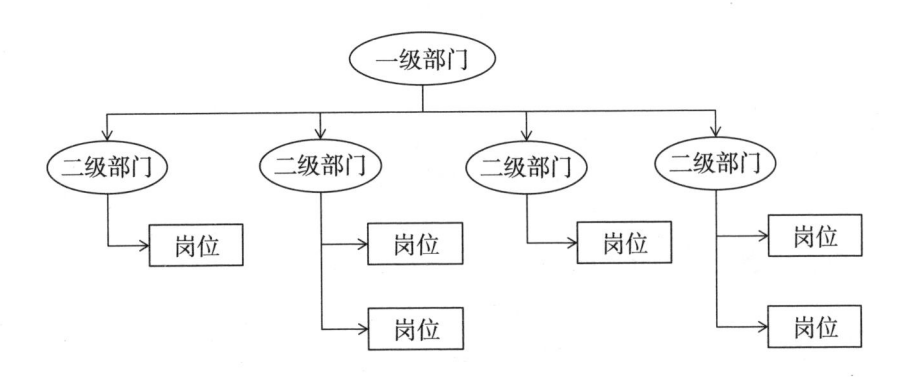

图 7-10 组织岗位模型

表 7-7 RACI 矩阵

	角色 A	角色 B	角色 C	角色 D
业务活动 1	R	A	C	I
业务活动 2	A	R	C	I
业务活动 3	C	R	/	A
业务活动 4	R	C	I	A
业务活动 5	I	A	C	/

表 7-8 SOD 矩阵

"Y"代表业务流程/活动相互之间是兼容状态； "X"代表业务流程/活动相互之间是不兼容状态	业务流程/活动 1	业务流程/活动 2	业务流程/活动 3	业务流程/活动 4
业务流程/活动 1	/	Y	Y	X
业务流程/活动 2	Y	/	X	Y
业务流程/活动 3	Y	X	/	X
业务流程/活动 4	X	X	X	/

八、技术工具

流程资产名称	角色（Role）
技术工具	■文件解读（组织岗位类） ■RACI 矩阵 ■SOD 矩阵 ■组织建模等

7.5 业务规则及流程裁剪

一、定义

流程资产名称	业务规则（Business Rule）
流程资产定义	业务规则是引导业务行为，制定业务决策，形成业务判断的基础和依据，业务规则是组织中那些可以识别、表达、验证、提炼和组织的规则。

业务规则是引导业务行为，制定业务决策，形成业务判断的基础和依据，业务规则是组织中那些可以识别、表达、验证、提炼和组织的规则。业务规则具有具象性和可直接验证性的特点。由于业务规则作为业务人员行为的直接参考指引，建议在企业中作为独立的单元进行呈现与管理。

业务规则定义了业务政策或者业务要求的状态。业务规则是否被员工或者信息系统实施体现为业务在正确的时间是否采取了正确的业务行为。公司政策或者实践的变更落实在业务规则上，维护业务规则变化的一致性能力反映在业务流程、信息系统和员工的行为中。

二、解释

（一）业务规则分为定义类的规则和行为类的规则

定义类的业务规则是界定业务信息的正确性与否，常常描述信息如何产生、引用、计算等，代表组织操作知识。行为类的业务规则是对行为、动作、实践、流程规定的必须执行的义务或者禁止行为。行为类业务规则意图指引人员在组织内部或者员工之间的行为。

（二）业务规则用于流程设计、流程执行和流程优化

理解一个业务流程，总是从创建流程图或者分析模型开始的，流程图或者流程模型展示了业务流程的主要步骤活动。简单的流程，业务规则常常表现为业务流程中的一个点，但是对于复杂的流程，业务规则需要被正式描述，而且业务规则的描述不仅需要体现在企业政策中，还需要体现在流程和信息系统中。业务规则需要体现在业务流程设计中，也逐渐成为业务流程优化的重要部分。

（三）流程裁剪规则的定义可以采取自上而下和自下而上两种方式

在流程管理中有一类规则叫作裁剪规则。业务流程裁剪规则是在制定标准流程时，设置的针对不同需求和场景的流程裁剪规则。裁剪规则实质上是行为类规则，是引导业务流程设计的一类规则。流程在适配具体业务场景的过程中，可以通过流程裁剪规则完成新业务场景的流程适配新建工作。这里提及的活动裁剪及裁剪规则，是系统化管理业务场景的基础。自上而下的方式在标准流程设计完成之后，收集确认所有干系人视角，确认流程视图需求，在标准流程基础上讨论裁剪规则，形成流程视图。自下而上的裁剪规则是各

流程视图根据业务实际情况先形成大部分干系人视角的流程视图，再经过一段时间业务实践沉淀后，抽象提炼出标准的业务流程，并固化各视角的业务流程裁剪规则，以利于在未来的流程适配中推广应用。

三、分类

流程资产名称	业务规则（Business Rule）	
层级分类	☑ 要素级组件资产 ☐ 流程级组件资产 ☐ 企业级组件资产	☐ 要素级解决方案服务 ☐ 流程级解决方案服务 ☐ 企业级解决方案服务
目的分类	☑ 绩效类流程资产	☑ 风险类流程资产

四、适用场景

流程资产名称	业务规则（Business Rule）		
适用对象	☑ 业务流程 owner	☑ 流程执行人	☑ 相关管理部门
适用场景阶段	☐ 业务规划阶段 ☐ 业务评估阶段	☑ 业务设计阶段	☐ 业务实施阶段

（一）引导业务流程行为，形成业务判断，制定业务决策

通过定义流程中的业务规则，包括明确执行的约束条件，来支撑业务的具体操作。例如，业务规则为"产品编码的长度设计不超过 10 位数"的定义类规则约束流程和系统的设计要求。通过定义业务流程中的决策规则，来实现流程的执行授权。例如，"订单总额大于 1000 元的重要客户可以免费配送"的业务规则区分了业务流程的执行路径。

（二）通过设置业务规则，实现快速流程适配

业务规则的优化已经成为业务流程优化的重要部分。由于业务场景的复杂性，经常会出现不同视角下的流程新建和优化。在设计业务流程的时候，

通过对业务规则的设置和管理，实现流程装配、适配、调用和裁剪，不需要重新梳理，只需要根据裁剪规则适配新的业务场景，实现业务流程的组件化管理，提升业务梳理效率。

（三）风险管理和合规问题

企业规则对我们的行为提出要求。为此，业务规则被固化到员工准则、业务流程和信息系统中。公司管理层关注业务是否满足行业法律法规要求、员工是否遵从了企业要求的政策。对于合规的关注强调了企业对业务规则系统的合规追踪能力的要求，即从合规政策分解为高层级的业务规则，高层级的业务规则再固化到流程、信息系统和员工准则中。特别的是，风险合规要求业务流程能够体现政策和法规要求，这样有助于确保业务执行过程中的遵从性，这种要求需要体现为企业正式受控的文档中，这种正式的受控文档不仅体现为业务流程文档，还体现为业务规则的文档。

五、输入输出

流程资产名称	业务规则（Business Rule）
输入	输出
• 业务需求 • 业务流程 • 业务干系人及视角	• 流程裁剪规则及说明

六、方法步骤

流程裁剪规则建模过程一般包括如下步骤：

步骤1：确认业务流程客户与目标

明确业务流程客户，并识别是内部客户还是外部客户。外部客户一般是指接收、评估、拥有或者使用业务流程最终输出的产品、服务和信息的主体。内部客户是指企业内部相关的部门或者岗位。根据内外部客户的需求与交付目标，设定该流程的业务目的，业务目标用来衡量和监控流程客户需求的实现程度。

```
Start → 01 确认业务流程客户与目标 → 02 收集并确认业务需求和干系人视角 → 03 分析现有标准流程和各视角裁剪需求的流程差异 → 04 按照各视角需求讨论裁剪规则
→ 05 验证裁剪后的各视角流程给组织和客户造成的影响 → 06 归档并维护标准流程的适配规则 → End
```

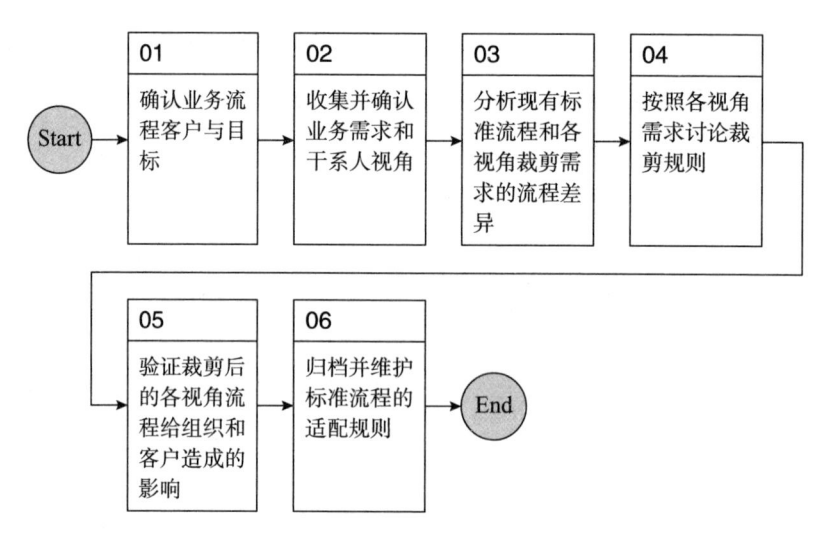

图 7-11　流程裁剪规则建模步骤

步骤 2：收集并确认业务需求和干系人视角

由于不同组织或者业务单元的干系人责任及目标不同，所以会产生业务干系人特定关心的业务。明确业务关系人的背景，确认其对流程裁剪的目的与需求，例如，关注的是区域视角还是国家视角、是产品视角还是项目视角。对干系人需求和视角的确认直接影响流程裁剪的目的和规则。

步骤 3：分析现有标准流程和各视角裁剪需求的流程差异

整合分析各类干系人的流程裁剪需求，并和标准流程做比较分析。在识别差异的过程中，需要明确标准流程中的关键控制点是否有裁剪的需求。

步骤 4：按照各视角需求讨论裁剪规则

在讨论流程裁剪规则的过程中，需要结构化地区分不同场景和目的的裁剪需求，因为只有在相同场景和目的下讨论裁剪规则才有意义。例如，在研发项目管理的流程中，因为针对标准产品研发、定制产品研发流程的复杂度和管控要求是不一样的，所以针对不同类型的研发项目可以讨论裁剪规则。裁剪规则的讨论需要设置裁剪红线，一个重要输入是公司的合规管控要求，在合规要求中明确指出哪些业务流程或者活动不可裁剪。

步骤 5：验证裁剪后的各视角流程给组织和客户造成的影响

裁剪后的业务流程也需要满足客户和组织的目标，需要验证根据裁剪规则确认的流程，是否满足组织的目标、是否满足干系人的需求、是否满足细分客户的需求和目标、是否影响其他业务流程的目标。如果发生上述情况，就需要重新定位裁剪规则。

步骤6：归档并维护标准流程的适配规则

在确认标准流程的裁剪规则之后，对不同场景下的裁剪规则进行归档、维护。裁剪规则的记录包括裁剪的触发条件和关于裁剪规则的描述。

七、设计要点与建模示例

流程资产名称	业务规则（Business Rule）
推荐建模语言工具	Epros Aris Visio PPT
模型分类	☑目录清单制品　☑矩阵制品　☑图形制品
建模输出	业务规则图　流程裁剪规则　流程裁剪规则清单

在流程裁剪业务规则的建模过程中，我们需要注意如下几点。

- 流程裁剪是在标准流程的基础上做裁剪，如果不存在标准流程，实际上是不存在裁剪的说法的。
- 在设计流程适配的活动裁剪规则时，需要明确哪些可以裁剪，哪些不可以裁剪，否则容易出现流程执行变形的情况。

流程裁剪规则建模输出包括业务规则图（见图7-12）、流程裁剪规则表（见表7-5，销售合同变更流程为例）和流程规则清单（见表7-6）。

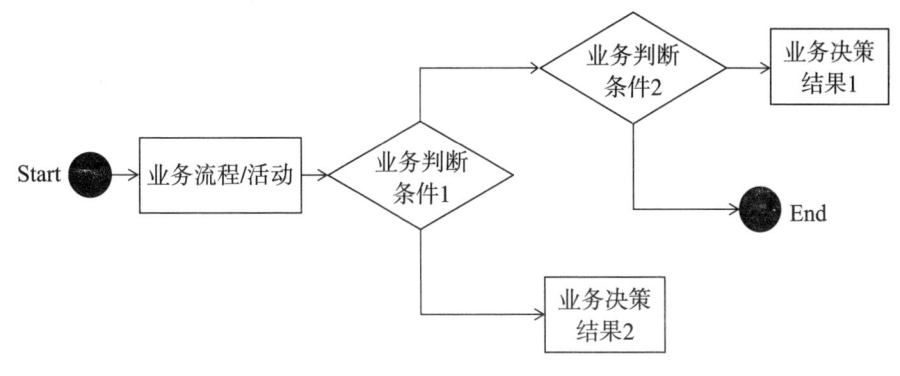

图7-12　业务规则

表 7-9 流程裁剪规则（以销售合同变更流程为例）

标准流程	业务条件			业务决策结果
	业务模式的差异程度	业务覆盖范围大小	客户是否为关键客户	
销售合同变更流程	大	大	否	裁剪规则1
	大	大	是	裁剪规则2
	大	小	否	裁剪规则3
	大	小	是	裁剪规则4
	小	大	否	裁剪规则5
	小	大	是	裁剪规则5
	小	小	否	不可裁剪
	小	小	是	裁剪规则5

表 7-10 流程裁剪规则清单

标准流程名称				
适配（干系人）视角	裁剪目的与原因	使用裁剪规则	裁剪活动	不可裁剪规则

八、技术工具

流程资产名称	业务规则（Business Rule）
技术工具	■利益干系人登记表　■决策矩阵　■决策树　■评审技术等

第8章　企业级组件资产

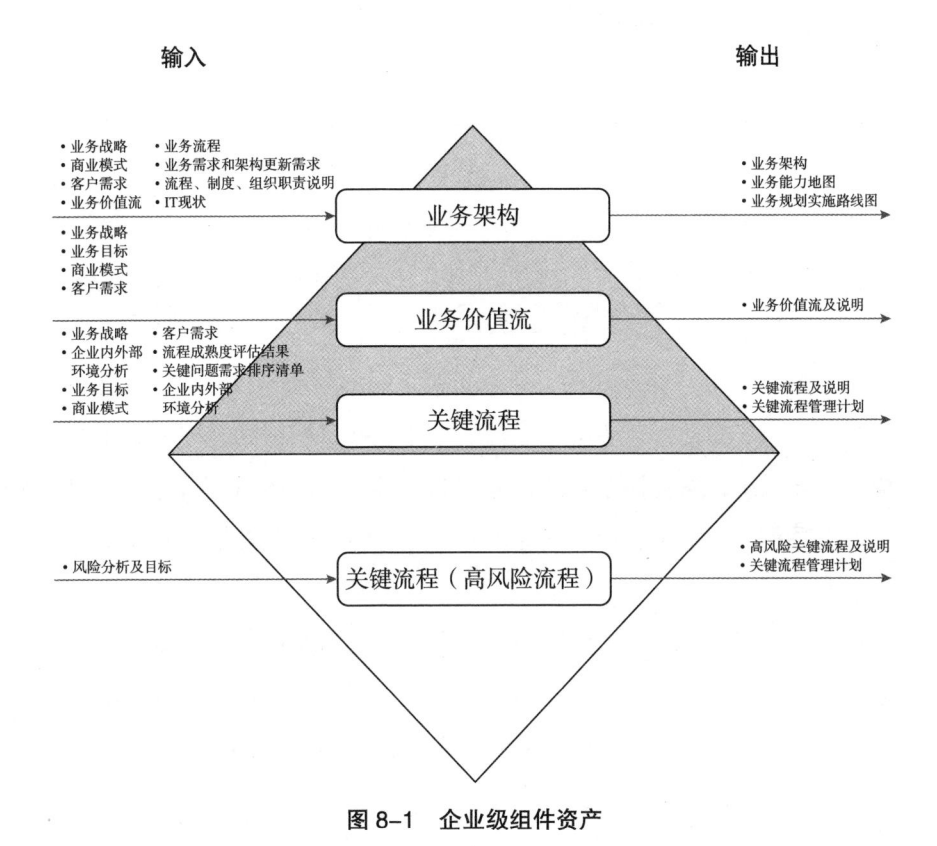

输入　　　　　　　　　　　　　　　　　　　　　　　　输出

- 业务战略　・业务流程
- 商业模式　・业务需求和架构更新需求　　　　　　　　　・业务架构
- 客户需求　・流程、制度、组织职责说明　　　　　　　　・业务能力地图
- 业务价值流　・IT现状　　　　　　　　　业务架构　　　・业务规划实施路线图

- 业务战略
- 业务目标
- 商业模式
- 客户需求
　　　　　　　　　　　　　　　　　　业务价值流　　　　・业务价值流及说明

- 业务战略　・客户需求
- 企业内外部　・流程成熟度评估结果　　　　　　　　　　・关键流程及说明
  环境分析　・关键问题需求排序清单　　　　　　　　　・关键流程管理计划
- 业务目标　・企业内外部　　　　　　　关键流程
- 商业模式　　环境分析

　　　　　　　　　　　　　　　　　　　　　　　　　　　・高风险关键流程及说明
- 风险分析及目标　　　　　　　关键流程（高风险流程）　・关键流程管理计划

图 8-1　企业级组件资产

8.1 业务架构

一、定义

流程资产名称	业务架构（Business Architecture，BA）
流程资产定义	业务架构描述了针对企业目标由相互关系的业务单元组成的体系性和结构性的企业系统，该企业系统中包括业务行为的分类、层级以及边界、范围、输入输出关系等，反映了企业的商业模式及业务特点。

架构（Architecture）是指针对某种特定目标，由相互关系的体系性的、结构性的组件组成的系统。业务架构[①]通过流程层级、归类、边界、范围等结构化的整体框架展示企业业务范围，是企业业务能力的反映，主要强调企业流程集的管理，从宏观层面定位了流程的位置。不同的流程架构反映不同的企业业务特点和商业模式，在一定时期内相对稳定。

The Open Group[②]组织认为，业务架构是业务驱动与目标、业务组织和业务行为的组合。据此，业务架构是针对企业业务目标由相互关系的业务单元组成的企业系统，它描述了企业业务行为的分类、层级以及边界、范围、输入输出关系等，反映了企业的商业模式及业务特点。业务架构具体阐述了企业在实现业务目标时采取合适的商业模式，在不同组织单元、岗位、角色之间执行一系列相互关联又有明确边界的业务行为而组成的企业流程地图。业务架构的一个基本要求是可以完整地反映业务，企业运作业务时在业务架构上可以找到对应的位置，包括业务的分类、业务的层级和业务的组织等内容。除了完整性之外，业务架构还能够清晰地表达业务，和业务的执行保持一致，不存在相互脱节的现象，否则业务架构的管理在企业中是没有生命力的。

---

① 除非特殊说明，书中的"业务架构"等同于"流程架构"的概念。

② The Open Group：是国际众多知名开放性标准的制定机构和交流平台，是领导厂商中立的开放的技术标准和认证的开发非营利性机构，推进的国际标准已经在企业、政府、非营利机构的战略、管理、业务创新实践中得到广泛应用，旨在帮助企业通过技术标准实现业务目标。

二、解释

（一）实时维护有效的业务架构，允许流程管理团队快速作出业务变更决策

任何组织创建和维护一个大型的复杂的业务架构都是一件很严肃的事情。业务架构通过业务架构的数据库或者是管理库来实现更新维护，包括大量的架构信息和关联信息。一个最新的、有效的业务架构可以提供各种各样的管理支持。例如，企业根据合规要求想要一份监控财务决策点的报告，可以从业务架构中的相关流程、数据提取合规需要的信息，然后进行组合形成所需要的报告。一个最新的、有效的业务架构允许流程管理团队快速作出业务变更决策。因为好的业务架构定义了流程与流程之间的关系、流程与子流程之间的关系。所以，业务架构为组织提供了一个在快速变化的外部环境中不断满足灵活性要求和适应性要求的有效工具。业务架构被很好地定义和维护，有助于组织很快地定义核心流程和价值流程。

（二）业务架构已经成为流程组织识别和优化流程的核心有效工具

业务架构设计是根据公司中长期战略目标及业界领先实践，应用系统的方法，为企业构建的流程体系架构。业务架构设计具有弹性的特点，通常来说，业务架构的设计可以简单，也可以复杂。简单的业务架构可以识别价值流和关键流程以及二者之间的关系。复杂的业务架构包括流程、流程管理者、流程测量标准的详细定义及其和组织战略、政策相关性，以及组织IT资源的相关性和组织人力资源的相关性。对于企业高层管理者，业务架构阐述得越详细，越有业务价值。业务架构通过对流程进行分层分类和梳理流程之间的接口关系，为流程设计和优化打下基础。

（三）业务架构通过分层分级的结构化框架来描述业务

业务架构结构化首先体现在业务分类方面。业务分类的规则正如之前内容所述，是由企业的商业模式、运作特点以及业务本身的特点来决定的。按照不同的业务定位将业务分为战略类业务、核心类业务和支持类业务；也可以按照不同的

业务阶段将业务分为规划类业务、运作类业务和使能类业务等。业务架构结构化还要考虑根据业务详细程度进行分类管理。按照业务颗粒度，从概要描述到细化可执行的程度，业务架构层级分为六级：流程类、流程组、流程、子流程、活动、任务。上层级是下层级的概要总结，下层级是上层级的详细阐述，逐层细化，直到业务的可执行落地，这个过程像剥洋葱。在层级设置上可以根据业务的复杂度和重要度设计，层级设计得越多，业务描述得越详细，但如果很多业务已经是IT化的动作，或者很简单容易上手的，就没必要把层级做得很深。

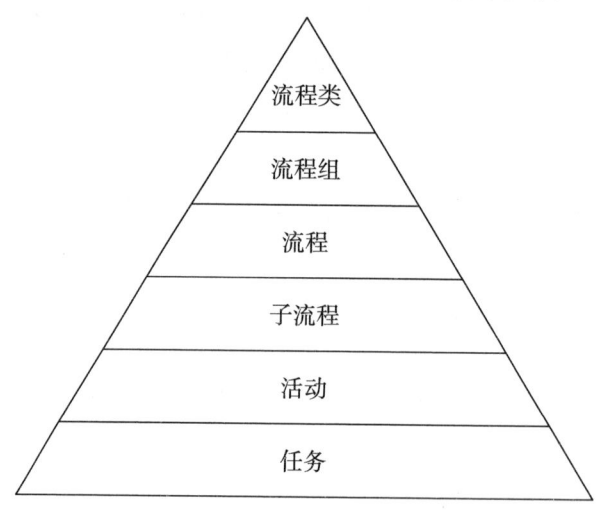

图 8-2　业务架构层级

（四）业务架构能够匹配战略，反映商业模式，体现业务本质

业务架构能够反映企业的商业模式和特点。因为企业创造价值的方式不同，所以不同行业的业务架构也是不一样的。例如，一家财务管理公司，创造价值的业务是财务管理业务，包括核算服务、报表服务、税务服务等；但如果是制造行业，创造价值的业务是研发生产交付业务，财务就不是主价值流，属于管理和支撑类的业务。在同一家企业，战略牵引和运作模式不同，业务架构也存在差别。例如，如果一家公司的采购业务主要是服务于供应链的生产采购，那很有可能采购的业务架构包括在供应链业务内部，如果一家公司把采购业务作为全公司的集中采购平台，包括生产采购、行政采购等，运作模式是统一的，决策管理是统一的，那采购业务很有可能是和供应链业务平行的架构设置。

三、分类

流程资产名称	业务架构（Business Architecture，BA）	
层级分类	☐要素级组件资产 ☐流程级组件资产 ☑企业级组件资产	☐要素级解决方案服务 ☐流程级解决方案服务 ☐企业级解决方案服务
目的分类	☑绩效类流程资产　☐风险类流程资产	

四、适用场景

流程资产名称	业务架构（Business Architecture，BA）
适用对象	☑业务流程 owner　☐流程执行人　☑相关管理部门
适用场景阶段	☑业务规划阶段　☑业务设计阶段　☐业务实施阶段 ☐业务评估阶段

（一）承接战略，保证组织绩效分解与落地

战略和业务目标是组织整体目标，需由组织内部的所有业务单元共同完成，只有将组织整体目标分解到各业务单元和业务流程，目标的达成才具有可行性。业务架构承接组织战略落地，沿着业务架构将企业整体目标分解到各层级的业务流程和业务单元，从战略层级、业务层级、岗位层级保证各业务活动目标的趋同性，确保企业整体组织绩效不被肢解变形。

（二）业务能力规划与管理

业务架构作为业务流程顶层设计蓝图，而业务能力通常固化在组织岗位、流程和信息系统中，据此，业务架构也可以作为业务能力的顶层地图。依据业务架构评估高阶业务能力现状，据此分解低阶业务，识别业务能力差距，规划业务能力发展路径。企业如果有例行维护业务架构，可以直接将其作为业务能力管理的高阶地图。

（三）流程变革IT项目群运作

在企业流程变革项目群管理的过程中，通过业务架构协同项目范围和关系，进而为项目群规划和有效决策提供企业架构视角的输入，促进横向部门的沟通协同，统筹考虑企业资源分配，实现资源的有效利用与共享。同时业务架构作为企业架构的一部分，还提供了业务能力或者项目交付的方法论，通过方法论指导变革项目方案高质量的交付。

（四）日常业务运营管理

业务架构作为业务结构化的蓝图，可以作为组织、制度、流程、IT、责任管理的牵引和指导工具，证明运营设计的系统性和完整性，还可以指导以客户为导向的业务管理模式的设计。例如，在业务管理层面可以指导流程体系梳理诊断，聚焦流程优化重点，并帮助定义运营标准化/集约化的分布与程度；在组织规划层面可以指导组织架构设计；在责任落实层面有利于实现资源共享，帮助企业建立流程化组织；在IT实施层面可以对IT架构的建设提供关键指导，尤其是应用系统架构及数据架构。

五、组件制品与输入输出

流程资产名称	业务架构（Business Architecture，BA）
组件资产	■业务流程　■组织架构
输入	输出
• 业务战略 • 商业模式 • 客户需求 • 业务价值流 • 业务流程 • 业务需求和架构更新需求 • 流程、制度、组织职责说明 • IT现状	• 业务架构 • 业务能力地图 • 业务规划实施路线图

六、方法步骤

业务架构建模过程一般包括如下步骤：

步骤1：概念阶段

概念阶段的主要目的是确认业务架构设计或者优化的需求和范围。通过对企业业务成熟度解读、战略解读、重大问题或者项目影响进行分析，确认业务架构设计或者优化的方向和目的，最终以架构工作说明书的形式提供输出。

一个好的业务架构设计要符合两个标准：第一，与战略进行无缝对接，能够有效支撑战略实现；第二，充分借鉴业界领先实践，确保业务模式的先进性。业务架构设计行业有很多最佳实践，比如供应链协会的运作参考模型SCOR/DCOR/CCOR、IBM全面订单管理模型TOM（Total Order Management）、电信领域的eTOM（enhanced Telecom Operations Map）以及具有普适性的APQC（American Productivity and Quality Center）等。

步骤2：启动阶段

业务架构设计工作通常以项目的形式开展，在启动阶段需要确认工作任务的里程碑计划、详细计划、项目参与人员及其可得性管理，以及在项目开展过程中需要的其他资源投入。启动阶段项目全体成员对于架构工作说明书需要达成共识。

步骤3：计划阶段

计划阶段主要是为业务架构开发阶段做技术准备工作，包括业务现状需求收集与分析、已有架构的解读、战略解读、统一团队成员工作的方法论等。业务需求收集各工作可以通过访谈，调研问卷、研讨会、资料研读等不同形式开展。这个阶段还有一项重要的任务就是对同行业或者是相同业务的业务架构标杆开展学习和分析，通过比较外部业务架构设计方案，引导和发现已有业务架构设计的思路和差距。在计划阶段，通过分析业务现状，比较业务架构工作说明书的范围和目标，进而发现业务差距，为后阶段的业务架构设计提供重要输入。

步骤4：开发阶段

流程的本质是以客户为中心，业务架构的设计也需要以客户为中心。如

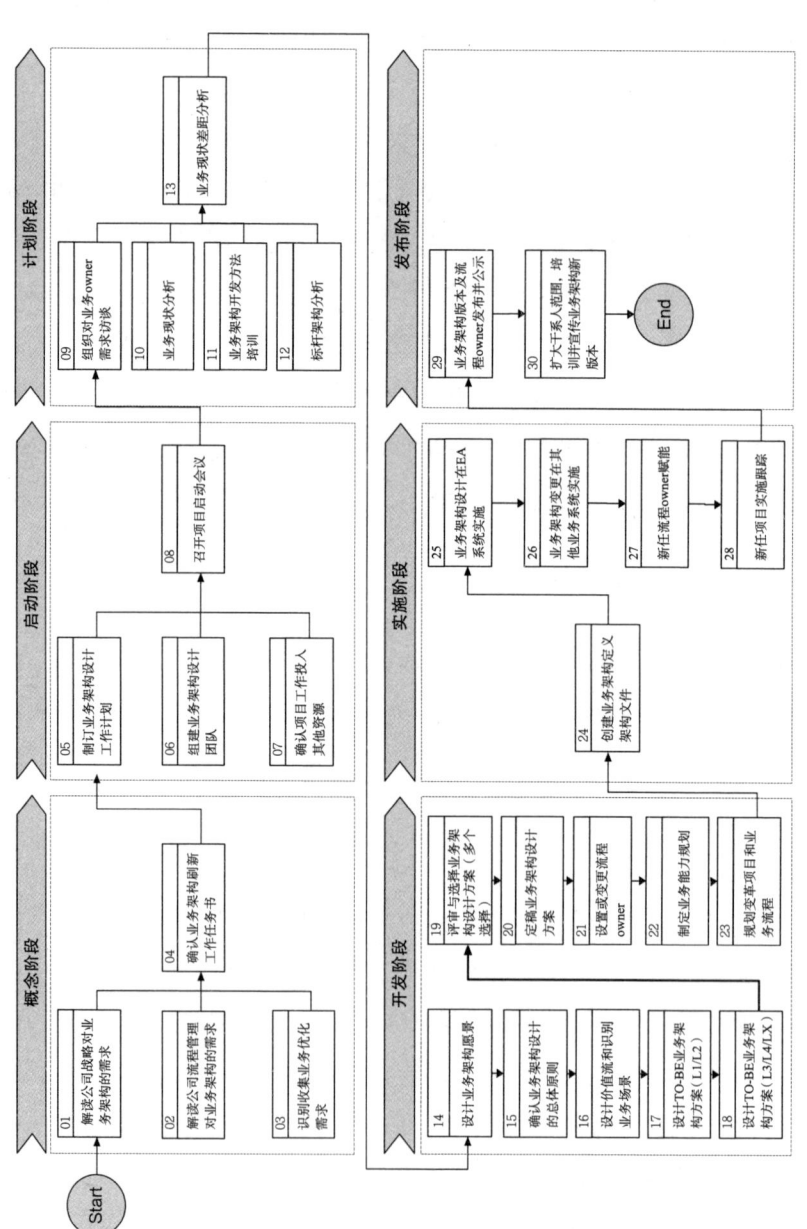

图 8-3 业务架构建模过程步骤

果企业在业务架构的设计中，只是将部门已有的职能变成了业务架构的描述，没有从客户价值设计业务架构，实质上是算不上真正的流程型业务架构设计。在业务架构设计的过程中，要遵从以客户为中心的原则，在整体设计上体现客户导向，并按照层级实施设计，同一层级的业务模块划分规则统一，做到不杂、不漏、不重复。

开发阶段包括的设计内容有：业务架构愿景、业务架构设计原则、业务价值流图、高阶业务架构方案（L1、L2）、详细业务架构方案（L3、L4）。一般业务架构设计方案需要形成备选方案，被企业相关组织选择或者评审，选择评审的依据受到企业因素和设计方案的约束。

（1）业务架构愿景的设计是对业务将来想要达成的业务管理的蓝图展示，包含业务在管理模式、目标绩效、组织、流程及其相互关系的描述，是业务架构设计的战略层级的规划蓝图。

（2）业务架构设计原则是约束和限制业务架构设计方案的原则和指导，这些原则和指导受到目前业务管理的假设约束和限制，例如公司目前业务能力的成熟度，或者是公司目前在新形势下战略的要求。

（3）业务价值流是企业提供价值输出的运作模式的表达，通常反映业务客户、目的、价值交付和业务流转过程及其信息传递。业务价值流的设计是业务架构设计的基础，业务架构的设计必须从本质上展示价值流的结构性和全面性。

（4）L1业务架构设计是定义L1的内外部客户和供应商，识别满足不同客户的关键交付或者是价值。

（5）L2业务架构设计是定义实现客户交付价值实现要做什么。设计过程围绕关键交付分析L1核心业务流来确定L2流程组，同时需要识别确保主业务流实现所需要的支撑业务。

（6）L3、L4业务架构设计定义如何完成业务交付L3/L4，确定完成交付所需的流程。L3和L4的设计可以采用两种方式：自上而下和自下而上。自上而下的方式按业务结果输出确定需要哪些L3业务流程，梳理价值驱动因素确定有哪些业务场景或业务活动识别通用子流程L4。自下而上的方式通过将已有L3流程清单按照业务类进行分组，并结合分析流程差异，提炼通用子流程来确认L3和L4流程。设计过程中可以使用实际业务场景来验证各子流程正确性和实用性或者是验证是否有遗漏需要单独定义的流程，也可以和业界实践比较，对已有设计进行调整。

业务架构层级设计的展示原理图如下：

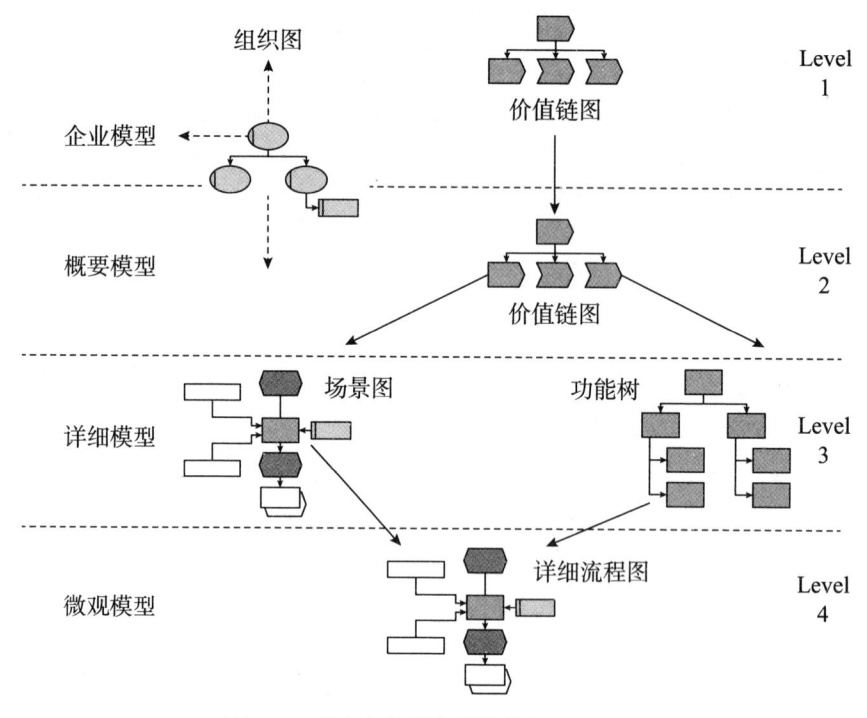

图 8-4 业务架构层级设计的展示原理图

注：Epros 工具绘制

步骤 5：实施阶段

实施阶段包括业务架构方案在业务、系统和组织上的落地。在业务层面的实施主要包括：

（1）业务能力：通过业务架构方案识别企业业务能力未来演进路线。

（2）变革项目：变革项目是为了达到业务架构设计方案和能力要求所需实施的项目。

（3）流程规划：为了达到架构设计方案和能力要求，需要对已有的流程进行改进、重组和优化。

（4）系统层面：包括业务架构在架构工具上的部署以及涉及的其他业务

系统优化。

（5）组织层面：业务 owner 需要对业务架构覆盖的业务范围实施管理工作。对于业务 owner 职责权利的要求、专业工具和方法的赋能，是业务架构落地过程需要考虑的重要因素。

步骤 6：发布阶段

发布阶段是指新版本业务架构在公司内部正式公示。公示的内容除了包括业务架构设计方案的内容，同时也包括管理业务架构的 owner 及对应的职责与权利的公示。宣传和讲解新版本业务架构，也是发布阶段的工作。业务架构发布后会指导组织岗位的设置、流程业务的变革优化、IT 系统的优化等内容。业务架构一般根据年度审视优化，可以结合业务规划一起进行。

七、设计要点与建模示例

流程资产名称	业务架构（Business Architecture，BA）
推荐建模语言工具	Epros　Aris　ArchiMate　UML　BPMN
模型分类	☑目录清单制品　□矩阵制品　☑图形制品
建模输出	业务架构卡　业务架构图　业务能力热图　业务规划实施路线图

业务架构定义包括名称、描述、层级、目的、绩效、责任人等要素，具体定义要素建模要求如下：

- 名称：一般用动宾或者主谓短语来描述。对业务架构进行概括要简单、易懂、无歧义。
- 业务架构描述：对该项业务架构内容进行更详尽的描述。
- 层级：对该项业务架构在组织的业务架构中的层级定位，通常用 LX 表示，如 L1、L2。
- 目的：该项业务架构对于内外部客户存在的价值和意义的阐述。
- 绩效：该项业务架构达到的流程绩效的定义，可以通过效率、质量、风险等角度来阐述。
- 责任人：负责定义、优化和维护的责任人，保证该业务架构的有效运作。业务架构责任人一般通过角色来命名。
- 上下游流程：该项业务架构的前端业务架构、流程及后端业务架构、流程，目的是关注业务架构之间的关系。
- 输入输出信息：输入是启动该项业务架构的输入信息或者状态信息，输出是该项业务架构结束后输出的信息或者状态信息。输入信息一般由上游业务架构提供，输出信息一般提供给下游业务架构。
- 起点终点信息：该项业务架构的范围边界的定义，是区别于其他业务架构定义的主要依据。

业务架构建模是用图形结构化的建模表达业务架构的内容、范围、边界、关系、层次等信息。通过业务架构图完整地呈现企业业务的全貌，而且是依据一定的逻辑对企业的业务全貌进行结构化管理。

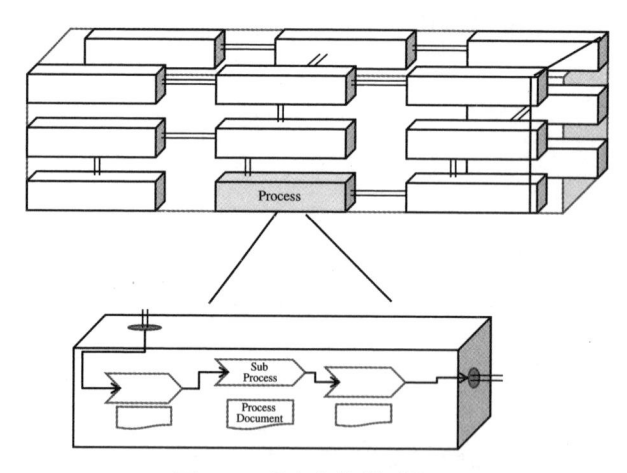

图 8-5 业务架构模型原理

图 8-5 展示了业务架构建模的原理。它由业务框、业务连接线、业务框的包含关系、业务框位置四个部分组成。每一个业务框代表了一项业务，每个业务范围同时可以包括多个子业务，业务框之间的连接线表示业务之间的关联关系，业务框的位置确定了业务流程的分类，业务框的包含关系体现了业务架构的层级。

业务架构建模输出主要包括业务架构卡、业务架构图、业务能力热图和业务规划实施路线图。

表 8-1 业务架构卡

流程架构名称		流程层级		流程架构编码	
流程架构描述					
流程架构目的					
上一层流程架构名称					
包含下一层流程					
流程输入（信息）					
流程输出（信息）					
流程起点					
流程终点					
流程 KPI					

运营流程

- 1.0 愿景战略
- 2.0 开发管理
- 3.0 营销管理
- 4.0 交付产品
- 5.0 交付服务
- 6.0 客户服务

管理和支撑流程

- 7.0 开发和管理人力资本
- 8.0 管理信息技术
- 9.0 管理财务资源
- 10.0 获取建造和管理资产
- 11.0 管理风险合规恢复性
- 12.0 管理外部关系
- 13.0 开发和管理业务能力

图 8-6 业务架构图（L1）示例

注：来自 APQC 通用跨行业流程分类框架 V7.0.5。

图 8-7 业务能力热点图

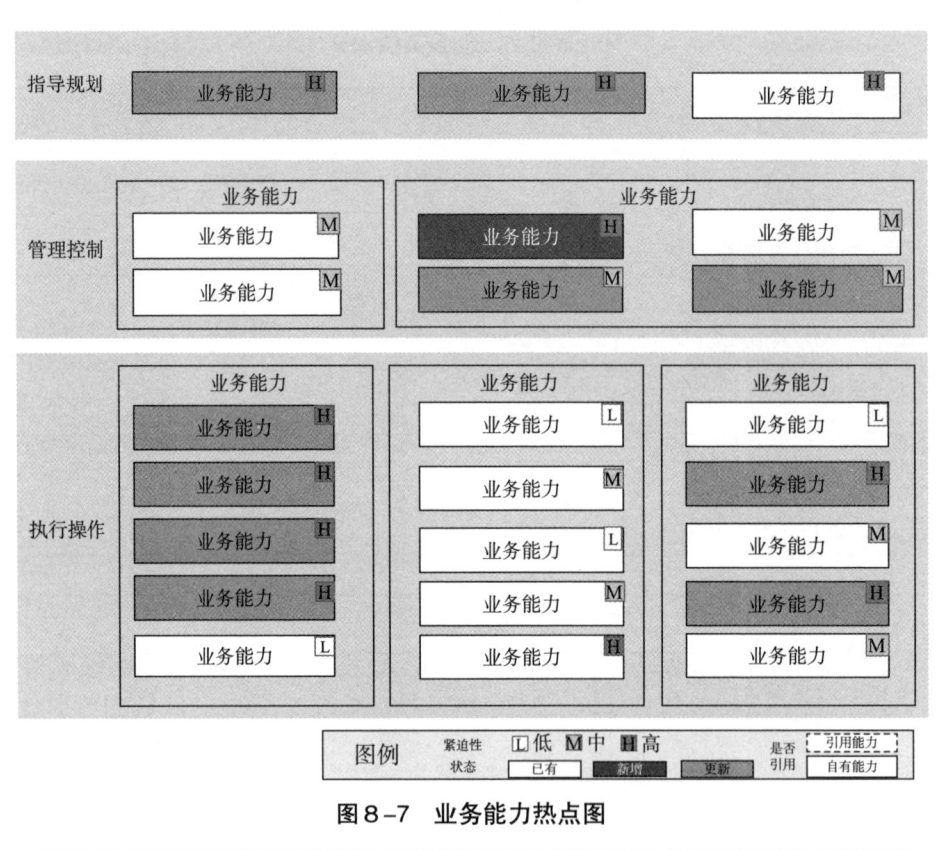

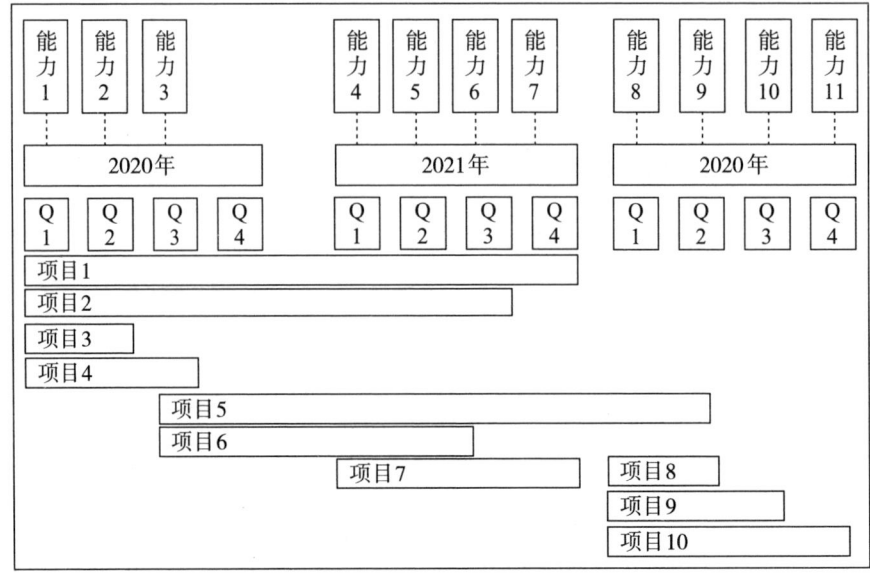

图 8-8 业务规划实施路线图

八、技术工具

流程资产名称	业务架构（Business Architecture，BA）
技术工具	■EA　■战略分析　■EEFs（事业环境因素分析） ■干系人管理　■商业画布　■访谈　■调研　■Workshop ■德尔菲法　■焦点小组　■头脑风暴法　■业务流程分析 ■价值流方法　■标杆分析等

8.2 业务价值流

一、定义

流程资产名称	业务价值流（Value Stream）
流程资产定义	业务价值流描述了企业价值创造的过程，是直接能为企业带来增值服务的过程或者交易的流程，它是从客户和利益相关者需求出发到为其提供满意的产品或服务结束的一条完整的价值链。

价值是组织存在的基础。组织存在的理由是为股东、客户和利益相关者提供价值，这个过程通过交付产品和服务以及解决客户的问题来实现。

业务价值流可以在不同层级被定义，包括企业层级和业务单元层级。无论是哪种方式，完整的价值流是表示组织主要业务活动价值交付的可视化，是企业为各利益相关者创造价值的业务活动的集合。业务价值流必须明确触发价值流的利益相关者，利益相关者是指客户、用户或者是产品和服务的接收者。所以，业务价值流通常是从外部客户开始的，通过外部客户开始的价值流，可以界定内部价值流活动的目的和范围，实现企业所有业务价值流为客户增值的目的。

二、解释

（一）业务价值流的价值度量依据客户而定

业务价值流的一个关键原则是价值总是从利益相关者的角度来定义的。

利益相关者是客户、最终用户或者是工作所生产的产品、服务或交付品的接收者。价值流所输出的价值因人而异，是一个主观的概念，更多的是依赖于利益相关者对于产品、服务和交付物的价值感知，而不是其固有价值。最终价值流的形成是由客户和市场来决定的，客户和市场不认可的价值自然不能为客户带来价值。

（二）业务价值流和业务流程的区别

商业模式的流程化表现为业务价值流，所以价值流首先是流程，而且是企业的核心高阶流程。业务价值流除了应该具备流程的特点和要求之外，重要的特点是面向最终的产出，而不是面向任务，从关注任务转变为关注成果价值的产出，从关注内部运营转变为关注客户价值实现，从关注利润驱动转变为关注客户驱动。所以，价值流采用的是外部客户和市场的视角，并显示价值是如何只围绕利益相关者创造和转移的。例如，从订单到回款的价值流（OTC 流程），价值流的结束是客户接收产品或者服务，完成订单交易，企业实现收入。

（三）业务价值流是一个端到端活动的集合

业务价值流旨在从客户的角度展示一个价值创造和交付的端到端视角，是体现客户需求到需求满足的一个闭环，端到端地解决"面向最终产出如何实现"的业务逻辑。端到端业务活动从一个阶段到另一个阶段递增地创造和增加利益相关者的价值，这个过程表现为价值递增。价值递增意味着在整个端到端业务活动的集合中，如果前一阶段还未产生价值输出或者交付所需的价值，就有机会停止下一阶段的业务活动，因为这是客户的要求所决定的。另一个特点是从开始到结束的活动是连续的、不间断的。如何实现价值流上业务活动的连续执行，必须考虑"跨部门握手机制"，因为跨部门是价值流形成的桥梁与纽带。

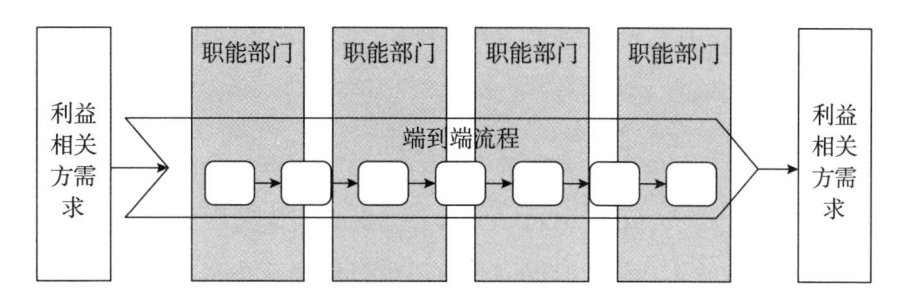

图 8-9　端到端业务流

三、分类

流程资产名称	业务价值流（Value Stream）	
层级分类	☐要素级组件资产 ☐流程级组件资产 ☑企业级组件资产	☐要素级解决方案服务 ☐流程级解决方案服务 ☐企业级解决方案服务
目的分类	☑绩效类流程资产　☐风险类流程资产	

四、适用场景

流程资产名称	业务价值流（Value Stream）
适用对象	☑业务流程 owner　☑流程执行人　☑相关管理部门
适用场景阶段	☑业务规划阶段　☑业务设计阶段　☑业务实施阶段 ☑业务评估阶段

（一）业务价值流是快速简单获取组织商业模式和业务快照的方法

价值流从价值交付的角度代表了业务需要执行的所有工作。业务价值流展示了组织为利益相关者实现价值的各种方式，展示了组织内部各业务单元如何协作实现价值递增的过程，展示了组织完整的业务和运营模式，通过业务价值流的分析与评估，管理者可以快速获取组织商业模式和业务快照，从而评价当前的业务价值流在为利益相关者创造、获取和交付价值方面的有效性。

（二）业务战略与规划支撑

由于业务价值流和组织的商业模式有直接关系，所以业务价值流同时也可以作为商业模式优化的基础，可以作为制定企业战略、分解和执行企业目标的指引和政策的输入，同时也可以通过梳理、明确、界定企业价值流来优化企业的商业模式。通过对业务价值流的现状和未来状态进行对比，匹配业务战略与目标，识别并实施相应的业务举措。据此，价值流有助于组织管理者洞察战略计划的影响并确定其优先级，管理内部和外部的利益相关者联系，以及部署新的业务解决方案。

（三）业务流程分析提供框架和指导

组织的效率不仅来自分工，更来自协同。各部门的协作是价值流实现的关键，也是企业管理的盲点和难点。通过价值流识别企业的高阶业务流程，为有效的业务需求分析、业务流程的设计优化、解决方案设计提供框架。在低阶业务流程中，通过识别并且消除价值流／过程中的浪费，使价值流／过程得到不断的优化，实现业务活动的增值，从而增强客户满意度。业务价值流有助于改善组织流程断点，通过优化企业各部门的协作方式和效率，进而提升企业整体效率。

五、组件制品与输入输出

流程资产名称	业务价值流（Value Stream）
组件资产	■流程绩效目标　■业务架构　■业务流程
输入	输出
• 业务战略 • 业务目标 • 商业模式 • 客户需求 • 企业内外部环境分析	• 业务价值流及说明

六、方法步骤

业务价值流建模过程一般包括如下步骤：

```
Start → 01 识别和细分客户，明确客户的市场需求和价值感知 → 02 分析总体商业模式，进行商业论证，定义价值流 → 03 细分商业模式，进行详细商业论证，根据不同的产品或者服务定义不同的业务价值流 → 04 依据每类产品和服务分解价值流的增值过程，定义价值流节点阶段

05 设计价值流详细方案，包括每个价值节点的利益相关者、触发和退出机制及每个阶段实现的价值 → 06 识别价值流及各阶段的成功影响因素，关键管理活动，关键管理要素 → 07 根据企业流程图规范，对价值流进行定义和描述，编制价值流图 → 08 监管和调节价值 → End
```

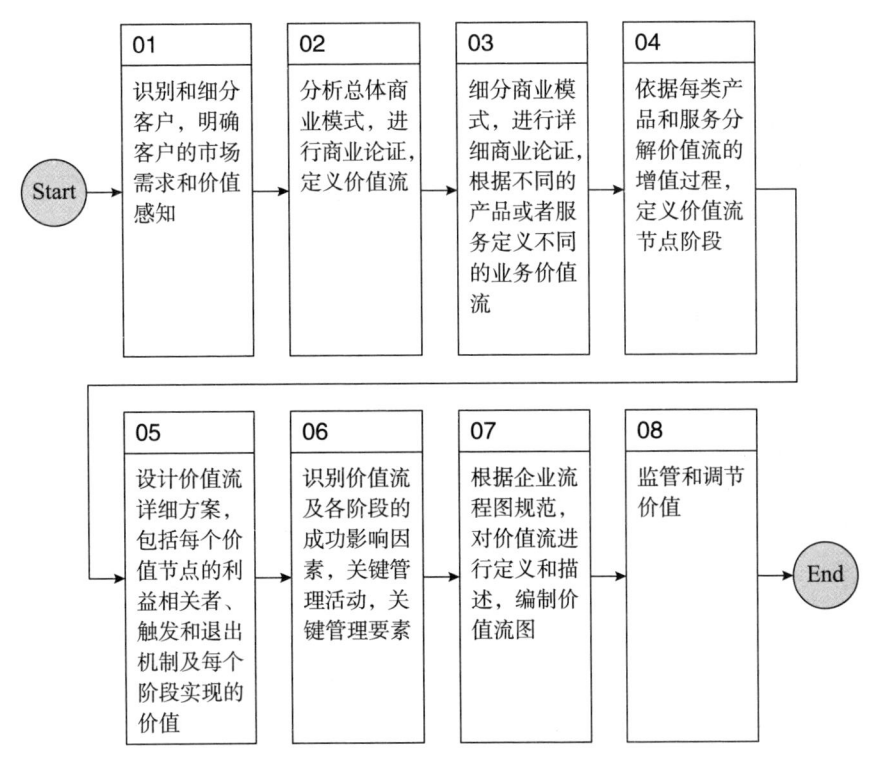

图 8-10　业务价值流建模步骤

步骤 1：识别和细分客户，明确客户的市场需求和价值感知

通过了解企业外部客户的重要需求，发现价值机会。价值机会关注谁是关键利益人，利益干系人从价值机会获得什么收益，受到什么影响，对业务目标、业务流程和业务组织的影响是什么，据此确认业务价值机会想法的初步可行性。

步骤 2：分析总体商业模式，进行商业论证，定义价值流

确认价值机会的商业模式并进行论证。在论证过程中我们需要对战略、财务、资金、商务和交付等方面进行评估，同时也需要对组织内部的业务现状进行分析，包括流程架构、各级业务流程、业务流程目标、业务政策规范

等，了解企业业务执行的现状问题、需求和差距。确认组织为客户提供的产品和服务及其类别，定义价值流描述。企业如何确定这是一个重要的价值流，是否值得努力实现并用于商业决策，这是由特定的需求或者业务当前承受的痛点来决定的。

步骤3：细分商业模式，进行详细商业论证，根据不同的产品或者服务定义不同的业务价值流

组织可能存在多种产品和服务为利益相关者提供单一或者多种综合的价值。不同的产品和服务是由不同的业务活动集合而成，通过细分产品和服务价值类型，有助于更加聚焦不同产品和服务为利益相关者创造价值。

步骤4：依据每类产品和服务分解价值流的增值过程，定义价值流节点阶段

一旦确认了业务价值流的需求，就需要召集业务利益干系人来讨论确认业务价值流程上的关键活动。确认交付业务价值的主要活动和阶段，但不需要详细说明执行该业务活动的流程、角色、信息等内容。从外部客户和市场出发，组合分析各级业务流程，初步设计各类产品和服务业务的价值创造过程。根据业务目标的影响，从全局视角分解各条价值流，有必要时对价值流过程中涉及的活动标准进行更新或者细化，或者剔除不必要的业务流程和活动，也可采取业务价值排序。例如，LTC价值流包括的节点有：线索管理、项目立项、标书准备、投标、合同谈判、合同评审签订、合同交接、合同履行和客户付款九个阶段。

线索管理 ▷ 项目立项 ▷ 标书准备 ▷ 投标 ▷ 合同谈判 ▷ 合同评审签订 ▷ 合同交接 ▷ 合同履行 ▷ 客户付款

步骤5：设计价值流详细方案，包括每个价值节点的利益相关者、触发和退出机制及每个阶段实现的价值

设计业务价值流各阶段的利益相关者。各阶段的利益相关者是从该阶段获得可衡量价值的参与者，或者是为创造或者交付价值做出贡献的参与者。例如，上述LTC业务价值流示例中项目立项阶段中利益相关者包括项目经理、

项目成员、项目赞助人等角色。

设计业务价值流各阶段触发机制和退出机制。触发机制是使触发价值流阶段开始或者使其能激活的起始条件或状态变化。价值流可以是外部触发的，如零售客户获取商品。价值流也可以是内部触发的，如经理获得新员工。是否需要建立触发机制，这取决于企业管理的需要。接口的设计会提高流程的可靠性和敏捷性，当然也会增加管理成本。如果我们将端到端流程的触发机制比喻成企业的"神经元"，那么这些"神经元"最终将构成企业的"神经系统"并直接影响企业整体运营的可靠性和敏捷性。价值流退出机制表示价值流阶段完成的结束状态条件，即当所需的价值被创建或者交付至利益相关者时。一个阶段的退出条件将成为另一个阶段的触发条件。价值流各阶段的集成是一个复杂综合的过程，需要考虑目标、策略、组织、职责等因素，才能发挥端到端业务价值流的全局最优，为利益相关者交付完整的价值。

设计每个阶段的价值。业务价值流是端到端业务活动实现增值的过程。在价值流阶段，创建和交付至利益相关者的递增价值必须有明确的识别和定义。

步骤6：识别价值流及各阶段的成功影响因素，关键管理活动，关键管理要素

价值流的价值创造或者交付的质量是由各阶段的业务能力决定的。完成价值流利益相关者、递增价值、触发和退出机制、价值的详细方案定义之后，还需要识别影响价值流结果的关键影响因素、管理活动和管理要素等业务能力，业务能力和业务价值流对应之后，可以再次依据业务能力的约束条件进行业务价值流的优化和调整。例如，上述LTC价值流在项目立项阶段的关键成功因素是：项目计划清晰、明确、可实施；关键活动是项目过程可视化管理；关键管理要素是机会点分析和风险管理。

步骤7：根据企业流程图规范，对价值流进行定义和描述，编制价值流图

价值流的绘制方法没有统一的规范要求，但核心的指导原则必须是从外部利益相关者触发开始的，而且这个利益相关者必须有明确的定义，价值流

的结果是满足利益相关者的价值期望。

步骤8：监管和调节价值

由于外部环境和客户需求的变化，组织的战略也会随之调整，实时监控价值流的效果并采取有效手段和措施调整，保证价值流的有效性。

七、设计要点与建模示例

流程资产名称	业务价值流（Value Stream）
推荐建模语言工具	Epros　Aris　ArchiMate　UML　BPMN
模型分类	☑目录清单制品　☐矩阵制品　☑图形制品
建模输出	价值流卡　业务价值流图

业务价值流定义包括价值流名称、描述、利益相关者和价值等要素，具体定义要素建模要求如下：

- 名称：是对业务价值流从客户和利益相关者出发简单、易懂、无歧义的概括。
- 描述：对业务价值流更详尽的描述。
- 利益相关者：发起活动触发价值流的角色，一般指客户、用户或者是产品和服务的接收者。
- 价值：给利益相关者带来价值的一般是产品、服务或者是解决客户问题。

业务价值流建模输出主要包括业务价值流卡、业务价值流图。

表 8-2　业务价值流卡示例

名称	获取安装服务
描述	涉及寻找、选择和获取所需的安装服务的活动
利益相关者	意欲购买安装服务的客户
价值	客户能够找到并及时获得所需的安装服务

扩展安装服务渠道 > 展示服务目录清单 > 促成服务订单 > 客户付款 > 交付安装服务

图 8-11　业务价值流图示例

八、技术工具

流程资产名称	业务价值流（Value Stream）
技术工具	■ BSC　■ VMOSA　■ 商业画布 ■ 客户需求分析 $APPEALS 模型 ■ 标杆方法　■ 业务洞察技术　■ EEFs（事业环境因素分析） ■ 干系人管理　■ 访谈　■ 调研　■ Workshop　■ 德尔菲法 ■ 焦点小组　■ 头脑风暴法　■ 业务流程分析等

8.3　关键流程

一、定义

流程资产名称	关键流程（Key Business Process）
流程资产定义	关键流程是实现客户和组织核心目标的流程，代表了公司独特的竞争优势和核心竞争力，是和组织可持续和未来增长前景强相关的流程。

　　关键流程是流程的场景化和实例化。关键流程是那些提供独特的竞争优势并代表公司核心竞争力的基础，是可持续和未来增长前景的基础，是和业务增长及组织未来成功强相关的流程。一般来说，关键流程目标和业务目标的相关性比较紧密，可以直接影响业务目标的达成情况。我们认为，关键流程一般与客户需求、战略实现和组织核心目标相关。

　　关键流程可以是针对具体产出的业务价值流程，也可以是支撑价值流程的使能流程，与组织的目标和策略相关，具有变化性和动态性。将优先级和关注点放在战略级关键流程的建设上，将在时间和精力上的投资提供最大的回报，因为这些领域将为客户以及最终的业务创造最大的价值。

二、解释

（一）关键流程是与企业的资源约束和配置相关的

由于受企业资源的限制，并不是所有的流程都需要投入相同的资源，也并不是所有的流程都需要重点关注。流程的核心在于增值，为客户创造价值的流程同时也让企业得到回报。因此，从客户的视角来看，重点关注的流程是客户可见的活动、与核心业务相关的活动、出现问题和投诉最多的活动、回报率高的活动、占用资源量多的活动。据此，我们把筛选出来的流程称为关键流程，应用二八原则，实现流程管理重点和资源投入的筛选。

（二）关键流程具有稳定性和动态性

为企业带来增值服务的过程或者交易的价值流程是相对稳定的，这类流程是和客户需求强相关的关键流程。针对业务诉求，对这类关键流程的持续优化可以快速有效地提升客户满意度。根据业务优化改进实施确认的关键流程需要动态管理，需要根据业务痛点和本年的业务计划来确认。

（三）关键流程识别受多种因素影响

企业的关键流程受很多因素的影响，包括业务因素、能力因素和环境因素等，在不同的阶段由于企业能力和战略要求，影响关键流程的因素是不同的。下面简单列举几类影响因素。

- 战略影响度：不同的流程具有不同的战略影响程度，对业务造成不同程度的影响和作用，流程执行结果可能会影响战略目标的执行、客户覆盖范围多少、业务覆盖范围多少，流程的影响度可以包括正向影响的流程价值和负向影响的流程损失，关注影响程度大的流程，可以增加流程的机制或者降低流程损失。

- 流程增值性：企业的使命就是创造价值，哪些业务流程在创造价值方面是主力军，哪些就是我们衡量流程重要度的一个维度。
- 流程独特性：流程的独特性也是确定其重要程度的要素。一个有别于行业竞争对手且运作良好的流程必将为企业创造竞争对手难以复制和超越的客户价值，越发挥其独特性则越能为企业创造价值。
- 流程成熟度：流程成熟度和业务能力相关，业务能力的高低直接影响业务结果。把成熟度低的流程作为关键流程来管理，弥补业务能力短板，提升企业业务能力整体水平。
- 流程效率、成本与风险：通过识别流程效率情况和实施成本，来确认关键流程的实施路径。对业务目标有重大影响的潜在高风险流程业务也可以作为一个考虑因素。
- 流程类型：根据企业流程地图，对流程进行分类界定。例如，战略性流程、运作性流程和支持性流程分类，外部客户流程、外部干系人和监控部门流程、内部员工流程分类等。

三、分类

流程资产名称	关键流程（Key Business Process）	
层级分类	☐要素级组件资产 ☐流程级组件资产 ☑企业级组件资产	☐要素级解决方案服务 ☐流程级解决方案服务 ☐企业级解决方案服务
目的分类	☑绩效类流程资产　　☑风险类流程资产	

四、适用场景

流程资产名称	关键流程（Key Business Process）
适用对象	☑业务流程 owner　　☑流程执行人　　☑相关管理部门
适用场景阶段	☑业务规划阶段　　☑业务设计阶段　　☑业务实施阶段 ☑业务评估阶段

（一）聚焦关键资源，承接业务战略

通过识别和管理关键流程，落实公司业务管理战略和方向，精确聚焦业务目标的达成，合理并重点配置企业业务资源，解决企业关注的重点业务流程，有助于准确快速提升客户满意度和战略目标的达成。

（二）业务流程优化优先级确认

关键流程和流程目标执行情况相关。通过选取问题多的业务，对影响范围大的流程进行实施优化，可以较大程度上减少流程问题，减少企业浪费的情况。通过关键流程定义、识别、梳理、优化、绩效监控和确认结果运营闭环，确认流程优化工作的优先级，将在时间和精力上的投资提供最大的回报。

五、组件制品与输入输出

流程资产名称	关键流程（Key Business Process）
组件资产	■业务流程　　■流程绩效目标　　■流程架构
输入	输出
• 企业内外部环境分析 • 业务战略 • 业务目标 • 商业模式 • 客户需求 • 风险分析及目标 • 流程成熟度评估结果 • 关键问题需求排序清单	• 关键流程及说明 • 高风险关键流程及说明 • 关键流程管理计划

六、方法步骤

关键流程建模过程一般包括如下步骤：

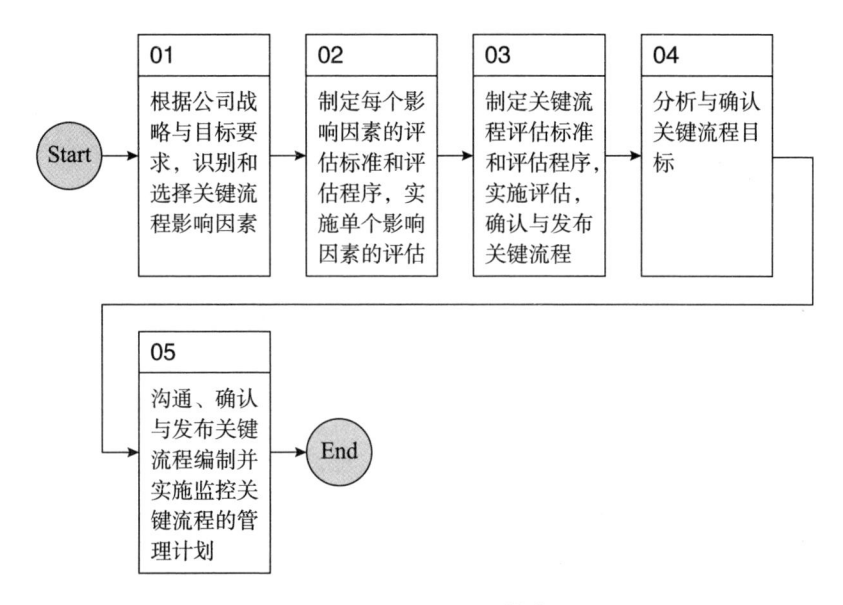

图 8-12　关键流程建模步骤

步骤1：根据公司战略与目标要求，识别和选择关键流程影响因素

关键流程影响因素的选择可以是单个，也可以是多个因素组合而成。一般来说，不建议把单个因素作为选择标准，选择两个或两个以上的因素组合会更好。下面我们以两个因素的结合来举例说明。

关注业务价值的角度，建议从流程的增值性、独特性等因素来判断。流程的增值性体现流程在企业中的价值和定位；流程的独特性体现企业的竞争力，它可以是业务模式的区别，也可以是业务效率和成本的差异。战略相关性高且具有独特差异化的流程对于企业来说是比较重要的，战略相关性不高但和竞争对手差异化较小的业务流程的重要度次之。

关注流程运营的角度，建议可以从流程的影响度和成熟度评估关键流程。流程影响度体现企业目前的要求，关注企业战略目标达成的影响度，关注对价值流流程的影响度；流程成熟度体现流程自身能力的要求。与战略关联度高且流程自身成熟度比较低的流程是企业运营关注的重点。因为这些流程直接影响到战略目标是否可达成。

如果关注流程优化效益角度，可以从流程效益与实施优化的复杂性和成本来选择，应用流程优先选择矩阵，确定流程优化的优先级。

如果流程用 F（x）表示，影响的关键因素有 a、b、c 等，关键流程可以表示为：F（x）={a, b, c, …}。

步骤 2：制定每个影响因素的评估标准和评估程序，实施单个影响因素的评估

组织相关人员制定影响因素的评价标准和评估程序。可以根据企业操作的需求，分为不同层级的标准，分级可以是定性的描述，例如高、中、低，也可以通过定量的分数段来描述。评价标准可以根据层级制定不同的标准，例如，战略影响度高、中、低的具体评估标准，业务流程成熟度高、中、低的具体评估标准。例如，可以表示为 a={ 高，中，低 }，b={0, 2, 4}，需要将企业识别的每一个关键流程影响因素都设立科学合理的评价标准和评估程序。

步骤 3：制定关键流程评估标准和评估程序，实施评估，确认与发布关键流程

关键流程的评估是在影响因素评估的基础上，根据一定的评价程序确认的关键流程。例如识别战略影响因素为高，流程成熟度评估为 2 分的业务流程是否为关键流程呢？最终取决于组织评估得出的 F（x）的值。F（x）的值可以是组织内部人员定量计算的结果，也可以是主观定量标准的结果。评估的过程要注意评估人的选择，评估规则的确认，评估流程的合理，评估方式的选取，最终的目的是保证评估的结果能够反映企业业务现状，能够为业务规划提供可信任的、高质量的输入。关键流程的评估可以是企业级的端到端的流程，也可以是领域内的流程，主要取决于业务范围。

步骤 4：分析与确认关键流程目标

在确认关键流程之后，开始设定关于关键流程的目标。在设定目标时，对内可以参考企业自身发展的需要和企业业务能力的高低，对外可以参考同行业或者相同领域的业界标杆实践。

步骤 5：沟通、确认与发布关键流程编制并实施监控关键流程的管理计划

在关键流程正式确认后，需要在组织的不同层级达成共识，包括关键流

程本身、关键流程目标。站在企业的角度，不同层级的关键流程是相互依赖的，在组织内部正式达成一致的结论，可以减少从某个业务领域去思考关键流程，造成业务领域局部最优，而不是企业最优的结果。在关键流程确认之后，业务管理者根据关键流程配置组织的资源，最大限度地为客户和组织创造价值。为了达到关键流程目标，管理者需要识别差距并制订差距改进计划，差距的弥补可以由变革项目和流程优化项目来承接实现。

七、设计要点与建模示例

流程资产名称	关键流程（Key Business Process）
推荐建模语言工具	Epros　Aris　Visio　PPT　UML　BPMN
模型分类	☑目录清单制品　□矩阵制品　□图形制品
建模输出	关键流程卡　关键流程清单

关键流程和企业业务目标强相关，关键流程的描述需要和影响业务目标的因素关联起来才有意义。关键流程定义要素建模要求如下：

- 名称：对组织定义的关键流程简单、易懂、无歧义的概括。
- 描述：对关键流程的描述要精确、详细。
- 目标：对关键流程价值创造的衡量，是衡量流程运作绩效的量化管理指标。
- 影响因素：对关键流程目标达成的关键因素的识别和拆解，通常会和关键流程的下级流程相关联。
- 支撑上层业务目标：对关键流程支撑的上级流程目标的描述。

关键流程本质上是业务流程的实例化，其图形建模要求与业务流程设计要求是相同的。关键流程建模输出包括关键流程卡和关键流程清单。

表 8-3　关键流程卡

关键流程名称	描述	目标	影响因素	支撑上层业务目标

八、技术工具

流程资产名称	关键流程（Key Business Process）
技术工具	■ BSC　■ VMOSA　■ 商业画布 ■ 客户需求分析 $APPEALS 模型　■ 标杆方法　■ 业务洞察技术 ■ EEFs（组织环境因素分析）　■ 干系人管理　■ 访谈 ■ 调研　■ 德尔菲法　■ 焦点小组 ■ 头脑风暴法　■ 业务流程分析　■ 流程成熟度分析 ■ 优先排序（Prioritization）　■ 优先选择矩阵 ■ 决策建模　■ 业务架构　■ 流程分析　■ 优先选择矩 ■ BSC　■ 战略分析　■ Workshop 等

本篇小结

本章介绍了各类组件的知识内容，包括定义、适用场景、操作流程、输入输出、技术工具等，总计13类资产。流程级组件资产5类，关注围绕流程静态自身管理的组件资产，具体包括流程及流程图、视角及流程视图、流程目标、流程关键控制点、流程文件。要素级组件资产5类，关注业务流程要素的管理，具体包括流程起点终点和业务范围、活动输入输出及数据信息、业务活动及应用功能、组织与角色职责、业务规则及流程裁剪。企业级组件资产3类，关注支持企业整体目标需求而生成的一类组件资产，具体包括业务架构、业务价值流和关键流程。

PROCESS ASSET

第四篇 流程解决方案资产

流程解决方案资产通过整合组件资产发挥综合的业务效果,并贯穿于企业业务运作的过程中。那么如何在不同企业或者企业的不同阶段选择合适的流程解决方案资产?

通过阐述各类流程解决方案资产的定义、分类、使用场景、方法步骤等,让读者对流程解决方案资产有更全面的认识和了解。

产品优势唯一的可持续源泉是优良的产品开发过程。以某项卓越设计、天赐良机、对手失策或者某一次幸运为基础的优势，是不可能长久的。要想长期不断地开发出成功的产品，就不能依赖这些因素。低劣的产品开发流程将会使靠这些而取得的优势在很短时间内丧失殆尽，而优良的流程则始终能够发现最佳的产品机遇，定义有竞争力的产品，并以更快的速度把这些新产品投入市场。产品开发是一个流程。它将眼光放在顾客需求和需要上，把需求和需要同公司的技术结合起来，然后把机遇转化成产品。

——*Machael E. MCGrath*
迈克尔·E·麦克哥拉斯

第 9 章 流程级解决方案服务

输入

- 业务优化需求
- 战略目标
- 流程目标

- 标准流程
- 业务流程适配差距及需求
- 业务单元业务场景清单
- 视角清单
- 授权原则

- 业务流程数字化需求
- 战略目标
- 流程目标

- 业务需求
- 业务实际运作
- 业务流程绩效指标

- 流程文件
- 客户投诉
- 客户沟通记录
- 客户满意度评估计划

- 业务需求
- 战略目标
- 流程目标

- 业务风险框架
- 内控制度
- 岗位职责等

- 流程目标
- 制度文件
- 检查标准和程序

- 公司经营目标
- 流程目标
- 流程制度
- 相关标准
- 检查标准和程序
- 业务问题

业务流程优化服务

业务流程适配服务

数字化业务流程优化服务

业务流程绩效评估服务

客户声音收集服务

业务需求分析管理服务

权责设计与审批流程管理服务

业务流程遵从性评估服务

业务流程审计服务

输出

- 业务解决方案
- 业务流程图
- 业务流程文件

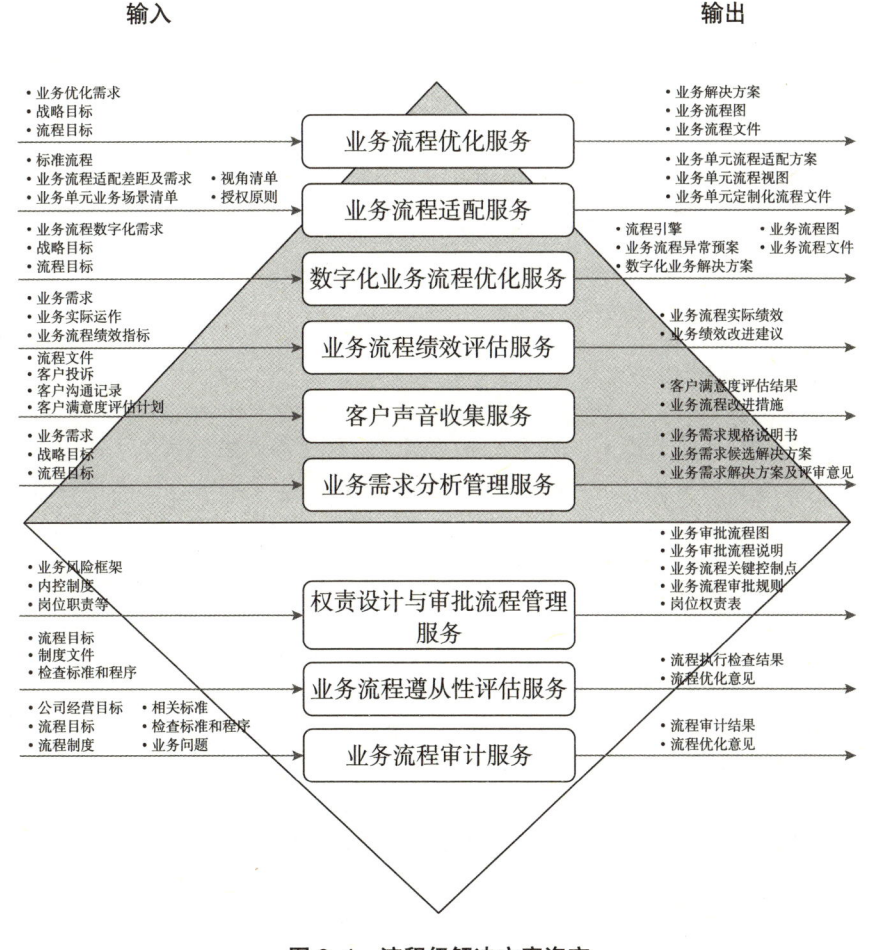

- 业务单元流程适配方案
- 业务单元流程视图
- 业务单元定制化流程文件

- 流程引擎
- 业务流程异常预案
- 数字化业务解决方案
- 业务流程图
- 业务流程文件

- 业务流程实际绩效
- 业务绩效改进建议

- 客户满意度评估结果
- 业务流程改进措施

- 业务需求规格说明书
- 业务需求候选解决方案
- 业务需求解决方案及评审意见

- 业务审批流程图
- 业务审批流程说明
- 业务流程关键控制点
- 业务流程审批规则
- 岗位权责表

- 流程执行检查结果
- 流程优化意见

- 流程审计结果
- 流程优化意见

图 9-1 流程级解决方案资产

141

9.1 业务需求分析管理服务

一、定义

流程资产名称	业务需求分析管理服务（Business Analysis Solution，BAS）
流程资产定义	业务需求管理可以用来理解业务现状、定义业务未来状态和决定从业务目前的状态过渡到业务想要的未来状态需要执行的活动。

业务需求通常为了满足一定的业务目标，由业务干系人提出，并具体陈述了业务变更理由、变更的目标、业务价值产出等，是为了达到组织预期的目标最有效的方法。

业务需求分析（Business Analysis），又称为商业分析。业务需求管理包括需求收集、需求分析、需求实现和需求验证等阶段。

二、解释

（一）业务需求管理受多种因素综合影响

根据 IIBA[①] 协会提出的理论，业务需求管理所涉及的因素如下：利益干系人、业务问题、业务变更、解决方案、业务价值、业务上下文。这几方面相辅相成决定了从业务需求到业务需求实现的过程。通常，业务需求是业务干系人提出的业务问题或者业务机会。分析业务需求时要考虑解决方案带来的业务变更，通过业务分析定义一个或者多个解决方案来满足干系人需求的实现，进而实现业务价值，同时解决方案的实现依赖于业务环境，又受到业务环境的影响。

（二）业务需求分析涉及企业的各个层级和各类岗位

业务分析涉及企业内部各种信息来源，包括组织、流程、系统、文档、干

---

① IIBA 的全称为 International Institute of Business Analysis，即国际商业分析协会，是独立的非营利性专业协会，为不断发展的商业分析领域提供服务，其总部设在加拿大多伦多，是一个致力于向全球范围内的商业分析师提供支持的专业机构。

系人访谈等。被识别和分析的业务信息包括自上而下的企业战略、变革需求收集识别和定义，自下而上的业务流程或者活动功能的需求识别和定义，这都属于业务分析的范畴。业务分析的最终目标是定义或者建议满足业务干系人需求的业务解决方案，这个过程可以通过项目的形式实现，也可以在日常业务运作中实现。所以，业务需求通常涉及到定义业务设计或者是业务解决方案。

（三）业务需求分析是解决方案设计的基础

业务需求分析在企业内部时刻发生，如业务规划、业务优化、项目实施等。业务需求和业务目标、范围强相关，需求分析作为业务梳理的第一步就显得至关重要。在对业务需求进行分析的过程中，会出现各种情况，例如，业务需求不明确，即使需求明确但业务干系人没有真实地表达出来，甚至是真实地表达出来，但接收实施方是否全面地理解也是个问题。所以，必须保证业务需求的正确性、清晰性、完整性和约束性。业务需求分析主要是明确业务需求定义，识别适用方针、政策、管控要求和业务标准，并平衡不同业务的需求差异，覆盖典型的业务场景，为方案设计和试点确认打下基础。

三、分类

流程资产名称	业务需求分析管理服务（Business Analysis Solution，BAS）	
层级分类	☐要素级组件资产 ☐流程级组件资产 ☐企业级组件资产	☐要素级解决方案服务 ☑流程级解决方案服务 ☐企业级解决方案服务
目的分类	☑绩效类流程资产　☐风险类流程资产	

四、适用场景

流程资产名称	业务需求分析管理服务（Business Analysis Solution，BAS）		
适用对象	☑业务流程 owner	☑流程执行人	☑相关管理部门
适用场景阶段	☑业务规划阶段　☑业务设计阶段　☑业务实施阶段 ☑业务评估阶段		

（一）业务规划

企业在做各种各样规划的时候，一般有两种来源：自上而下的战略要求和自下而上的需求问题。通过分析梳理业务需求，将各类业务需求纳入不同层级的规划中。例如，复杂需求纳入年度规划中，将关联集成需求纳入项目中，将简单需求纳入日常管理中，进而实现业务需求和项目的有序管理。

（二）业务优化

日常问题是对需求收集、反馈、分析和实现进行闭环管理的过程。由问题触发的业务优化，分析业务需求产生的根本原因，确认业务优化的范围，包括业务自身问题和关联协同的业务问题，形成业务需求解决方案。

（三）信息系统实施和优化

项目范围的确认、关联利益方的识别，以及项目方案的输出，这些都是在业务需求识别的基础上形成的。业务需求确认是信息系统实施和优化的首要输出，这决定了它是信息系统实施成功的关键要素之一。

五、组件制品与输入输出

流程资产名称	业务需求分析管理服务（Business Analysis Solution，BAS）
组件资产	■视角　■流程绩效目标　■流程图及清单 ■业务场景视图及清单 ■角色及组织相关流程资产 ■输入输出及数据相关流程资产 ■业务活动及功能相关流程资产

输入	输出
• 业务需求 • 战略目标 • 流程目标	• 业务需求规格说明书 • 业务需求候选解决方案 • 业务需求解决方案及评审意见

六、方法步骤

业务需求分析管理服务过程一般包括如下步骤：

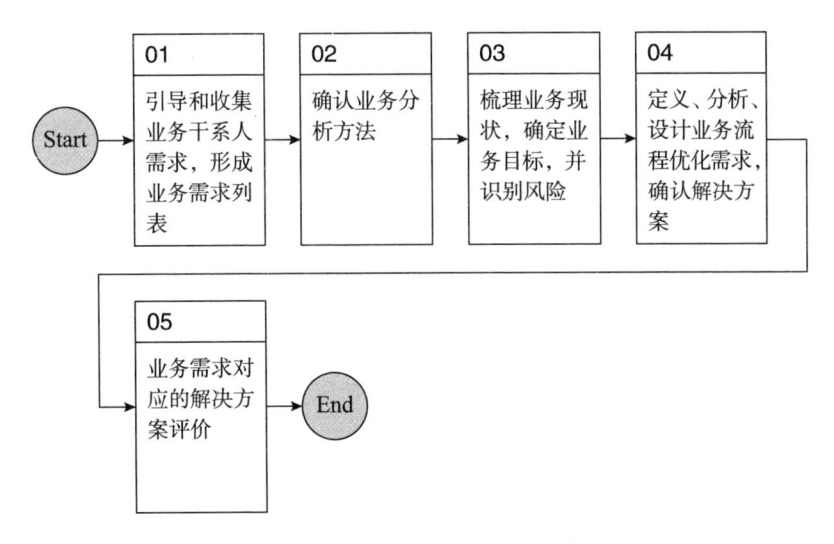

图 9-2 业务需求分析管理服务步骤

步骤1：引导和收集业务干系人需求，形成业务需求列表

引导和收集业务需求的目的是从业务干系人获取、沟通和确认业务需求信息，包括业务需求收集的准备、业务需求收集的执行和确认。在这个过程中会用到访谈、调研、数据分析等工具来和业务干系人沟通确认业务需求的真正原因。所以，如何沟通业务需求信息，管理干系人协作是业务需求管理的重要内容。业务问题或者痛点被分析和澄清后，在所有业务干系人之间达成清晰、一致理解的流程需求描述，形成业务需求列表。

步骤2：确认业务分析方法

根据业务目标、要求和需求的性质，确认业务分析所需要采用的方法，如预测型瀑布方法或者是适应型敏捷方法。根据已确认的业务分析方法，规划干系人参与的方式与方法、需求信息管理方法、需求分析绩效改进要求及需求分析的过程管控要求等内容。

步骤 3：梳理业务现状，设计业务未来态目标，并识别风险

业务现状的梳理范围包括对组织架构、企业文化、业务能力、技术、架构、政策、业务框架、内部资产及外部影响等各种因素分析。业务现状分析需要做到正确、完整和翔实，既要包括高阶文化政策、架构类因素，也要包括低阶操作性功能性现状，这个过程通常需要投入大量的资源来开展。同样，在业务分析过程中，业务未来态目标的设计是一个宽泛的范畴，除了业务目标的正式确认，还需要包括实现未来目标的解决方案范围确认、业务约束、组织架构与文化影响、业务能力、流程、技术、架构、政策、业务框架、内部资产、业务假设等分析与确认。通过业务现状梳理和业务未来态目标的分析，识别业务现状和未来目标之间的差距，并评估风险，包括未知风险的评估、业务约束、假设、依赖的负面影响和企业风险承受力及建议的解决方案等。为了管理业务的变更需求还需要定义变更策略来应对需求变更带来的影响。变更策略包括定义解决方案的范围、差距分析、企业准备度评估、变更策略、变更路径规划等。

步骤 4：定义、分析、设计业务流程优化需求，确认解决方案

业务需求定义、分析与设计包括需求建模、验证需求质量、确认需求是否可以满足业务干系人诉求、定义需求框架、分析建议潜在的解决方案建议等内容。

- 业务需求建模与定义是业务需求模型的可视化描述方式的确认，包括角色、组织、活动、能力、数据信息等内容建模。分析业务需求建模，确认合适的业务水平抽象层级。
- 业务需求的质量审核包括业务需求特征审核和设计质量审核，也包括确认质量审核标准。
- 验证业务需求是否满足利益干系人的需求，涉及识别、确认业务假设，定义可衡量的评估范围，评估业务续期，确认解决方案范围的一致性。
- 定义业务需求框架主要是识别业务需求干系人的视角，确认业务需求的完成性，验证需求关联性，定义业务需求信息架构等。
- 分析和评估潜在的解决方案，识别改进的机会点，描述可选择的解决方案。分析潜在的价值和解决方案，关注预期的收益和成本，评估可选的解决方案并给出选择建议。

步骤5：业务需求对应的解决方案评价

定义解决方案评估指标，验证和收集解决方案性能数据。分析解决方案的性能，评估解决方案是否能够满足业务需求目标。对解决方案性能差异进行分析，分析内容包括企业的限制因素和解决方案限制因素导致的目标差异，针对解决方案的差距给出改进措施和意见。企业限制因素包括企业文化、组织结构、干系人影响、业务操作熟练度等。解决方案限制因素包括内部组件的依赖性、调查解决方案性能及影响分析等。

七、技术工具

流程资产名称	业务需求分析管理服务（Business Analysis Solution，BAS）
技术工具	■战略分析　■访谈　■调研　■Workshop　■德尔菲法 ■焦点小组　■头脑风暴法　■业务流程分析 ■业务文档分析方法　■干系人管理　■商业论证方法 ■原型法　■功能分解方法　■需求backlog　■strory board ■design thinking　■业务需求分析与设计工具 ■评估验证方法　■根因分析等

9.2　业务流程优化服务

一、定义

流程资产名称	业务流程优化服务（Business Process Optimization Solution，BPO）
流程资产定义	业务流程优化是由于已有业务流程不能满足业务发展需要，对业务流程的要素，包括角色、组织、活动、信息、IT系统等重新进行资源配置和管理的过程，从而提升业务效率，实现质量、风险合规要求等目标。

业务流程优化保证业务持续优化，是业务生命力的体现。组织内部的业务流程是一直存在的，流程优化并非从头至尾设计，业务人员主要是利用原先的流程设计重新匹配流程及资源，以改善流程绩效，有时候也需要考虑客户与供应商的流程匹配情况。

二、解释

（一）业务流程优化需求来源

根据不同的流程优化驱动因素，流程优化需求[①]大致可以分为：问题导向、绩效导向和战略导向。例如，流程优化建议、流程事故、内外部客户投诉及意见反馈、流程审计报告等属于问题导向；流程目标及绩效测量报告、标杆企业对比分析报告属于绩效导向；企业战略需求、经营思路及策略、重要改革举措、流程规划等属于战略导向。

（二）业务流程与优化实现形式

根据需求影响程度区分业务流程的优化，可以分为高阶业务流程优化和低阶业务流程优化。高阶业务流程优化关注业务模式的变化，与战略组织紧密结合。此类流程优化工作一般都是跨度较大，难度较高，当然，这些项目的产出价值也高，一般需要公司高层给予支持，可以通过变革项目的方式进行推进和管理。低阶业务流程优化关注流程绩效目标，优化需求问题颗粒度小，但同样比较迫切，这类优化可以通过日常改进专项或者问题推进处理。

（三）业务流程优化的目标是对业务流程目标的优化

不管是哪一类流程优化需求来源，最终目的都是满足流程目标的达成。流程目标是流程交付价值输出的衡量。有时候，流程优化需求来自客户满意度下降，这类流程优化需要审视已有流程设计和执行中的问题，类似采取提升交付效率和质量的措施来优化流程；有时候，业务流程的优化需求是来自内部成本的压力和效率的压力，这类流程优化需要考虑如何整合配置组织资源，提高流程效率并降低组织成本。不管是哪一种情况，流程优化的最终目的都是从设计到执行满足组织内部和外部客户的需求。

---

① 除非特殊说明，书中的"流程优化需求"等同于"业务需求"的概念。

三、分类

流程资产名称	业务流程优化服务（Business Process Optimization Solution，BPO）	
层级分类	☐要素级组件资产 ☐流程级组件资产 ☐企业级组件资产	☐要素级解决方案服务 ☑流程级解决方案服务 ☐企业级解决方案服务
目的分类	☑绩效类流程资产　☐风险类流程资产	

四、适用场景

流程资产名称	业务流程优化服务（Business Process Optimization Solution，BPO）
适用对象	☑业务流程 owner　☑流程执行人　☑相关管理部门
适用场景阶段	☐业务规划阶段　☐业务设计阶段　☑业务实施阶段 ☐业务评估阶段

（一）业务变革项目和优化项目的实施

流程变革或者流程优化项目都需要使用流程分析的方法来开展。业务流程优化是业务变革项目或者是优化项目方案设计和交付的重要内容。业务流程优化对于大型的变革项目被集成在变革项目解决方案中，对于小型优化项目或者单个流程优化，业务流程优化的方法可以用来直接解决业务需求。业务流程优化方法将业务变革项目和优化项目过程科学地分解成结构化的过程，为项目目标达成提供支持。

（二）业务绩效改进

当业务实际目标和预期目标存在偏差时，业务人员应想办法解决。解决业务绩效差距的根本措施是分析问题发生的根因，而不是解决业务表象问题。业务流程优化是一种从根本上解决业务问题产生的方法，通过分析已有业务流程运作，设计更优的流程方案，聚焦组织和客户的需求，达到更高的流程绩效。

（三）有效解决跨部门问题与需求

业务问题居多发生在跨部门协同或者是流程接口的地方，流程表达的跨部门的协作方式，使用流程优化方法会考虑业务活动间的协作形式，业务活动间输入输出集成关系等内容，从流程的角度分析业务问题和需求，可以弥补组织空白地带的管理。

五、组件制品与输入输出

流程资产名称	业务流程优化服务（Business Process Optimization Solution，BPO）
制品组件	■视角　　■流程绩效目标　　■业务流程图及清单 ■业务场景视图及清单 ■角色及组织相关流程资产 ■输入输出及数据相关流程资产 ■业务活动及功能相关流程资产

输入	输出
• 业务优化需求 • 战略目标 • 流程目标	• 业务解决方案 • 业务流程图 • 业务流程文件

六、方法步骤

业务流程优化服务过程一般包括如下步骤：

步骤1：收集和引导业务流程需求分析，定义并细化业务流程范围及活动

通过对业务干系人的引导和收集来获取业务需求，包括业务需求收集的准备、业务需求收集的执行和确认。业务需求的收集可以采用多种方式，具体可以参见业务需求分析管理服务解决方案资产的内容。业务范围可以通过识别业务的上下游关系，输入、输出和业务环境来确认，也可以通过业务范围细化分解获得支持业务需求分析更详细的信息。业务范围拆分结束的原则是，业务活动至少能够体现出原始需求/业务痛点得到解决，同时业务活动至少拆分到识别出所有的场景要素和业务风险的控制。

第9章 流程级解决方案服务

```
Start → [01 收集和引导业务流程需求分析,定义并细化业务流程范围及活动] → [02 识别并验证业务场景清单,建立业务场景模型] → [03 分析导致差距的根本原因,初步提出改进措施,识别流程优化机会点] → [04 正式确认业务流程需求和目标,输出流程需求文档]

[05 设计与评审业务流程优化解决方案] → [06 集成流程组织角色、活动、输入输出数据、系统等要素,验证流程优化方案] → [07 实施流程试点与培训] → [08 实施流程推行,固化流程转向业务运营] → End
```

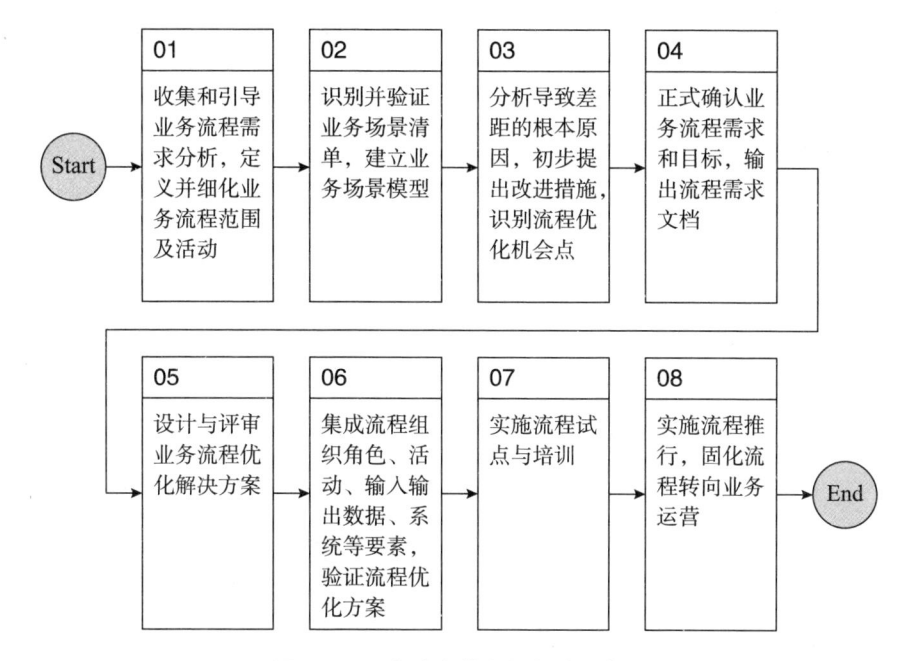

图 9-3 业务流程优化服务过程步骤

步骤 2：识别并验证业务场景清单，建立业务场景模型

分析业务运作模式，识别业务场景要素。业务场景要素是指完成业务任务，达成业务目标所需要的各种元素。业务要素的组合形成备选的业务场景，经过业务专家的识别形成业务场景清单。根据业务范围筛选业务场景清单，并对确认的业务场景建模，实现业务场景与业务范围匹配。业务场景建模过程中重点关注活动逻辑顺序和条件的输入输出。

步骤 3：分析导致差距的根本原因，初步提出改进措施，识别流程优化机会点

分析业务需求与已有架构的匹配和差距，与已有系统功能的匹配和差距，并对已有问题和差距进行根因分析。根因分析可以从流程设计、流程执行、组织、能力、IT 系统等方面考虑。和干系人分析讨论流程优化的机会点，对已有的业务场景要素、业务场景清单、业务活动给出优化意见，并确认未来业务场景目标和运作过程，包括业务规则、风险、绩效、信息系统资源等方面的内容。

步骤 4：正式确认业务流程需求和目标，输出流程需求文档

在流程需求规格中，首先要提供流程需求列表，然后是未来改进后的目

标场景要素和清单。需求文档根据开发方式的不同可以采取不同的形式，可以使用敏捷式开发的需求文档，也可以使用瀑布式开发的需求文档。

步骤5：设计与评审业务流程优化解决方案

在流程解决方案的设计过程中，需要实现前一阶段优化需求确认的内容。流程解决方案需要明确业务执行人、业务活动、业务规则及标准、业务目标等内容，保证各环节的最佳顺序、流程资源的合理配置，以支持流程目标的达成，流程解决方案涉及流程图、流程视图、流程文件、组织和信息系统功能的交付。高阶流程优化关注运作模式和策略的落地，通常伴随组织和角色的变化。低阶流程优化关注业务流程执行的效果和效率，例如，业务角色的能力是否满足业务要求、业务活动之间是否存在闲置等待时间、业务操作之间的动线是否合适、机器设备的换线是否科学等问题，有时候业务活动的优化涉及精益管理的内容。

步骤6：集成流程组织角色、活动、输入输出数据、系统等要素，验证流程优化方案

集成验证源自软件开发的CMMI[①]方法，包括集成、验证、确认3方面内容。流程集成验证可以通过还原业务场景和识别相关流程，在模拟环境下去验证流程之间的接口关系、相互调用关系、场景与流程之间的差距，流程接口关系、信息流的连续性等活动来实现。对于流程集成验证发现的问题，需要记录下来，以改进问题或者缺陷。

步骤7：实施流程试点与培训

流程试点的目的是验证开发的流程是否满足业务需求，发现其中存在的问题，完善流程解决方案，保证流程方案推行的可行性。流程试点是在真实的环境下去发现问题，完善流程解决方案。主要内容包括：产生与更新试点策略、规划试点里程碑、准备宣传文档、开发试点方案、确认试点内容和范

---

① CMMI的全称为Capability Maturity Model Integration For Software，软件能力成熟度模型集成，是在全世界推广实施的一种软件能力成熟度评估标准，主要用于指导软件开发过程的改进和进行软件开发能力的评估。

围、试点用例准备、执行试点方案并形成总结、问题管理及配置管理、对试点过程中产生的问题进行管理并确认相应的解决方案、解决方案是否与具体的工作产品相一致等。流程试点至少要覆盖到主要的业务场景，试点不一定都会成功，聚焦于发现问题，完善流程解决方案。

步骤 8：实施流程推行，固化流程转向业务运营

流程推行需要考虑的主要工作包括：推行计划的制订、推行沟通与宣传、推行用户培训、推行关键用户的选择、推行方案的匹配与测试、测试的总结与决策、方案切换及支持、工作移交、推行效果评估、推行总结等。实施流程推行完成的标准需要考虑：业务流程解决方案实现预先确认的需求、组织完成和业务流程的匹配、业务流程执行人员具备流程所需的知识和技能、流程目标达到改善要求、业务最终形成独立运营和持续优化的能力。

七、技术工具

流程资产名称	业务流程优化服务（Business Process Optimization Solution，BPO）
技术工具	■战略分析　■访谈　■调研　■Workshop　■德尔菲法 ■焦点小组　■头脑风暴法　■业务流程分析 ■业务文档分析方法　■根因分析　■ECRS、ESIA、SDCA ■标杆法　■精益方法 DMADV / DMAIC　■6 西格玛 ■项目管理　■情景分析法　■数据分析　■数据建模 ■接口分析　■定量评估与定性评估等

9.3 权责设计与审批流程管理服务

一、定义

流程资产名称	权责设计与审批流程管理服务（Responsibility & Approval Process Solution，RAP）
流程资产定义	审批流程是由多个参与人员按照事先定义好的审批规则传递信息、文档或任务的执行过程，从而实现某个预期的业务目标，并达到业务风险受控的组织目标。

审批流程（Approval Process）是和岗位职责权限相关的一类业务流程，属于面向决策的流程。审批流程包括行政、财务、人事、采购等审批，一般涉及业务风险和控制的业务活动会嵌入审批流程或者活动。审批流程分为业务流程的申请、审批和决策三类活动。依据业务活动审批的结果出具审批意见，可以分为通过活动、退回活动、否决活动等。

二、解释

（一）审批流程和审批规则

审批规则是触发满足审批申请人和审批结果的筛选条件，属于行为类的业务规则。行为类业务规则意图指引员工在组织内部或者员工之间的行为。审批规则的设置和业务风险的强弱相关，做到业务风险管控和业务效率的平衡是流程设计要考虑的因素。业务风险的影响程度可以以审批流程的管控程度来区分。业务风险等级高的流程，审批流程实施强管控，以降低流程风险的发生；业务风险等级低的流程，审批流程实施弱管控，以满足流程执行效率。

（二）审批规则需要支撑审批过程的有效性和合理性

审批规则的定义需要明确审批主体、审批内容、审批标准等内容，满足审批过程的有效性和合理性。通常，审批规则根据流程执行主体的职责实施一定的授权，实行权限控制。企业在审批流程中容易出现审批质量不高和审批效率低下的问题，也会出现业务风险失控的流程问题。例如，没有识别出业务风险审批节点，导致流程执行结果带来资金、资产、法律等合规风险；由于审批授权设置不恰当，没有承担相应的流程审批职责，对业务流程的风险管控形同虚设；审批流程设计不合理，跨部门没有达成共识，导致制度和流程执行不一致，流程审批节点过多，审批标准不清楚，审批质量因人而异；授权不足，过多的审批环节影响流程效率；上下流程之间缺乏触发机制，导致流程等待时间过长，缺乏监控及时效标准设置，导致流程效率低等问题。通过明确各部门职责，明确审批标准，在风险可控的前提下，简化授权，提高审批的效率和质量。

三、分类

流程资产名称	权责设计与审批流程管理服务（Responsibility & Approval Process Solution，RAP）	
层级分类	☐要素级组件资产 ☐流程级组件资产 ☐企业级组件资产	☐要素级解决方案服务 ☑流程级解决方案服务 ☐企业级解决方案服务
目的分类	☐绩效类流程资产　☑风险类流程资产	

四、适用场景

流程资产名称	权责设计与审批流程管理服务（Responsibility & Approval Process Solution，RAP）
适用对象	☑业务流程 owner　☑流程执行人　☑相关管理部门
适用场景阶段	☐业务规划阶段　☑业务设计阶段　☑业务实施阶段 ☐业务评估阶段

（一）梳理岗位权责

当业务部门希望了解或者梳理组织目标、组织职责、业务流程、人员能力时，一般会涉及岗位权责的梳理，这有助于有效运作业务流程，同时也起到降低业务风险的作用。

（二）优化审批流程

在组织中我们经常遇到业务部门反馈审批流程效率低下，而业务管理者和风控部门担心业务风险发生，经常增加各类审批节点，这两者本质上体现的是流程效率和风险之间的矛盾。如何取得二者之间的平衡，使相关业务人员既可以满足业务目标又可以满足公司内控的要求？审批流程的优化不仅仅是针对单个流程节点的优化，本质上还涉及组织风险管控的要求。我们可以尝试建立公司风险内控环境，明确权责要求，规范审批要求等手段，结合应用流程优化的工具方法来改进审批流程的效率和效果。

五、组件制品与输入输出

流程资产名称	权责设计与审批流程管理服务（Responsibility & Approval Process Solution，RAP）
制品组件	■业务规则　■角色清单 ■业务流程　■业务流程关键控制点

输入	输出
• 业务风险框架 • 内控制度 • 岗位职责	• 业务审批流程图 • 业务审批流程说明 • 业务流程关键控制点 • 业务流程审批规则 • 岗位权责表

六、方法步骤

权责设计及审批流程管理服务过程一般包括如下步骤：

步骤1：分析业务现状和企业风险合规现状

企业风险包括战略风险、经营风险、合规风险等内容，而这些风险涉及企业的所有部门和全体员工，覆盖了企业的所有业务流程。评估企业风险和合规现状是一个庞大的工程，在这个过程中我们不仅要识别内部风险合规管理现状，还要研究外部法规政策的要求和企业的遵从情况。

步骤2：确认组织目标和业务单元目标，企业层级和业务单元层级的业务管控策略

风险合规管理过程和业务目标紧密关联，业务目标决定风险管理的目标和方向，所以风险管理流程的起点是定义企业及各下属部门的战略和目标，通过分配指标及其业务流程来达到目标。同时，根据每个层级的业务目标，确认各层级业务管控策略。业务管控策略除了与业务目标相关，还需要考虑风险的影响程度。

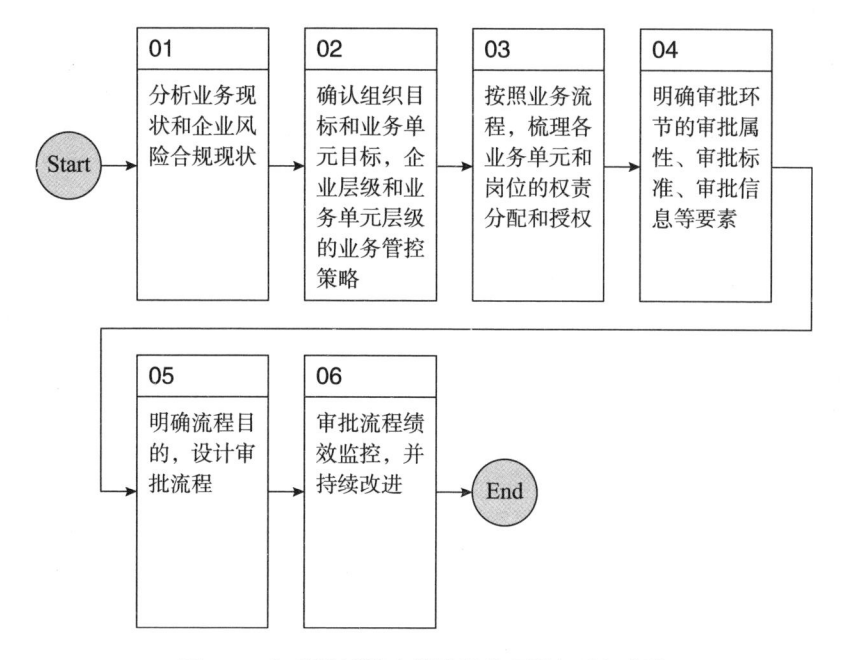

图 9-4　权责设计及审批流程管理服务过程步骤

步骤3：按照业务流程，梳理各业务单元和岗位的权责分配和授权

权责信息梳理可以根据RACI矩阵来识别，授权信息的梳理可以根据权责和业务风险影响来讨论确认，进而满足公司内控合规的要求，例如，按照管理范围的授权、按照金额的授权等。

步骤4：明确审批环节的审批属性、审批标准、审批信息等要素

在遵从企业流程管控策略的要求下，明确审批属性、审批标准、审批信息等要素。审批属性主要是对审批活动性质进行界定。例如，审批申请、审批复核、审批会签、审批决策、专业评审、综合评审等，在审批流程中需要明确每个业务审批环节的目的，做到审批职责明确。审批标准需要依据审批目的来制定，不同的审批目的需要提供的审批信息和标准是不一样的，审批标准要能够支撑审批过程的有效性和合理性，审批信息要保证完整性和真实性。

步骤5：明确流程目的，设计审批流程

根据审批策略与规则设计审批流程，做好审批流程流转的接口设计，提高审批流转效率，同时确认流程满足风险合规的要求，并做到审批流程和效率的兼顾。

步骤6：审批流程绩效监控，并持续改进

在保证审批流程风险受控的情况下，提高效率的方法通常如下：删除与流程目的无关的流程审批环节、简化重复的审批活动、将零散的审批活动整合、优化授权层级和决策层级下移等。

七、技术工具

流程资产名称	权责设计与审批流程管理服务（Responsibility & Approval Process Solution，RAP）
技术工具	■风险分析与管理　■SOD矩阵　■RACI矩阵 ■ECRS、ESIA、SDCA等

9.4　数字化业务流程优化服务

一、定义

流程资产名称	数字化业务流程优化服务（Digital Business Process Optimization Solution，DBPO）
流程资产定义	数字化流程是指借助数字化技术及工具，以业务过程中的数据信息为驱动（核心），通过建立数据模型和算法，实现业务执行和运营决策。数字化业务流程优化服务是指对现有业务流程通过数据手段来实现优化的过程。

在数字化业务环境中，业务以先进的数字化技术和完备的业务规则为基础实现持续运作。在运作过程中通过各环节的高效协同，灵活响应客户的定制化需求，根据预先定义好的业务规则和算法自动做出最优决策，大大地提高流程的生产能力和有效性。数字化流程的基础是传统流程管理已经实现标准化。业务流程是时刻存在的，数字化流程并不是摒弃业务流程，而是更加聚焦客户需求和体验，通过数字化技术改变传统的商业模式，提升业务流程的客户满意度。

二、解释

（一）数字化业务流程执行和决策过程具有动态性

传统的业务流程规定了业务执行主体按照规定的业务步骤执行业务过程，业务执行的顺序是不变的，例如传统的出租车服务，司机和出租车线下自行匹配，司机根据经验选择路线，到达目的地后线下交易，匹配出租车，选择路线、交易支付的业务步骤过程是固定不变的。数字化业务流程在静态业务流程的基础上实现每个业务环节的动态管理。例如，数字化滴滴服务，系统根据乘客需求进行自动派单管理，乘车过程中实施定位，动态导航，到达目的地后在线自动结算扣费，交易完成后进行相互评价管理用于司乘准入和投诉管理。这种动态管理是通过应用数字化技术，收集业务流程上的数据信息，匹配对应的业务规则来实现的。数字化流程的动态决策将业务结果分析提前至事中和事前，提高业务流程效率，保证实现有效的价值。

（二）数字化业务流程去中心化和去逻辑化

数字化流程管理与传统流程管理的区别之一是去中心化和去逻辑化，类似神经网络元，通过数据的共享和分析实现流程运转。数据信息依据预先制定的业务规则在业务流程中流转，在此过程中，不同的业务规则将触发对应的岗位职责采取不同的业务行为。在数字化环境中，业务规则触发的业务行为是广播式的，去中心化的，不是针对某一个业务环节的触发，而是在整个业务链条或者是数据链条上都可以根据业务规则采取相应的行为，即业务角色主体可以根据广播式的业务触发条件，采取满足业务目的最优的业务行为，形成以业务规则链接的数据流程引发的业务的流转。

三、分类

流程资产名称	数字化业务流程优化服务（Digital Business Process Optimization Solution，DBPO）	
层级分类	☐要素级组件资产 ☐流程级组件资产 ☐企业级组件资产	☐要素级解决方案服务 ☑流程级解决方案服务 ☐企业级解决方案服务
目的分类	☑绩效类流程资产　　☐风险类流程资产	

四、适用场景

流程资产名称	数字化业务流程优化服务（Digital Business Process Optimization Solution，DBPO）
适用对象	☑业务流程 owner　　☑流程执行人　　☑相关管理部门
适用场景阶段	☐业务规划阶段　　☐业务设计阶段　　☑业务实施阶段 ☐业务评估阶段

（一）数字化业务流程可以满足高效客户的定制化需求，提升客户体验

数据化不仅仅是组织的经营数据，还有更多维度的数据被记录、分析和融入，构成了企业和客户全方位的描摹，用来满足以客户为中心的业务视角的精准化管理。企业数字化转型的过程中最重要的一个方面就是客户数字化体验的管理。借助于数字化技术，强化客户管理流程，已经成为企业增长与业务创新的着力点。

（二）数字化业务流程助力智能决策

目前，企业基于一些统计报表，实现数字化的决策判断。统计报表里面的大部分数据，很多情况下都是靠人来收集整理的，这种情况显然是不适应快速响应或者快速应变的企业运行方式要求的。快速的决策判断所需要的数据来源，应该是数字化的业务流程。数字化业务流程积累的数据资

产，对于企业来说具有高收益。数字化的本质是将一种现象转化为可量化的过程。通过数字化业务流程将人工的事后决策判断转移到自动化或者半自动化的事中和事前进行。

（三）数据治理离不开数字化业务流程

数据治理的目的之一是将数据作为资产进行管理。所有数据遵循统一的要求来进行定义，数据管理遵从统一的机制和流程。数据都是依托于数字化流程来应用和产生的，而流程的业务环节是很多的，如果我们只是针对一个又一个的环节来进行数据数字化和结构化处理，这个工作将是非常烦琐的。所以，一般对于信息化系统来说，定义统一的数字化结构化信息模型，并在此基础上与数字化业务流程的各个环节进行关联，用于支持各个数字化业务流程环节的规范的输入、规范的操作和规范的输出。

五、组件制品与输入输出

流程资产名称	数字化业务流程优化服务（Digital Business Process Optimization Solution，DBPO）
制品组件	■业务架构　■业务规则　■输入输出等数据资产 ■业务场景　■角色等组织资产
输入	输出
• 业务流程数字化需求 • 战略目标 • 流程目标	• 流程引擎 • 业务流程异常预案 • 数字化业务解决方案 • 业务流程图 • 业务流程文件

六、方法步骤

数字化业务流程优化服务过程一般包括如下步骤：

```
01 建立标准的静态业务流程架构 → 02 梳理动态的业务场景，建立业务规则 → 03 识别与分析数据实体，分析各种场景中不同的角色需要的数据实体 → 04 数据实体的应用设计，建立数据关联模型和动态模型
↓
05 数字化建模，建立场景动态演变的决策模型 → 06 运行数字化流程，依据场景变化确定组装流程步骤和数据实体 → End
Start →
```

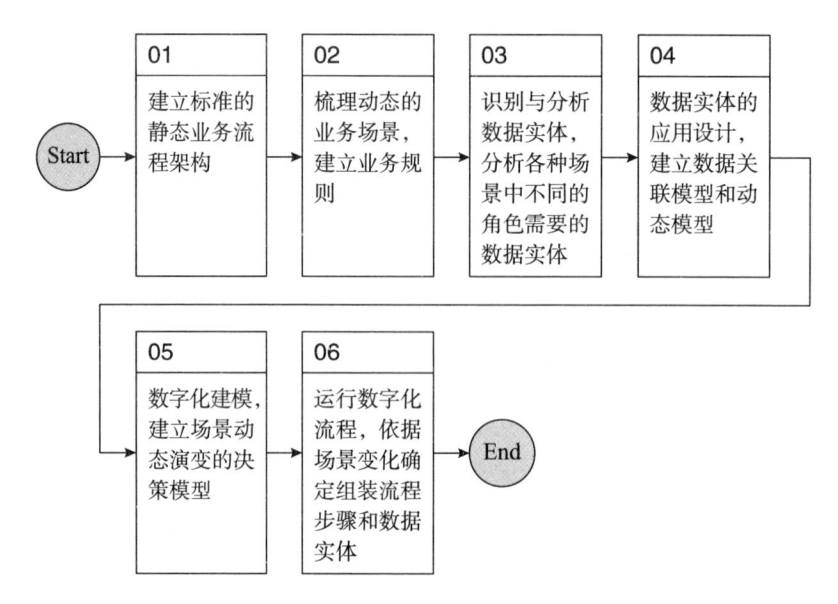

图 9-5 数字化业务流程优化服务过程步骤

步骤 1：建立标准的静态业务流程架构

数字化流程的基础是传统的流程管理已经实现标准化，是在已有标准流程下聚焦客户需求和体验。所以，数字化流程建模的首要步骤是建立静态的流程架构，梳理组织的业务流程层级。

步骤 2：梳理动态的业务场景，建立业务规则

根据实际业务可能发生的各种场景，匹配各种业务场景下对应的流程环节和步骤。

业务场景是结合组织环境和具体业务元素形成的业务流程。解析每个业务场景中业务活动涉及的角色、需求、事件、目标等，并提取触发业务环节动态变化的业务规则。重新解构业务流程，依据业务场景与业务规则构建业务活动网络（注意是业务活动网络，不是业务活动流）。

步骤 3：识别与分析数据实体，分析各种场景中不同的角色需要的数据实体

分析各岗位人员在全业务场景下执行不同流程活动时对数据实体的需求。数据实体的需求包括：角色决策的结构化和非结构化的数据信息需求、

数据源梳理、数据存储处理、数据实体标准化等。

步骤4：数据实体的应用设计，建立数据关联模型和动态模型

依据数据实体需求，设计数据实体应用方案，包括数据实体和需求之间的关联关系，数据实体的动态模型，以及数据实体可视化模型。

步骤5：数字化建模，建立场景动态演变的决策模型

分析场景动态决策的业务规则，以及业务规则与业务场景、业务活动、数据实体、流程路径的匹配关系。

步骤6：运行数字化流程，依据场景变化确定组装流程步骤和数据实体

通过业务场景和业务规则驱动，智能装配业务活动，同时推送所需的数字资源，动态规划数字化流程路径。

七、技术工具

流程资产名称	数字化业务流程优化服务（Digital Business Process Optimization Solution，DBPO）
技术工具	■数字化技术　　■数据建模　　■数据分析　　■数据挖掘 ■业务流程分析　　■决策树　　■决策矩阵等

9.5　业务流程适配服务

一、定义

流程资产名称	业务流程适配服务（Business Process Adaptation Solution，BPA）
流程资产定义	业务流程适配是指流程在实际执行过程中为了灵活满足多种业务场景的需要，对流程实施裁剪的过程。

流程适配反映业务流程柔性的特点。流程能否具有高的绩效，对外界变化能否表现出适度的柔性，就在于它是否能够在企业内部有效地整合各类资源。

二、解释

（一）为什么会出现流程适配

流程适配和企业的发展阶段有关。在企业规模较小的时候，业务都是按需作业，业务标准化要求不高，这是企业业务流程发展的第一个阶段——流程无标准化管理阶段。当企业达到一定规模时，需要实施业务流程来实现统一的管理，以提高业务效率和质量，这是企业发展的第二个阶段——流程标准化管理实现业务复制。随着业务复杂性的变化，出现了多类客户、多个区域、多种产品、多个国家，此时需要满足不同业务的诉求，需要对业务流程进行细分管理，需要根据企业标准流程实现多种业务场景的流程标准化。所以，流程适配是在企业发展到一定阶段，为了满足客户和企业内部细分需求而出现的业务需求。

（二）流程适配和授权有关

流程适配本质上和业务授权有关。授权的范围包括财务授权、行政授权和业务授权。行政授权，如发起提案、审批、决策、报备等；财务授权一般与资金审批和使用的额度相关；业务授权主要是指流程的新建、优化、废除、信息系统的需求处理，方案变更等涉及的授权。

（三）执行流程时一般遵循"主干统一、末端灵活"的要求

主干统一是指集团统一设计流程的通用要求和规则，末端灵活是指区域在使用流程时可以根据自身的业务实际进行定制和适度的优化。定制程度和优化的程度和集团对区域的授权有关。这样做的目的是通过区域的本地流程适配，以流程来还原业务本质，使业务和流程一体运作，实现流程在区域的落地和集成，打通流程建设的最后一公里。一般来说，流程适配以区域人员为主导，区域的流程负责人作为流程适配的第一责任人，集团总部赋能，做好支撑。

三、分类

流程资产名称	业务流程适配服务（Business Process Adaptation Solution，BPA）	
层级分类	☐要素级组件资产 ☐流程级组件资产 ☐企业级组件资产	☐要素级解决方案服务 ☑流程级解决方案服务 ☐企业级解决方案服务
目的分类	☑绩效类流程资产　　☐风险类流程资产	

四、适用场景

流程资产名称	业务流程适配服务（Business Process Adaptation Solution，BPA）
适用对象	☑业务流程 owner　　☑流程执行人　　☐相关管理部门
适用场景阶段	☐业务规划阶段　　☐业务设计阶段　　☑业务实施阶段 ☐业务评估阶段

（一）客户维度的适配

客户也有自己的业务流程，企业如何实现和客户流程的适配与对接，甚至是实现客户差异化管理来提升客户体验和满意度。通过研究客户流程接口，分析业务流程在组织角色、技术平台等的适配方案，开展重点客户业务流程适配。和客户对接的流程一般来说是企业创造价值的流程，如 LTC 流程、ITR 流程等，这些主价值流与客户的适配对接可以极大地提升流程价值输出，为组织带来更多的收益。

（二）区域维度的适配

以区域为适配单元，对准客户价值流程，开展内部管理流程适配。区域是流程执行的业务主体，但每个区域的政策要求、客户群体、市场特点、内部业务能力是不同的，根据总体统一设计的业务流程，在适当授权的基础上，实现差异化的适配，可以提高流程在区域执行的效率和活力。

（三）内部运作流程落地

类似支撑类流程，如财务、HR、行政综合等内部运作流程，需要明确集团和区域的管控和分工方式，通过流程适配以垂直方式在区域实现落地执行。

五、组件制品与输入输出

流程资产名称	业务流程适配服务（Business Process Adaptation Solution，BPA）
制品组件	■流程裁剪规则　　■流程绩效目标清单 ■业务场景视图及清单　　■业务流程图及清单 ■权责设计与审批流程管理服务

输入	输出
• 标准流程 • 业务流程适配差距及需求 • 业务单元业务场景清单 • 视角清单 • 授权原则	• 业务单元流程适配方案 • 业务单元流程视图 • 业务单元定制化流程文件

六、方法步骤

业务流程适配服务过程一般包括如下步骤：

步骤1：收集梳理业务流程适配的需求，梳理业务场景

业务流程适配的需求一般来自两个方面：外部的客户需求和内部业务单元的需求。外部客户流程适配需求带来的是直接价值收益，内部业务单元的需求主要是由于区域的业务模式或者是外部市场不同，导致标准流程在区域一线执行困难或者效率不高。内部业务单元的需求还有一部分是来自职能管理的管控需求，例如，财经、人力这些政策流程在区域的执行。职能流程适配需求的实现大多和业务组织授权及管控模型有关。不管是哪种需求，都需要细化和明确业务场景。

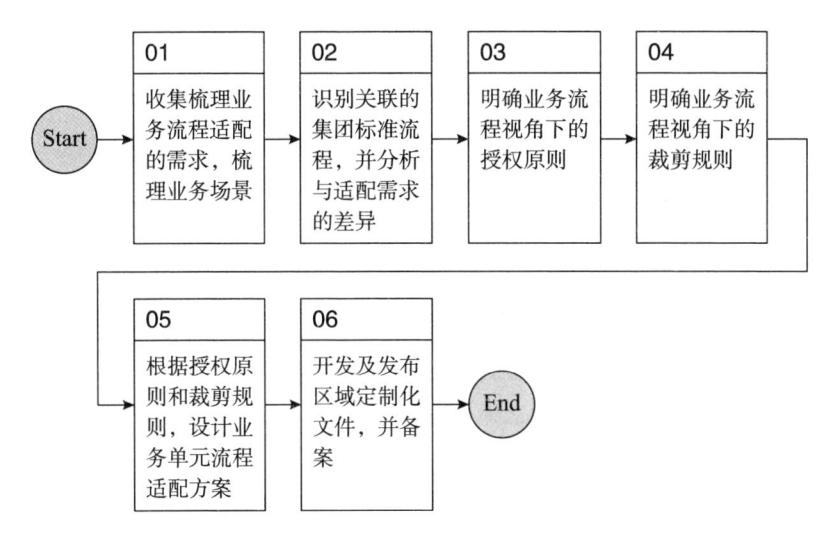

图 9-6 业务流程适配服务过程步骤

步骤 2：识别关联的集团标准流程，并分析与适配需求的差异

匹配流程裁剪需求涉及的标准流程，裁剪的需求流程可能是对于一个标准流程的需求，也可能是对于多个标准流程的集成，分析并确认区域业务场景和标准流程的差异。

步骤 3：明确业务流程视角下的授权原则

流程适配最主要的是授权表的梳理，在集团和区域的业务分工与协作过程中，需要明确业务的管控强度和管控内容，这些授权分工的前提是流程适配的前提。

步骤 4：明确业务流程视角下的裁剪规则

业务流程裁剪规则是在标准流程的基础上设置适配不同需求和场景的流程裁剪规则，可以大幅度提升业务适配效率。

步骤 5：根据授权原则和裁剪规则，设计业务单元流程适配方案

授权原则明确了管控策略和程度，裁剪规则明确了业务流程适配的基础，结合授权原则和适配原则，设计满足业务单元需求的适配流程方案，业务单元的流程适配方案的有效性需要经过总部和业务单元干系人评审才能生效。评审的内容关注于是否与标准流程冲突，是否可以实现业务单元定制化需求，是否可以实现业务单元的流程目标等。

步骤 6：开发及发布区域定制化文件，并备案

业务单元适配的流程方案需要以流程文件的方式呈现，文件经过受控流程发布后，需要在相关部门备案，此流程文件适用于业务单元的定制化需求。

七、技术工具

流程资产名称	业务流程适配服务（Business Process Adaptation Solution，BPA）
技术工具	■干系人管理　■情景分析法　■业务流程分析 ■集成验证工具　■业务规则建模等

9.6 业务流程绩效评估服务

一、定义

流程资产名称	业务流程绩效评估服务（Process Performance Appraisal Solution，PPA）
流程资产定义	业务流程绩效评估是依据组织设置的流程目标进行监控、分析和评价的过程，目的是消除业务流程绩效的现在状态和目标状态之间的绩效差距。

业务流程绩效评估是以系统、科学的方法和全面系统的视角审视业务环境，识别组织中影响结果产生的所有子系统。业务流程绩效的分析，聚焦于业务过程的分析，确保组织的客户能从流程中获取价值。

二、解释

（一）业务流程绩效表现是组织系统多因素相互作用的结果

组织绩效是为实现具体、清晰的组织目标，绩效的结果是通过相互依存的业务元素通过组合排序产生的效果的情况。所以，业务绩效问题，不管是个人岗位绩效，还是流程绩效，都必须从组织环境的视角来看。业务

流程绩效分析就是找到影响个人绩效和组织结果绩效的变量。即使组织单元从外部来看有很大的不同，但各自内部却有着相同的构造。组织是流程系统组成的，岗位或角色是为了支撑组织的流程而存在的，业务绩效分析评估通过对流程系统的结构化分解，识别流程之间的关系和流程内部元素的关系来从根本上改善流程绩效表现。

（二）业务流程绩效的有效性取决于业务目标的设置

业务流程绩效体现在流程目标的设计、分析和应用上。流程目标的测评指标必须按客户和组织的需求来设定。按照客户和组织需求设计的流程测评指标的监控才是有意义的，否则就偏离了组织目标和客户要求的流程目标。业务流程绩效的分析和评估通常对企业数据提取、数据加工、数据质量等提出了要求，所以通常流程绩效对企业数据管理提出了要求。

（三）业务流程绩效评估的目的是关注业务改进

业务流程绩效评估的目的是，通过分析业务绩效结果与目标的差距，找到影响因素，并对影响因素进行管理，从根本上解决此类业务流程绩效问题。这种根本性的解决方法就是聚焦于业务过程的分析和优化，提升组织业务能力，确保组织的客户能从流程中获取价值。业务改进的方式可以通过设计、开发和实施业务改进项目来完成。对业务流程的优化可以改进流程绩效的设计，流程绩效指标的结果又可以优化业务流程，这个双向反馈机制可以保证业务流程从绩效指标度量上实现持续改进。

三、分类

流程资产名称	业务流程绩效评估服务（Process Performance Appraisal Solution，PPA）	
层级分类	☐要素级组件资产 ☐流程级组件资产 ☐企业级组件资产	☐要素级解决方案服务 ☑流程级解决方案服务 ☐企业级解决方案服务
目的分类	☑绩效类流程资产　　☐风险类流程资产	

四、适用场景

流程资产名称	业务流程绩效评估服务（Process Performance Appraisal Solution，PPA）
适用对象	☑业务流程 owner　☑流程执行人　☑相关管理部门
适用场景阶段	☑业务规划阶段　☑业务设计阶段　☑业务实施阶段 ☑业务评估阶段

（一）查找并定位影响组织目标达成的关键因素

管理者利用业务流程衡量指标来跟踪流程绩效，查找绩效不佳的原因，并推动部门的业绩改善工作。针对已经发生的业务绩效不佳的情况，可以在业务度量与改进过程中定位原因，输出流程绩效诊断报告，形成改进建议和可跟踪的措施，督促业务持续改进。

（二）支持流程绩效驱动的决策与运营

通过分析、评估业务流程绩效，例如流程效率分析、产品开发项目分析、销售交付项目分析等，为业务洞察提供输入，及时发出预警，包括问题智能诊断、解决方案推荐、智能决策等，实现流程绩效驱动的决策与运营。

（三）业务改进和变革输入与评估

管理者利用流程衡量指标，将自己的绩效与行业基准、业界最佳绩效及客户需求进行比较，并设定绩效目标。通过对比标杆与分析和监督指标执行效果，分析业务过程，识别可改进的业务机会点，启动可优化的项目。通过各种变革项目和流程优化项目，不断持续优化企业目标，进而提升企业整体能力水平。项目是为了解决业务问题而成立，项目实施最终落地到业务流程上。从项目中识别相关流程，通过评估流程效果来度量项目效果。

五、组件制品与输入输出

流程资产名称	业务流程绩效评估服务（Process Performance Appraisal Solution，PPA）
制品组件	■业务流程　■流程目标 ■角色清单　■业务场景清单

输入	输出
• 业务需求 • 业务实际运作 • 业务流程绩效指标	• 业务流程实际绩效 • 业务绩效改进建议

六、方法步骤

业务流程绩效评估服务过程一般包括如下步骤：

```
Start → 01 下达流程绩效目标计划 → 02 确认流程绩效当前状态和目标之间的差距 → 03 实施诊断，分析造成流程绩效差距的原因 → 04 制定流程绩效改进措施，实施流程绩效改进 → 05 评估流程绩效改进结果 → End
```

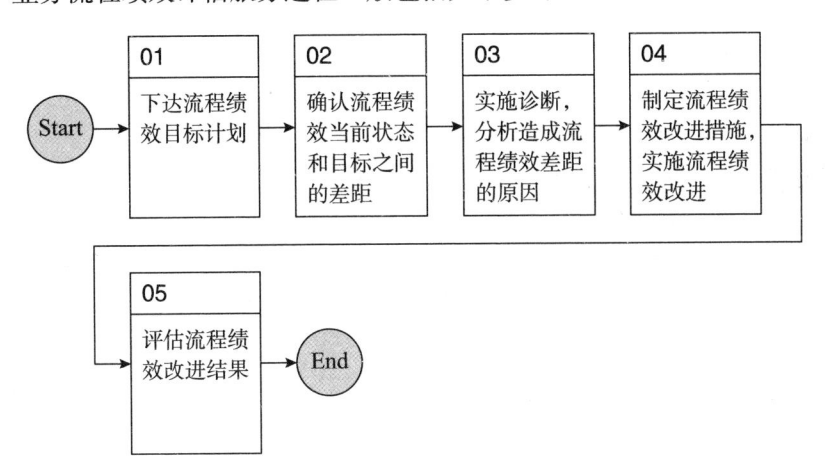

图 9-7　业务流程绩效评估服务过程步骤

步骤1：下达流程绩效目标计划

流程绩效目标计划是组织计划的一部分。设定流程绩效的目标时，我们需要和流程绩效的执行者进行沟通。业务流程绩效目标应与客户需求、业务目标和主流程目标相一致，目标系统各元素彼此间纵向和横向相一致。业务流程绩效计划设定了组织的期望，明确了所需资源和为了实现这样的业务绩效目标的计划及其运作。

步骤2：确认流程绩效当前状态和目标之间的差距

通过比较业务流程绩效执行的表现（当前状态）和业务流程绩效的目标（目标状态）的差距来实施业务流程绩效目标监控。分析业务流程执行结果的表现，确认是否满足组织目标的预期，如果在执行过程中出现偏差，就需要做应对和纠偏工作。

步骤3：实施诊断，分析造成流程绩效差距的原因

业务结果必定和业务过程相关联。通过系统化的分析，识别影响业务流程绩效达成的关键因素和问题。所有业务因素和问题都受到组织业务流程的影响，根据关键因素或者问题定位到相关的业务流程，甚至是业务流程上的关键岗位，这个过程的分析可以实现从组织的关键业务问题、关键流程问题和关键活动的岗位问题来逐层分析影响流程绩效的变量。在分析定位的过程中，可以采取组织目标、客户目标、流程绩效目标的一致性分析，主流程目标和支撑流程目标的一致性分析，流程绩效目标和岗位目标的一致性分析技术来确认。

步骤4：制定流程绩效改进措施，实施流程绩效改进

为了消除业务流程绩效达成的障碍，保证业务流程绩效目标的达成，需要制定流程绩效改进措施，实施流程改进。这个过程包括再次确认流程绩效期望的目标，明确达成流程绩效目标的关键因素，开展设计、开发和实施流程改进措施等工作。

步骤5：评估流程绩效改进结果

评估流程绩效改进结果的基本原则是，流程绩效表现是否满足组织和外部客户的期望和需求，是否满足企业内部客户的期望和需求。

七、技术工具

流程资产名称	业务流程绩效评估服务（Process Performance Appraisal Solution，PPA）
技术工具	■数据建模　■报表技术　■标杆分析　■业务流程分析 ■根因分析　■定量评估与定性评估等

9.7 客户声音收集服务

一、定义

流程资产名称	客户声音收集服务（Voice of Customer Solution，VOC）
流程资产定义	客户声音收集是通过收集、确认客户对产品和服务的评价信息来分析业务流程是否满足客户目标和洞察客户未来需求的方法。

业务流程的目的是满足组织目标和客户目标，因此流程的客户声音收集对于流程评估就显得至关重要。

通常的流程评估关注企业内部业务流程运作的效率和效果，这些评价结果都是来自企业内部的评估。一方面，业务流程最终客户是外部客户，外部客户的评价相比较于内部客户的评价更真实、更客观；另一方面，随着市场环境的变化，客户的需求也随之变化，客户满意度的评价可以洞察客户需求，为业务目标调整输入依据。所以，评估客户满意度既可以了解客户对历史交易的产品、服务、品牌形象的评价，也可以了解客户对未来公司的需求。

二、解释

（一）客户声音信息收集不仅要关注组织交付结果信息，也要关注交付过程信息

客户信息收集一般包括产品质量、产品价格、产品功能、客户体验、售后服务、品牌形象等结果类的信息，同时在收集过程中还要引导客户反馈过程信息，这些过程信息是构成结果信息的重要内容。反馈和分析过程信息有助于结果信息的问题定位，了解客户真实需求，进而有针对性地改进。过程信息收集除引导客户反馈外，还可以从企业内部直接分析获取。

（二）客户声音收集的信息可以是定量的，也可以是定性的

客户满意度评估的信息收集方式具有多样性。例如，给客户发送满意度

调查问卷、电话回访、日常工作中记录的和客户沟通的信息，等等。如果是发送问卷、调研或者是走访类的信息收集方式，在信息收集过程中注意定量和定性问题的结合，有助于后期结构化的整合、分析和汇总问题，为信息反馈的有效性提供保证。

（三）客户的日常沟通和客户投诉信息的重要性

客户的日常沟通包括售前、售中和售后等环节。这些环节如实地记录了客户的关注点、建议等信息。如果企业有信息系统支撑记录这些信息，可以十分方便地提取这些有价值的信息作为输入分析。另一个重要的输入信息是客户投诉，客户投诉信息记录了客户的不满与抱怨，详细记录了客户投诉的内容和解决过程，可以作为后期业务分析改进的输入。

三、分类

流程资产名称	客户声音收集服务（Voice of Customer Solution，VOC）	
层级分类	☐要素级组件资产 ☐流程级组件资产 ☐企业级组件资产	☐要素级解决方案服务 ☑流程级解决方案服务 ☐企业级解决方案服务
目的分类	☑绩效类流程资产　　☐风险类流程资产	

四、适用场景

流程资产名称	客户声音收集服务（Voice of Customer Solution，VOC）
适用对象	☑业务流程 owner　☑流程执行人　☑相关管理部门
适用场景阶段	☐业务规划阶段　☐业务设计阶段　☐业务实施阶段 ☑业务评估阶段

（一）了解客户对公司产品和服务流程的真实想法

客户和市场是公司产品和服务的试金石。通过收集客户的评价信息，客观、真实地了解产品和服务在交付过程和结果中的实际状态，如交付效率、产品质量、售后服务、投诉处理等，通过客户反馈的评估结果，有针对性地进行改进，进而提升客户满意度。

（二）收集客户对公司产品和服务的未来需求

业务环境在不断地发生变化，客户需求也随之不断地发生变化。组织如果能够在同客户的沟通中提前洞察客户需求，这将会给企业带来比其他竞争者更大的优势。这些需求可能是行业竞争的关键成功因素，也可以是公司差异化策略选择的重点。

五、组件制品与输入输出

流程资产名称	客户声音收集服务（Voice of Customer Solution，VOC）
制品组件	■流程绩效目标　■业务流程
输入	输出
• 流程文件 • 客户投诉 • 客户沟通记录 • 客户满意度评估计划	• 客户满意度评估结果 • 业务流程改进措施

六、方法步骤

客户声音收集服务过程一般包括如下步骤：

步骤1：制订客户声音收集计划

企业应该建立客户声音收集的不同颗粒度和类型的计划，例如按照时间维度的年度、季度，按照产品或者项目维度的评估计划，保证可以从不同方面收集到客户声音。客户声音收集计划需要明确评估目的、评估时间、客户的范围、信息收集的方式等内容。

步骤2：收集客户声音信息

客户满意度评估的信息收集方式具有多样性。例如，给客户发放满意度调查问卷、电话回访、日常工作中记录的和客户沟通的信息记录等，重点客户可以采用走访面谈的方式收集对产品和服务的全面的评价信息，企业可以根据评估目的和成本来选择合适的信息收集方式。

```
Start → 01 制订客户声音收集计划 → 02 收集客户声音信息 → 03 结构化分析客户反馈信息 → 04 实施客户满意度评估 → 05 发布客户满意度评估报告，并确认改进措施 → End
```

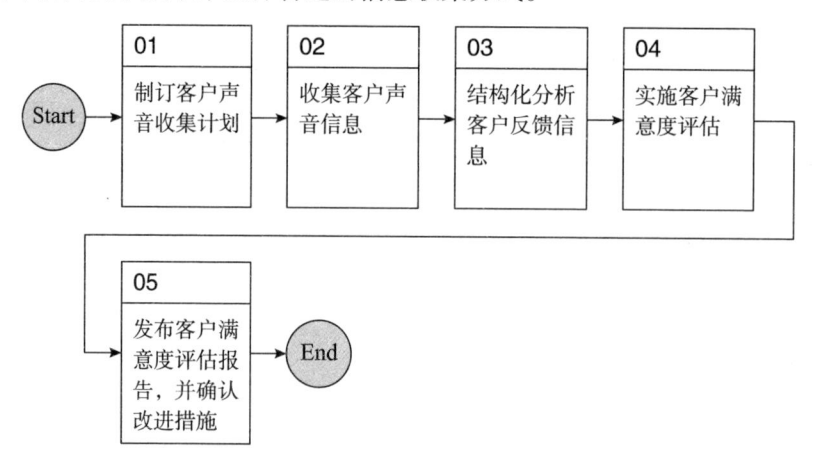

图 9-8 客户声音收集服务过程步骤

客户投诉信息和客户日常沟通记录是客户信息收集非常重要的来源，而且这些信息是真实发生过的，对分析客户满意度有借鉴意义。

步骤 3：结构化分析客户反馈信息

不管是何种渠道收集的客户信息，都需要对其进行汇总和分析，有必要的话可以建立客户信息数据库，结合客户信息的历史趋势分析会更有效。由于收集客户信息的渠道和方式不同，客户反馈的信息的真实性和有效性是有区别的，在这个过程中需要结合评估目对信息进行一定的过滤和加工，才可以进入下一个正式评估环节。

步骤 4：实施客户满意度评估

在按照优先级对信息进行评估后，组织业务 owner 和业务干系人对已收集的客户反馈信息进行评估和确认。有时候，评估和确认是一个反复的过程，需要经过多轮讨论才会有结果。

步骤 5：发布客户满意度评估报告，并确认改进措施

正式发布客户满意度评估报告。客户满意度评估最终确认的结果作为流程改进的输入，以流程优化项目的方式实施改进。改进目标可以是业务目标的提升，也可以是产品质量的提升，根据不同的需求纳入不同的业务流程

owner 的改进任务中。

七、技术工具

流程资产名称	客户声音收集服务（Voice of Customer Solution，VOC）
技术工具	■调研　■访谈　■数据分析　■数据挖掘　■数据建模 ■客户需求管理 $APPEALS 等

9.8　业务流程遵从性评估服务

一、定义

流程资产名称	业务流程遵从性评估服务（Business Process Compliance Test Solution，CT）
流程资产定义	业务流程遵从性评估是针对流程设计的 KCP 进行评估。从风险和合规的角度关注业务执行的遵从度，评估流程实际运行与相关文件的符合程度，确定流程执行的有效性及合规性，促进流程规范化全面达标和有效执行。

"遵从性评估"意在遵从，简言之"做到你所说的"，又重在评估，即"记录你实际是如何做的"。业务流程遵从性评估的目的是评估常态运行下的每一条核心流程，评估每个角色在每天每次的业务执行过程中与流程要求之间的容忍偏差，并基于此偏差，给出应有的整改或优化建议。

二、解释

（一）流程遵从性评估是一种内控自评活动

流程遵从性评估是针对流程设计的 KCP 进行评估，企业可以按照定期的频率开展，主要是流程负责人自行评估所管理的业务流程是否按照公司规定的流程要求在运行，检查标准是企业已经发布的流程文件和相关制度。流程遵从性检查可以通过年度流程检查计划、上年度整改计划或者是业务临时问题来触发检查需求，以计划和定期检查为主，以临时检查为辅。在流程执行检查过程中，确认是否按照系统要求和流程文件要求执行，针对不合规项，给出执行整改或流程优化建议。评估的结果主要体现在执行的合规率和整改按时关闭率两项内容。

（二）流程遵从度评估与流程设计强相关

流程遵从度评估既能强化"按流程办事"的意识，又能将"如何按流程办得更好"进行进一步的细化，不断改变、不断验证效果，从而达到提升流程成熟度的效果。流程遵行性评估最基本的是按照流程文件的标准执行检查，所以流程文件的设计质量决定了检查结果。当然，流程设计质量可以通过流程遵从性检查来改进，两方面相互促进。

（三）流程遵从度评估内容与方式

流程遵从度评估内容主要以流程设计时确认的KCP为检查项，同时建议覆盖如下内容：需求发起活动、流程中异常频发区域、流程中的外部客户接触活动，同时也可以复查上轮次整改完成的活动。如果该流程作为重要的关键流程，也可选择流程的全部活动进行检查。遵从度评估方式可以多样化，例如，检查流程相关文件和相关记录、实地观察取证、观看实际运行过程，同时做好观察记录、上下游访谈、数据分析等，也可以利用研讨会形式经过充分的讨论与沟通来了解流程现状。

三、分类

流程资产名称	业务流程遵从性评估服务（Business Process Compliance Test Solution，CT）	
层级分类	☐要素级组件资产 ☐流程级组件资产 ☐企业级组件资产	☐要素级解决方案服务 ☑流程级解决方案服务 ☐企业级解决方案服务
目的分类	☐绩效类流程资产　☑风险类流程资产	

四、适用场景

流程资产名称	业务流程遵从性评估服务（Business Process Compliance Test Solution，CT）
适用对象	☑业务流程 owner　☑流程执行人　☑相关管理部门
适用场景阶段	□业务规划阶段　□业务设计阶段　□业务实施阶段 ☑业务评估阶段

（一）评估流程规范化水平和执行情况

通过在业务流程中设置关键控制点来管理风险，将关键风险点嵌入业务设计、业务执行和业务监控中。流程负责人基于 KCP 检查流程的执行遵从度，建立流程检查机制，定期评估业务执行与业务设计的差异，并根据业务流程规范化水平和执行情况制定相应的措施，促进流程规范化全面达标和有效执行。

（二）促进流程在设计缺陷上的优化

业务是根据内外部环境实时动态变化的，风险点的影响也随着环境变化发生变化。我们可以通过例行的流程遵从性检查的结果，诊断出关键流程设计的薄弱环节。这些薄弱环节会给财务、业务运营等带来风险。如何消除这些有风险的薄弱业务环节，可以通过优化流程来实现。通过业务流程设计的优化，降低在业务环境下的流程风险。

（三）实现业务流程内控与风险有效结合

成熟的组织内控管理一般是和业务流程结合在一起实施的，流程内控原则应是协助管理者识别及改进已经出现的或者潜在的风险，保证企业在正确的轨道运行，流程遵从性评估实现了流程风险监控的例行化。KCP 具有动态性，经过一段时间的例行检查和改进控制后，业务风险有可能会降低，可以不再作为 KCP 管控，所以流程遵行性评估将风险点的动态变化联系起来，保证业务风险控制的有效性。流程内控不是一成不变的，风险控制也不可能面面俱到，所以在业务方面我们要有相应的灵活性。

五、组件制品与输入输出

流程资产名称	业务流程遵从性评估服务（Business Process Compliance Test Solution，CT）
制品组件	■业务流程关键控制点　■流程绩效目标　■流程文件

输入	输出
• 流程目标 • 制度文件 • 检查标准和程序	• 流程执行检查结果 • 流程优化意见

六、方法步骤

业务流程遵从性评估服务过程一般包括如下步骤：

```
Start → 01 确认测试策略，启动流程遵从性测试 → 02 业务组织实施流程遵从性测试 → 03 发布流程遵从性测试报告 → 04 提交整改方案，并跟进整改进度
                                                                                                                        ↓
                                                        05 启动审视优化关键风险点工作 → End
```

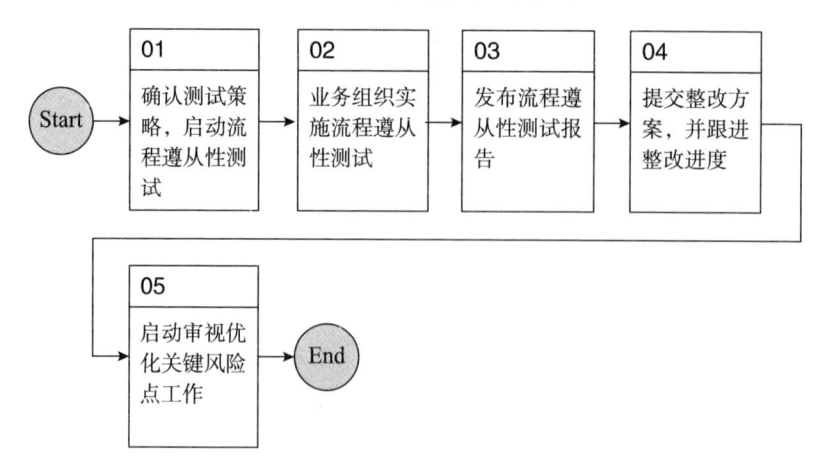

图9-9　业务流程遵从性评估服务过程步骤

步骤1：确认测试策略，启动流程遵从性测试

收集确认业务痛点和风险点，确认目标流程。选取一定样本量的目标业务流程，样本量的选择及数量由流程owner决定。遵从性评估启动准备工作包括：遵从性评估内容、测试方式、测试范围、分工及工作计划等，并需要

和干系人对遵从性评估工作内容达成共识，最终由相应的流程 owner 审核并发布。

步骤 2：业务组织实施流程遵从性测试

评估过程由各业务领域负责人根据设置的检查程序对 KCP 点或者其他关注点主导开展抽查检查活动，流程执行人需要配合测试人进行流程检查。在测试过程中我们可以结合多种检查方式，验证流程执行的结果。通常遵从性评估结果分为两类：合规、不合规。不合规项又分为：执行不符合项、文件设计缺陷项。在测试过程中，测试人及时记录测试过程中的合规项和不合规项，客观地记录测试结果。

步骤 3：发布流程遵从性测试报告

测试人整合工作底稿，拟订测试报告，下达整改指令，并正式发布遵从性评估报告。

步骤 4：提交整改方案，并跟进整改进度

针对需要整改的情况，流程 owner 拟订整改方案和整改措施，对于流程文件设计缺陷问题，修订流程文件，整改方案和措施需要在计划内完成，并作为下次流程遵从度检查的复查内容。

步骤 5：启动审视优化关键风险点工作

由于组织目标和业务环境不断地发生变化，流程关键控制点的风险概率和影响程度也在发生变化。所以，要对关键风险点实施定期的检查和评估，满足经营管理要求和外部合规要求，实现风险管理的动态维护。

七、技术工具

流程资产名称	业务流程遵从性评估服务（Business Process Compliance Test Solution，CT）
技术工具	■审计　■观察　■检查表　■访谈　■走读 ■定量评估与定性评估等

9.9 业务流程审计服务

一、定义

流程资产名称	业务流程审计服务（Business Process Audit Solution，PA）
流程资产定义	业务流程审计是由企业内部第三方发起的对流程目标的达成情况和执行过程中的风险进行检查，并据此提出整改意见，帮助业务实施持续改进的方法。

业务流程审计的对象是"业务流程"，要求按照业务流程环节执行顺序开展审计实施工作，由于业务流程通常是跨部门的，所以流程环节审计就是对其各业务部门或者岗位来开展实施工作，这个过程涉及多个部门和人员。企业内部的第三方管理部门是区别于业务部门的，它可以是统一的流程管理部门、组织的审计部门，也可以是其他有职责要求的检查部门。

二、解释

（一）业务流程审计可以分为例行审计和专项审计

例行审计是根据审计部门规划对业务部门进行常规的审计，包括对业务效率、业务效果、业务风险、业务合规等内容的审计。专项审计是指针对某一特殊目的而发起的审计，例如某项业务发生重大不合规或者缺陷，针对流程管理体系的审计也可以纳入专项审计的范围。

（二）业务流程审计是由企业内部第三方发起的业务检查

业务流程审计是由独立的第三方发起的，可以保证对流程审计结果的公平性和公正性。第三方通过流程审计、流程调查的方式监控流程的执行，强化流程的执行力，督促流程 owner 和流程执行人严格按照流程操作。由于是第三方发起流程审计，其并不在流程执行的过程中，所以在执行审计过程中需要花费大量的精力去熟悉流程，成本较高。

三、分类

流程资产名称	业务流程审计服务（Business Process Audit Solution，PA）	
层级分类	☐要素级组件资产 ☐流程级组件资产 ☐企业级组件资产	☐要素级解决方案服务 ☑流程级解决方案服务 ☐企业级解决方案服务
目的分类	☐绩效类流程资产　　☑风险类流程资产	

四、适用场景

流程资产名称	业务流程审计服务（Business Process Audit Solution，PA）
适用对象	☐业务流程 owner　　☐流程执行人　　☑相关管理部门
适用场景阶段	☐业务规划阶段　　☐业务设计阶段　　☐业务实施阶段 ☑业务评估阶段

（一）业务流程审计关注跨部门端到端的流程检查

在日常的流程检查中，流程 owner 大多是负责检查流程的有效性，对于跨部门之间的流程断点没有动力去解决，而这部分恰恰是最容易发生业务问题的地方。流程审计可以聚焦关注流程接口的空白地带，覆盖业务 owner 在日常的流程检查中没有涉及的部分，例如从营销到销售的接口、从销售到供应链交付的接口。企业在流程审计实施的目的、频次和范围上应该和业务部门自身的流程检查有所区别。

（二）业务流程体系全面检查

通过运用系统的管理方法，企业建立起与战略相一致的流程管理体系，希望通过流程管理体系的有效运作保证战略目标的实现。那么，如何评价流程体系的有效性？业务流程审计可以提供多方位的、全面的检查方法来评估其有效性。

（三）业务流程审计是由业务调查的方式驱动

有时候出现重大的业务问题或者是业务调查，业务流程审计是一个很重要的辅助手段。我们可以通过检查流程各个环节发现业务存在的问题和原因。

五、组件制品与输入输出

流程资产名称	业务流程审计服务（Business Process Audit Solution，PA）
制品组件	■业务流程关键控制点　■流程绩效目标　■流程文件

输入	输出
• 公司经营目标 • 流程目标 • 流程制度 • 客户合同 • 相关标准 • 检查标准和程序 • 业务问题	• 流程审计结果 • 流程优化意见

六、方法步骤

业务流程审计服务过程一般包括如下步骤：

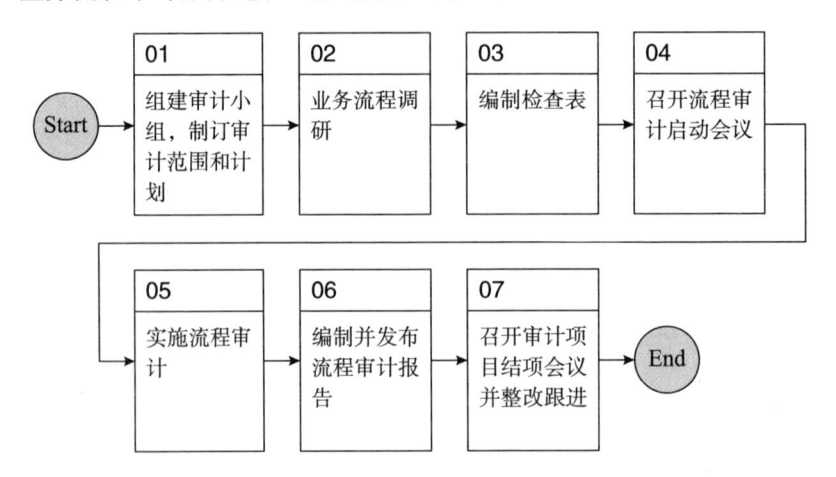

图 9-10　业务流程审计服务过程步骤

步骤 1：组建审计小组，制订审计范围和计划

明确审计目的、依据、对象和计划时间。审计目的可以是例行业务检查，也可以是某项业务问题专项检查，审计依据包括组织经营目标、制度流程、相关标准、流程目标、客户合同、系统交易记录等。在这个过程中还需要组建审计小组。审计小组成员包括流程管理专业人员和业务领域专业人员。根据流程审计的目的，确认流程审计范围，包括业务流程确认及其范围确认。业务流程确认是指具体审计的哪一项业务，业务流程范围可以是产品范围、区域范围、业务单元范围等。

步骤 2：业务流程调研

业务部门和流程管理部门配合提供流程制度等检查资料。初步调研可以通过资料研读、简单研讨、问卷调研等形式收集流程目标、风险和相关的问题。

步骤 3：编制检查表

根据流程审计的目的、流程绩效目标和合规目标，结合初步调研的情况，设计流程审计检查表。检查表的内容包括业务流程效果、效率、合规、风险等。

步骤 4：召开流程审计启动会议

制订流程审计实施计划，并准备好审计实施资源。审计实施计划包括审计实施的具体时间、审计参与人员、审计顺序等。审视实施以审计启动会议为标志，确保得到业务干系人的支持。

步骤 5：实施流程审计

按照计划和审计顺序实施审计，审计过程可以采取多种方式，仔细记录审计过程中发现的问题。

步骤 6：编制并发布流程审计报告

在审计完成之后，审计项目组内部对发现的问题进行分析总结，有需要的情况下可以和业务部门再次确认澄清。流程审计项目组长负责汇总各小组成员发现的问题，并负责最后的保证流程审计报告的输出与发布。

步骤 7：召开审计项目结项会议并整改跟进

邀请业务流程 owner、业务关系人、公司高层领导参加流程审计结项会议。结项会议主要对审计项目做简单的介绍，重点确认审计发现的问题和整改要求，并确认整改责任人。在流程审计项目结项后，流程审计小组需要对不合格的整改项目进行跟踪，并纳入下次流程审计范围。

七、技术工具

流程资产名称	业务流程审计服务（Business Process Audit Solution，PA）
技术工具	■审计　■观察　■检查表　■访谈　■走读　■数据分析等

第 10 章 企业级解决方案服务

输入　　　　　　　　　　　　　　　　　　　　　　　　　输出

- 战略目标规划
- 业务目标规划
- 财务目标规划
- 商业模式及价值流
- 组织架构及职责说明
- 信息系统功能及流程

业务能力管理服务

- 业务能力差距
- 业务能力发展规划
- 业务能力热点图

- 战略目标规划
- 业务目标规划
- 财务目标规划
- 业务需求
- 变革主张

业务变革规划服务

- 变革举措清单
- 变革项目实施整体计划
- 变革项目实施路线
- 变革项目清单

- 项目目标
- 项目章程
- 变革举措清单

业务变革项目实施服务

- 变革项目管理里程碑计划
- 变革项目范围
- 变革项目解决方案
- 流程文件清单及流程图
- IT系统

- 战略目标规划
- 业务变革规划
- 业务变革策略
- 变革管控团队

业务变革组合管理服务

- 变革项目概念论证
- 变革项目章程
- 变革项目立项书
- 变革项目实施路径
- 变革项目管理计划
- 变革项目愿景与目标
- 变革项目蓝图
- 变革项目管理组织
- 变革项目管理架构
- 变革项目收益计划
- 变革项目管控方法
- 变革项目治理意见

- 业务战略
- 业务目标
- 业务需求与问题

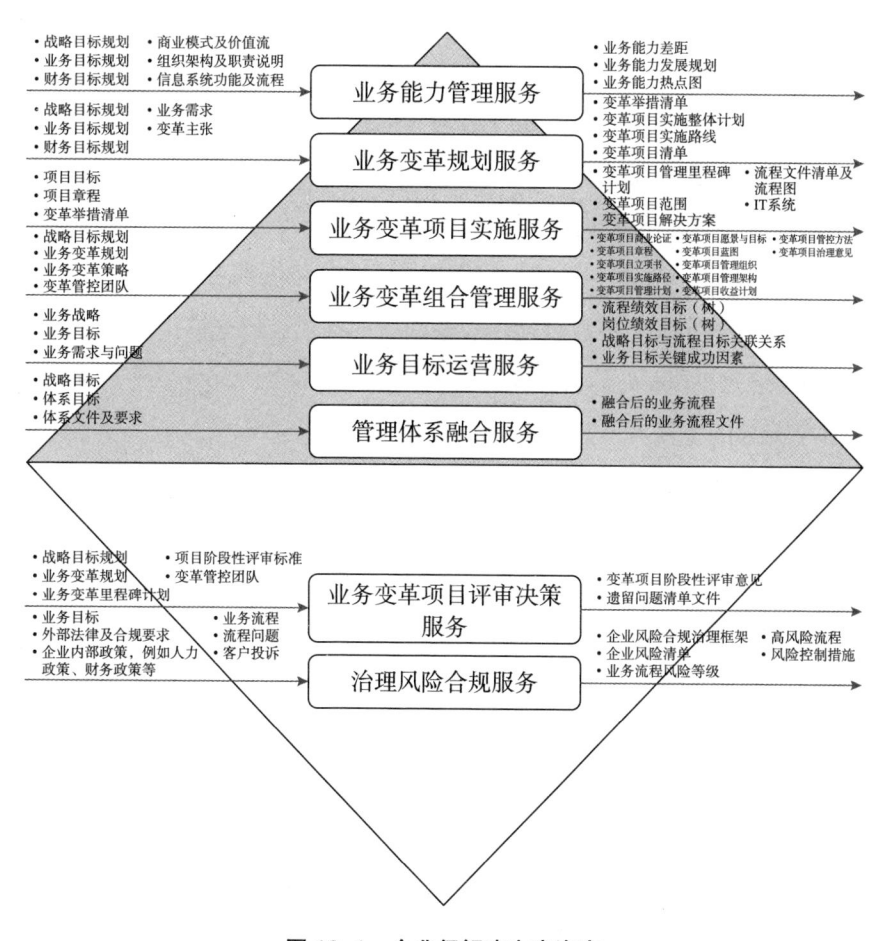

业务目标运营服务

- 流程绩效目标（树）
- 岗位绩效目标（树）
- 战略目标与流程目标关联关系
- 业务目标关键成功因素

- 战略目标
- 体系目标
- 体系文件及要求

管理体系融合服务

- 融合后的业务流程
- 融合后的业务流程文件

- 战略目标规划
- 业务变革规划
- 业务变革里程碑计划
- 项目阶段性评审标准
- 变革管控团队

业务变革项目评审决策服务

- 变革项目阶段性评审意见
- 遗留问题清单文件

- 业务目标
- 外部法律及合规要求
- 企业内部政策，例如人力政策、财务政策等
- 业务流程
- 流程问题
- 客户投诉

治理风险合规服务

- 企业风险合规治理框架
- 企业风险清单
- 业务流程风险等级
- 高风险流程
- 风险控制措施

图 10-1　企业级解决方案资产

10.1 业务能力管理服务

一、定义

流程资产名称	业务能力管理服务（Business Capability Management Solution，BCM）
流程资产定义	业务能力是组织为了实现特定的目的或结果而有可能拥有或交换的特定能力。业务能力涉及支持业务目标和任务实现所需要执行的业务活动。

业务能力是企业运作中需要的所有能力。为了实现既定的组织目标，组织需要执行一个或者多个业务流程或者业务动作。业务能力描述了企业是否能很好地执行业务活动，关注业务活动如何达到业务目标的过程。为了达成业务目标，业务能力是企业目前已经存在的能力或者是未来为了实现新的战略方向和目标所需要的能力。

业务能力是为实现特定的目的或者结果而有可能拥有（possess）或交换（exchange）的特定能力或者产能。业务能力的描述类似这样："希望拥有/建立/更新/强化做××的能力，从而达到××的目标"，×× 通常业务能力描述包括如下元素的定义：

- 业务主体：业务主体是指拥有或者希望拥有业务能力的组织或者业务单元。
- 业务目标：业务目标是从组织或者业务单元的角度出发，希望通过业务能力获取达成相应的战略计划和业务计划。
- 业务活动：业务活动展示已拥有的业务能力，业务主体执行的动作和行为，是业务能力的体现。有了业务能力不一定马上就要执行业务活动，但业务能力需要在业务活动中才能验证。

依据如上业务能力元素的定义，业务能力描述示例如下：

集团总部希望拥有在审视运营商 BG 订单细节时可以看到多个产品线的销售活动的属性的能力，从而达到调节这些订单的信用额度。

二、解释

（一）业务能力可以通过自我学习获得，也可以通过外界交换获得

我们可以通过企业内部研究、学习、改进获得业务能力。业务能力的表现是业务日常正常运营的过程。企业除了通过自我学习获取业务能力之外，也可以通过外界交换来获取，例如，企业希望增加目标市场客户，可以通过投资并购的方式获取相应的业务能力。

（二）业务能力表现形式多样

业务能力包含在企业运作的过程中，体现企业提供的产品和服务、业务流程运作、支持的功能等，这些业务能力通常固化在流程、政策、组织、人和信息系统中。业务流程和信息系统通常是业务行为的载体，是业务能力的直接表现。组织结构的设置通常和业务能力紧密结合，一个常见的错误是将组织单元分解为业务能力。企业业务流程表现能力、信息系统服务和监控能力、组织的运作效率等都可以从不同方面反映出业务能力的高低。

（三）企业为了达到既定的业务目标需要一种或者多种能力的组合才能完成

业务能力是企业通过流程、政策、组织、人和信息系统的运作得以体现的。在这个运作过程中，简单的场景只需要执行单一的业务活动即可，复杂的场景需要多个业务单元、多个业务流程来实现，在此过程中，业务能力依据业务目标的复杂度，通过对多个流程、组织、人、信息系统的调用来实现业务能力的组合，最终达成业务目的。例如，某企业的总体业务目标：在未来两年服务运营商软件收入提高40%；子业务目标是通过技术创新实现软件收入提高10%；通过售后服务实现软件收入提高30%。总体业务能力和子业务能力示例如下：

总体业务能力描述：某企业希望通过更新软件服务报价的能力，从而达

到未来两年服务运营商软件收入提高 40% 的目标。

子业务能力 1 描述：通过提升相同交易中的软件服务水平，加强在相同交易中软件服务的能力；

子业务能力 2 描述：通过分析产品销售活动的规模，加强销售的客户信息管理能力。

通过这个示例我们发现，只有将"加强在相同交易中软件服务的能力"和"加强销售的客户信息管理的能力"进行组合，才能实现总体业务能力"更新软件服务报价的能力"，最终达成业务总体目标。

（四）业务能力表达的是在企业中的高阶流程

业务能力细节可以由其影响的流程来支撑，这些支撑业务能力的流程可以是和企业其他业务能力共有的流程，也可以是此项业务能力独有的流程。业务能力要求的是，企业为了达到目标而需要的业务行为，注重于宽度；业务流程是企业执行事务的过程，注重于深度。当寻找创新的解决方案，使用已有的能力或者未来需要的能力产出企业需要的绩效时，建议使用关于能力的观点，一般这个时候需要通过建立或者强化企业的高阶业务流程来实现；当需要通过寻找新的解决方案来改进已有的业务活动的绩效时，建议使用关于流程的观点，一般这个时候需要通过建立或者优化企业的低阶业务流程来实现。

三、分类

流程资产名称	业务能力管理服务（Business Capability Management Solution，BCM）	
层级分类	☐要素级组件资产 ☐流程级组件资产 ☐企业级组件资产	☐要素级解决方案服务 ☐流程级解决方案服务 ☑企业级解决方案服务
目的分类	☑绩效类流程资产　☐风险类流程资产	

四、适用场景

流程资产名称	业务能力管理服务（Business Capability Management Solution，BCM）
适用对象	☑业务流程 owner　☑流程执行人　☑相关管理部门
适用场景阶段	☑业务规划阶段　☑业务设计阶段　☑业务实施阶段 ☑业务评估阶段

（一）业务规划制定与决策、战略业务能力相关

业务能力匹配不同的业务目标，有助于业务管理者制定更好的决策。许多组织都在用能力管理企业的复杂业务。我们可以用已经发布的战略和业务计划来识别对该组织而言具有战略意义的业务能力。当通过聚焦战略能力提升或者改进来达成企业竞争力时，识别、跟踪和发展企业战略业务能力就很有必要。战略业务能力是那些提供独特的竞争优势并代表公司核心竞争力的基础，是可持续增长的基础。

（二）优化组织架构规划与业务能力紧密相关

组织结构的设置通常和业务能力紧密结合，它表现在业务能力执行和业务能力管理两个方面。一方面，业务能力是通过组织中的人员执行流程并分配资源来完成的，组织是业务能力的载体，可以通过新建组织或者变更组织职责来管理业务能力；另一方面，企业业务能力管理关注于在战略和业务目标的基础上识别和改进的循环，通常固化在组织、人员、业务流程、信息系统中，这是很多企业将流程、IT、质量、知识管理等关注于业务能力改进的业务单元作为运营部门统一管理的原因之一。

（三）业务变革和业务能力规划相捆绑

企业为了实现战略目标，需要寻求变革和突破自我业务的能力。当寻找带有创新性的解决方案时，通过分析业务能力差距，识别短板，成立变革项

目来提升企业能力。业务变革通常和业务能力的规划捆绑在一起，通过分析业务能力，识别业务能力的成熟度和紧迫性，从而决定业务变革或者改进项目的实施路径和优先等级。

（四）商业模式分解要素反映业务能力

商业模式反映企业如何盈利，通常体现在企业的业务价值流中。业务能力为企业商业模式打下基础。将核心的业务能力映射到企业商业模式的每个元素，包括企业的产品和服务的价值主张、市场、客户及客户关系、渠道、合作伙伴、投入资源、业务、财务和费用等，关注如上要素的业务流程、信息系统、组织人员等业务能力的建设和加强，可以确保企业活动和投资更加紧密地结合在一起，提升企业竞争力，并且更有针对性地支持总体愿景和战略。

五、组件制品与输入输出

流程资产名称	业务能力管理服务（Business Capability Management Solution，BCM）
制品组件	■业务目标　■流程绩效目标清单　■业务架构 ■流程清单　■业务流程图 ■角色清单及相关组织资产 ■业务活动及功能相关资产 ■输入输出及数据相关资产

输入	输出
• 战略目标规划 • 业务目标规划 • 财务目标规划 • 商业模式及价值流 • 组织架构及职责说明 • 信息系统功能及流程	• 业务能力差距 • 业务能力发展规划 • 业务能力热点图

六、方法步骤

业务能力管理服务过程一般包括如下步骤：

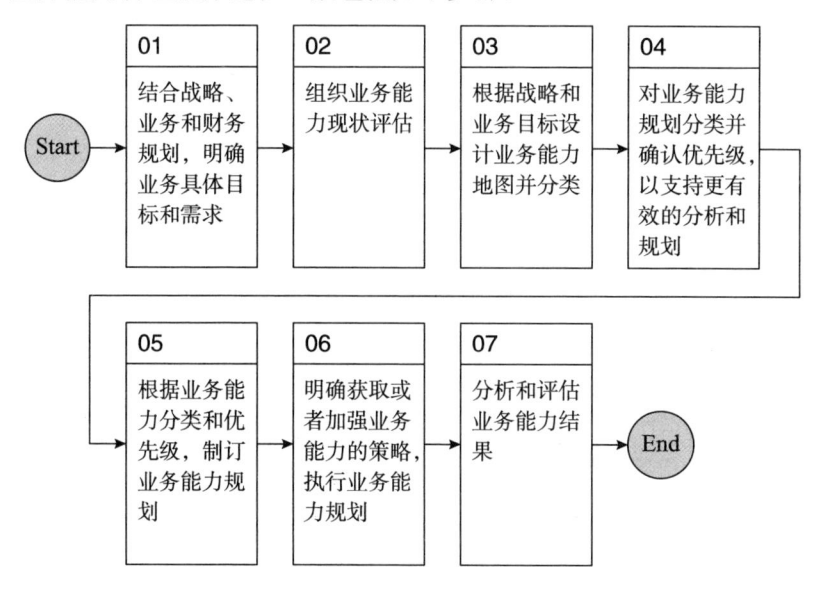

```
Start → 01 结合战略、业务和财务规划，明确业务具体目标和需求 → 02 组织业务能力现状评估 → 03 根据战略和业务目标设计业务能力地图并分类 → 04 对业务能力规划分类并确认优先级，以支持更有效的分析和规划

05 根据业务能力分类和优先级，制订业务能力规划 → 06 明确获取或者加强业务能力的策略，执行业务能力规划 → 07 分析和评估业务能力结果 → End
```

图 10-2　业务能力管理服务过程步骤

步骤 1：结合战略、业务和财务规划，明确业务的具体目标和需求

业务能力获得或者提升的驱动力是满足业务目标的达成，根据业务目标去确认所需要的业务能力。明确战略规划、业务规划和财务规划的目的是聚焦达成战略和业务目标的业务能力，关注于需要较大财务投入的业务能力。

步骤 2：组织业务能力现状评估

梳理企业已有业务能力整体业务现状，发现业务能力差距，包括企业级别能力差距和业务单元能力差距，并分解这些业务能力需要的组织、人员、业务流程、信息和资源，初步评估目标业务能力的现状、所需要的资源和财务投入。业务能力现状的评估可以通过多种方式进行，如解读组织制度、流程文件、访谈关键利益人、评估信息系统能力现状、识别组织产品和服务功能等。据上所述，在评估组织业务能力时可以参考如下的信息输入：

- 组织架构
- 业务模型

- 企业目前的战略规划、业务规划和财务规划
- 信息系统功能

步骤3：根据战略和业务目标设计业务能力地图并分类

业务能力的设计通常有两种方法：一是依据企业战略目标牵引的自上而下的演绎方法；二是依据各业务单元需要的业务能力整合的自下而上的归纳方法。

自上而下的业务能力模型从识别企业层级需要的能力开始，一般来说有20—30个高水平的业务能力，每一个高阶业务能力可以拆解成颗粒度更小的业务能力。在实践中，如果想要快速地形成业务能力地图模型，自上而下的概要性的业务能力水平模型是有必要的，但这个过程需要有高层管理者参与才可以保证高阶业务能力模型的正确性和可用性。自下而上的业务能力模型可以从不同的业务部门或者业务单元自下而上地识别归纳形成。但是这种方法，在没有强有力的管控或者高层管理者的支持下，想要达成一致意见并形成最终的企业业务能力模型是有难度的，而且对时间投入也有要求。

业务能力一般分为战略业务能力和一般业务能力。战略业务能力是公司核心竞争力的基础，是公司可持续发展的基础。战略业务能力的急迫度、重要度和影响度都高于一般业务能力。在企业能力地图上对业务能力进行分类，建议根据业务能力作用和定位区分为战略类业务能力、核心类业务能力、支撑类业务能力。支撑类业务能力是辅助战略类和核心类业务能力执行的能力。有时候，制定业务政策和规则的能力也很重要，这类能力体现为治理类业务能力，治理类业务能力是对战略类业务能力的执行提出的规则和管控要求。

表10-1 业务能力地图示例

战略	业务规划	市场管理	业务伙伴管理
	资本管理	政策管理	政府关系管理
核心	产品管理	分销管理	客户管理
	渠道管理	代理商管理	账务管理
支撑	财务管理	HR管理	采购管理
	IT管理	培训	运作管理

步骤4：对业务能力规划分类并确认优先级，以支持更有效的分析和规划

企业业务能力规划的分类维度可以从业务需求的急迫度、重要度、影响度等方面来考虑。例如，通过分析企业业务目标和业务能力现状的差距，区分缺失的业务能力、已经存在的业务能力和需要加强的业务能力，也可以将业务能力划分为不同的优先级，为后续的业务能力规划和获取提供有效的参考。

步骤5：根据业务能力分类和优先级，制定业务能力规划

通常来说，战略类业务能力规划的优先权要高于治理类和支撑类的业务能力。企业可以选择合适的维度形成企业业务能力热点规划图。例如，如果已有业务能力能够支持业务目标达成，确认业务能力持续发展计划；如果业务能力需要提升才能支持业务目标达成，确认业务能力提升计划；如果是缺失某一项或者某几项业务能力，制订业务能力发展计划和业务能力计划（热点图）。

表 10-2 业务能力计划（热点图）示例

业务能力	组织单元			
	人力资源	信息技术	工程交付	销售和市场
项目管理	不需要	紧迫度低	不需要	不需要
学习管理	紧迫度中	不需要	紧迫度中	紧迫度高

步骤6：明确获取或者加强业务能力的策略，执行业务能力规划

明确获取或者加强业务能力的策略，企业可以通过自身优化改进的方式加强业务能力，如变革项目的实施、业务改进项目的实施等，也可以通过整合组织外部资源或交换的方式获取所需要的业务能力。业务能力获取的策略和获取能力的时间成本、财务成本、风险、收益等因素相关。

步骤7：分析和评估业务能力结果

对支撑业务能力的业务举措和项目进行监控、跟踪和辅导，在必要情况下，调整业务能力规划。通过业务举措和项目交付的有效性评估业务能力的达成情况。

七、技术工具

流程资产名称	业务能力管理服务（Business Capability Management Solution，BCM）
技术工具	■ EA　　■ 价值流方法　　■ 标杆法　　■ 干系人管理 ■ 业务流程分解　　■ 业务功能分解　　■ 组织岗位分解 ■ 能力路线图等

10.2　业务变革规划服务

一、定义

流程资产名称	业务变革规划服务（Business Change Planning Solution，BCP）
流程资产定义	业务变革规划是为了达到战略要求的企业未来状态，需要对组织、业务、技术管理等方面实施改变的策略与计划。

变革不是一个单一事件，是由一系列不同的活动组成的转变过程，其目的是支撑组织和利益相关方从当前状态转变到未来状态，在这个过程中，人、流程、技术、工作场所受到的影响。在某些情况下，尤其当缺乏适当的变革管理时，变革举措有可能就此失败，旧有的行为方式有可能会反弹。利益相关方必须展现新的行为方式，才能实现真正的变革。变革有可能发生在不同的层面，然而战略规划流程与变革管理很自然地存在重大关联。战略规划建立一个愿景，战略规划中的各项活动决定了组织的未来状态，也决定了为成功达成并保持这种未来状态必须进行不断的组织变革。

二、解释

（一）业务变革规划是一种能力规划

业务变革规划是区别于组织业务规划的一种业务能力规划，目标是支撑业务 SP / BP 的有效落地。业务规划重点在于组织经营规划，在目前已有的商业模式下通过设置组织经营指标来牵引组织运作；能力规划重点在于挖掘新的商业模式和运作方式，通过业务变革和改进，提高组织达成经营目标的能力。企业通过将业务规划和能力规划解耦，从而保证业务的短期效益和长期的可持续效益。

（二）业务变革规划同业务规划一样，可以区分为不同类型

业务变革规划按照规划主体可以区分为公司层级的业务变革规划和领域层级的业务变革规划；按照规划周期可以区分为战略业务变革规划和年度业务变革规划。通常来说，战略业务变革规划确定变革愿景，变革业务举措、策略、政策和变革路标；年度规划确定变革项目定义、预算和优先级等。这里的业务举措是强调基于业务目标的综合的变革构想，一个业务举措可能包含多个变革项目，业务举措管理对象是项目集。业务变革规划按照影响程度大小可区分为由战略规划催生的大型颠覆性变革项目和业务改进等影响较小的小型变革项目。

（三）业务变革规划定义通过多元变量区分

业务变革规划涉及变量的分析，这些变量能有效区分不同的业务变革，其中包括技术的复杂度、受影响的利益相关方的数量和类型、流程改变的程度、结构性调整的数量、地理位置的改变、薪资福利的影响、用工数量的调整、实施的速度、工作角色改变的程度、地理分布等。通过对这些变量的分析让我们可以预测变革的规模和复杂度。业务变革规划还需要考虑组织文化和准备度，组织影响是业务变革规划风险评估的重要考量因素。

（四）业务变革规划是由一系列计划组成的

业务变革管理规划除业务举措、项目计划和关键流程优化计划外，还包括沟通计划、责任人支持计划、利益相关方参与计划、学习与发展计划、风险管理计划、评估和利益实现计划等。

三、分类

流程资产名称	业务变革规划服务（Business Change Planning Solution，BCP）	
层级分类	☐要素级组件资产 ☐流程级组件资产 ☐企业级组件资产	☐要素级解决方案服务 ☐流程级解决方案服务 ☑企业级解决方案服务
目的分类	☑绩效类流程资产　　☐风险类流程资产	

四、适用场景

流程资产名称	业务变革规划服务（Business Change Planning Solution，BCP）		
适用对象	☑业务流程 owner	☐流程执行人	☑相关管理部门
适用场景阶段	☑业务规划阶段 ☑业务评估阶段	☑业务设计阶段	☑业务实施阶段

（一）支撑公司战略规划和业务规划

战略规划中的各项活动决定了组织的未来状态，通过洞察战略需求，规划业务举措和项目，有效实现战略目标与变革目标的对接，变革管理规划的整体制定和审视在一定程度上可以实现资源的有效配置和重复投入，保证企业在变革管理中的投资回报率。变革管理规划可以打通公司跨领域业务改进目标、举措、方案和实施，实现系统管理变革项目，针对业务改进的小型变革项目交付实现流程绩效的提升，实现公司整体管理能力的提升。

（二）有效变革管理，加大变革成功的概率

周全的业务变革规划包括业务变革变量的分析和组织影响评估后形成的变革规划策略、变革举措及演进路线、全面的变革实施和监控计划，为组织变革提供恰当的指导和执行框架。经过深思熟虑围绕特定战略需求所精心设计的变

革举措或项目，能够使组织在项目开始就思考一些变革过程的基本问题，从而为项目领导者和员工提供一个达成变革目标的路径图。不充分的变革规划可能导致变革的低接受度，变革资源匮乏以及变革项目的信用度不够。

（三）提升组织变革准备度、灵活性和适应性

合理有效的变革规划，可以提升利益相关方的参与度、士气以及对新方法的准备度，最大限度地降低变革过程中绩效和生产力的下滑程度，加速并最大化变革中及变革后的绩效提升，提升利益相关方对新方法的使用和熟练度，增加实现收益的可能性。

五、组件制品与输入输出

流程资产名称	业务变革规划服务（Business Change Planning Solution，BCP）
制品组件	■流程绩效目标　■业务价值流　■关键流程 ■业务能力管理服务　■业务架构　■业务流程

输入	输出
• 战略目标规划 • 业务目标规划 • 财务目标规划 • 业务需求 • 变革主张	• 变革举措清单 • 变革项目实施整体计划 • 变革项目实施路线 • 变革项目清单

六、方法步骤

业务变革规划服务过程一般包括如下步骤：

步骤1：确认企业战略、愿景与变革方向

企业愿景是一种聚焦未来的鼓舞性描述，通常包括需要变革的原因、未来状态，有时还包括如果变革失败组织所要面临的风险。愿景描述在战略规划和变革管理之间建立最初始的和最根本性的连接，因为愿景为组织和利益相关方澄清了方向和重点，明确深层次结果和预期收益，为领导人提供了引

领利益相关方协同行动的平台，提供了决策、沟通等方面的指导。

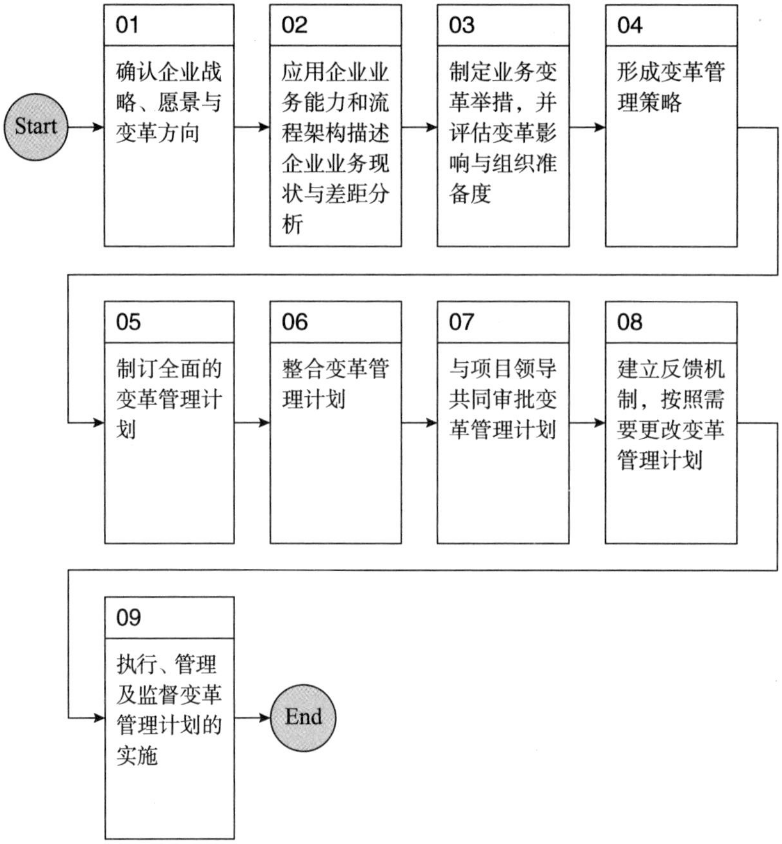

```
[Start] → 01 确认企业战略、愿景与变革方向 → 02 应用企业业务能力和流程架构描述企业业务现状与差距分析 → 03 制定业务变革举措，并评估变革影响与组织准备度 → 04 形成变革管理策略
         ↓
05 制订全面的变革管理计划 → 06 整合变革管理计划 → 07 与项目领导共同审批变革管理计划 → 08 建立反馈机制，按照需要更改变革管理计划
         ↓
09 执行、管理及监督变革管理计划的实施 → [End]
```

图 10-3　业务变革规划服务过程步骤

步骤 2：应用企业业务能力和流程架构描述企业业务现状与差距分析

理解业务环境，明确分析战略和业务目标达成的关键成功因素，并将这些成功因素对应分解到企业业务能力或者业务流程架构上，据此分析业务能力方面的差距。分析关键成功因素要通过企业的价值流和关键流程自上而下地进行识别，同时考虑不同的业务场景。

步骤 3：制定业务变革举措，并评估变革影响与组织准备度

结合战略目标和业务现状，明确实施业务变革的规划方向和变革主张，可以通过制定和细化 EA 架构来实现业务举措的制定，确保业务能力提升支撑业务目标达成。变革影响和组织准备用于从评估、衡量和预测组织和利

益相关方过渡到未来状态转变时的准备度、技能和能力，包含评估变革本身以及变革对个人和组织的影响。组织的历史、文化、价值系统在这类评估中扮演了重要角色。评估结果有助于变革相关人员用于调整领导者的期望，衡量并制定变革管理计划和活动。

步骤4：形成变革管理策略

制定变革管理的高层策略，变革管理策略回答了"为什么变"和"变什么"的问题，变革管理策略包括管理、风险、资源、预算和汇报。变革策略将在变革初期对变革管理计划、活动、任务、里程碑与组织和利益相关方的其他活动和运营进行合并、整合和协同。变革管理策略必须经由变革管理项目责任人、相应的项目团队和组织领导层确认和批准。

步骤5：制订全面的变革管理计划

变革管理计划应当包括每一项变革活动所要求的行动和最低衡量标准，以匹配每项变革活动的范围、预期收益、角色要求、资源、活动日程、风险和评估标准。变革管理计划的细化程度应当反映变革活动的复杂度和风险程度。

步骤6：整合变革管理计划

逐层分解业务流程战略计划到各级业务单元，并和公司整体战略规划相通。整合项目管理与变革管理计划能确保组织内的不同利益相关方共同努力促进变革在组织内的适应性。这些整合可能发生变革管理团队与整个项目管理团队的整合、方法与计划的整合、工具与资源的整合、项目目标和范围的整合等。

步骤7：与项目领导共同审批变革管理计划

为确保将变革管理计划纳入项目计划并协调变革管理活动和项目管理活动，必须对变革管理计划进行审核和批复，为避免重复工作，整合工作计划并提升利益相关方的认知，与项目领导的协作也是必不可少的。

步骤8：建立反馈机制，按照需要更改变革管理计划

监控绩效和追踪变革管理计划的交付项。变革计划可以根据绩效状况进行调整。整体项目计划的改变以及项目范围的改变都将影响变革管理计划。

步骤9：执行、管理及监督变革管理计划的实施

执行、管理和监督变革管理计划的实施需要所有资源、策略、时间、沟通和学习的整合，以实现变革管理计划预定的目标，可以把根据各类评估和分析识别出业务活动整合到变革管理计划的任务和活动当中。

七、技术工具

流程资产名称	业务变革规划服务（Business Change Planning Solution，BCP）
技术工具	■商业论证　■EA　■组合管理工具　■价值评估技术 ■变革管理工具　■能力路线图　■项目管理工具 ■计划管理　■BSC　■业务洞察工具　■干系人管理 ■供应商评估　■财务分析等

10.3　业务变革项目实施服务

一、定义

流程资产名称	业务变革项目实施服务（Change Project / Program Implementation Solution，CPI）
流程资产定义	业务变革项目实施主要着眼于在确定的项目范围、时间、成本、质量等条件之下，应用技能、工具、技术进行所要求的系列活动以结构化的方式来实现计划好的业务变革。

变革项目实施过程通常会发生大额的费用，所以这个过程是组织重点关注变革投资与回报的过程，从某种意义上说，将变革管理作为一种投资行为来管理，将变革实施作为投资项目来开展。类似企业产品开发的过程，关注于产品开发过程在市场表现的竞争力，关注产品开发的企业投资回报率。据此，变革项目实施过程参考产品开发（IPD）的项目管理实施过程分为项目概念阶段、计划阶段、开发阶段、验证与试点阶段和推行阶段。

二、解释

（一）变革与变革项目

变革的管理本质是权利和责任的再分配。变革管理是一套能够直接支撑公司业务战略，推动内部变革实施，涵盖规划、项目实施和生命周期管理的集成管理体系，定义了变革的流程、管控团队、管控规则和管控机制，变革管理一般会涉及组织、流程、信息系统的大规模重新配置。变革项目执行交付可以遵循项目管理过程，通常和项目组合、项目群和项目关联起来。变革项目管理可以包括项目群举措管理，也可以包括单个项目管理。

（二）变革管理与项目管理

项目管理和变革管理的共同目标是为组织提供增值服务。两种管理对收益的实现都有独特的贡献。项目管理执行变革，变革管理则是确保执行的变革是按所预期的收益进行实施并被人们所接受。项目有明确的开始日期和结束日期，但是变革管理活动往往在变革完成、项目结束之后还会持续相当一段时间。然而，项目管理和变革管理计划应该整合在一个整体的计划中，因为项目里程碑和变革管理活动之间也许能够相互促进。

（三）变革项目设计方案交付

变革项目的实施过程主要是通过项目的形式制定、形成和交付业务变革方案的过程。业务变革方案的交付过程不是一次性的，而是在项目过程中阶段性或者迭代性完成。变革项目方案涉及流程、IT、组织、人才的重组。在变革项目实施方案的过程中，建议通过使用企业架构的方法关注并保证这些要素的优化和集成，保证变革项目设计方案的质量及后续运营落地的持续收益。

三、分类

流程资产名称	业务变革项目实施服务（Change Project / Program Implementation Solution，CPI）	
层级分类	☐要素级组件资产 ☐流程级组件资产 ☐企业级组件资产	☐要素级解决方案服务 ☐流程级解决方案服务 ☒企业级解决方案服务
目的分类	☒绩效类流程资产　　☐风险类流程资产	

四、适用场景

流程资产名称	业务变革项目实施服务（Change Project / Program Implementation Solution，CPI）
适用对象	☒业务流程 owner　　☐流程执行人　　☒相关管理部门
适用场景阶段	☐业务规划阶段　　☒业务设计阶段　　☐业务实施阶段 ☐业务评估阶段

（一）业务变革实施

变革项目实施交付以项目管理的方式进行，保证变革在商务、方法和技术层面结果的可控性。变革项目涉及的范围广、周期长，当然影响和收益也是巨大的。项目管理在确保时间、成本、质量指标的条件下，将多个部门、多个岗位、多种目标协同整合起来，降低变革项目交付的复杂性和不确定性。实践证明，将变革管理和项目管理结合起来可以大幅度降低变革交付的难度。

（二）业务变革治理

变革过程是一个综合复杂的过程，可能会影响组织已有的业务流程、组织信息系统等。在变革实施的过程中，在项目过程中加入公司治理的要求，一方面可以保证项目之间的有效协同，另一方面可以遵从公司的治理管控框架，保证变革项目成果在统一业务目标驱动下有序开展。

五、组件制品与输入输出

流程资产名称	业务变革项目实施服务（Change Project / Program Implementation Solution，CPI）		
制品组件	■业务变革项目规划服务 ■业务变革项目评审与决策服务 ■角色清单及相关组织资产服务 ■业务活动及功能相关资产服务 ■输入输出及数据相关资产 ■业务架构　　■业务目标　　■流程绩效目标清单 ■流程清单　　■业务流程图　　■业务流程视图		
输入	输出		
• 项目目标 • 项目章程 • 变革举措清单	• 变革项目管理里程碑计划 • 变革项目范围 • 变革项目解决方案 • 流程文件清单及流程图 • IT 系统		

六、方法步骤

业务变革项目实施服务过程一般包括如下步骤：

步骤1：概念阶段

概念阶段是变革项目启动的商业论证过程。项目组根据项目章程组建核心变革项目团队，着手对业务现状进行初步识别，形成初步的业务需求清单和业务解决方案。概念阶段提出的初始业务解决方案（商业论证）需要考虑方案范围、业务约束、组织架构与文化影响、流程、技术、政策、业务框架、内部资产、业务假设等方面的影响。通过分析现状和初始解决方案评估解决方案未来实现的风险，包括未知风险的评估、业务约束、假设、依赖、解决方案的负面影响、企业的风险承受力等，有时候还需要给出可选择的解决方案。最终对初始解决方案可行性论证达成共识，定义变革项目愿景、目标、

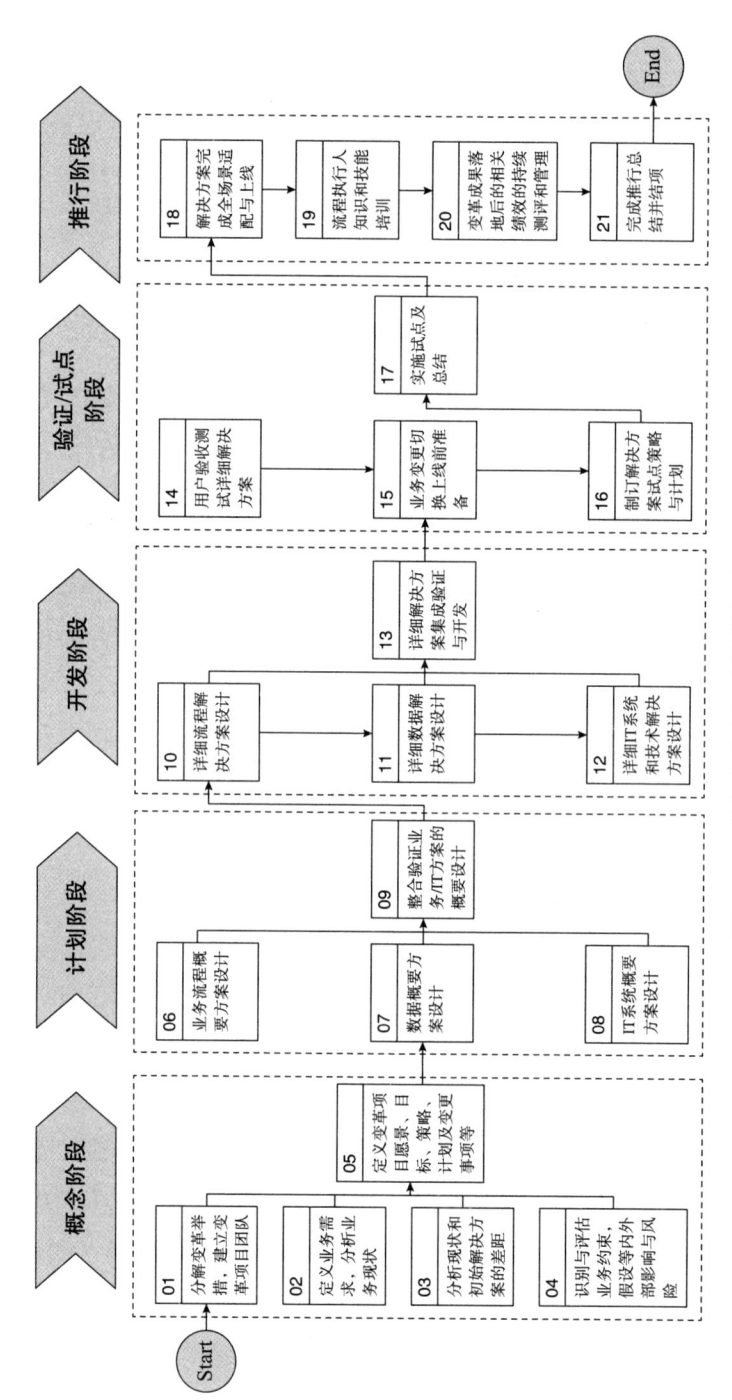

流程资产：从组件到解决方案的企业核心能力建设

图 10-4 业务变革项目实施服务过程步骤

推行阶段
- 18 解决方案完成全场景适配与上线
- 19 流程执行人知识和技能培训
- 20 变革成果落地后的相关绩效的持续测评和管理
- 21 完成推行总结并结项
- End

验证/试点阶段
- 14 用户验收测试详细解决方案
- 15 业务变更切换上线前准备
- 16 制订解决方案试点策略与计划
- 17 实施试点及总结

开发阶段
- 10 详细流程解决方案设计
- 11 详细数据解决方案设计
- 12 详细IT系统和技术解决方案设计
- 13 详细解决方案集成验证与开发

计划阶段
- 06 业务流程概要方案设计
- 07 数据概要方案设计
- 08 IT系统概要方案设计
- 09 整合验证业务/IT方案的概要设计

概念阶段
- 01 分解变革举措，建立变革项目团队
- 02 定义业务需求，分析业务现状
- 03 分析现状和初始解决方案的差距
- 04 识别与评估业务约束、假设等内外部影响与风险
- 05 定义变革项目愿景、目标、策略、计划及变更事项等
- Start

206

实施策略、变革范围、项目路径规划、集成计划及里程碑计划。

步骤2：计划阶段

计划阶段是对变革项目流程、组织、数据、IT系统概要方案进行设计的过程，同时按照变革项目计划监控该阶段的进展及交付，提供必要的资源保证。计划阶段需要正式确认并基线化项目目标范围和集成项目计划，以便对相应的变革管理团队进行评估。变革项目的概要设计内容包括：业务流程方案、数据方案、IT系统方案。在整体设计方案中验证流程、数据和IT方案的集成性，保证各方案的范围和目标保持一致性。计划阶段需要提前考虑完成业务/IT方案的概要设计与试点推行策略相匹配，保证后期解决方案验证的可行性。

步骤3：开发阶段

开发阶段是对变革项目流程、组织、数据、IT及技术详细方案进行设计的过程，同时按照变革项目计划监控该阶段的进展及交付，提供必要的资源保证。变革项目详细方案设计内容包括：业务流程方案、数据方案、IT系统方案和技术方案。和概要设计方案一样，整体详细设计方案要关注流程、数据和IT方案的集成性，保证各方案在范围和目标的一致性。开发阶段还需要充分做好变革项目方案试点和验证阶段的准备工作。

步骤4：验证/试点阶段

验证/试点阶段是对变革项目方案是否满足业务需求、项目需求和目标的验证和试点的过程。在验证阶段项目组要完成解决方案在技术层面和关键用户层面的测试和验证工作，实施端到端的用户验收测试、解决测试问题，并对变革项目方案进行优化。试点阶段在试点策略和试点计划的指导下选取合适的试点实施变革项目方案的验证和适配，包括试点单位的流程、组织、IT的切换。变革项目方案的试点目的是为后续增量/全面推行作准备。

步骤5：推行阶段

推行阶段是完成变革项目成果全面推行并启动转入业务常态运作的过程。推行阶段的任务包括：变革项目方案覆盖到既定范围和业务场景，完成各种场景的推行；组织、流程、IT系统完成适配，并形成角色、岗位、授权的匹配；流程执行人员已熟练掌握执行流程所需要的知识和技能；根据变革度量方案和指标体系对变革成果落地后的相关绩效进行持续测评和管理，推进和牵引变革点的落实和固化。推行阶段结束的标志是业务已经形成独立运营和持续优化的能力，流程运作记录和证据完整，流程绩效达到既定的改善要求，形成或更新流程绩效基线。在项目层面，项目组需要总结经验。

七、技术工具

流程资产名称	业务变革项目实施服务（Change Project / Program Implementation Solution，CPI）
技术工具	■ 商业论证　■ WBS　■ 成本分析　■ 计划管理 ■ 风险分析　■ 评审技术　■ 干系人管理　■ 能力路线图等

10.4　业务变革组合管理服务

一、定义

流程资产名称	业务变革组合管理服务（Change Portfolio Management Solution，CPfM）
流程资产定义	变革项目的组合管理是在保证与公司战略目标一致的前提下，通过组合分析技术来确认变革项目全集，最终实现企业的最佳投资回报率。

越来越大的企业竞争压力，迫使企业必须超越项目的成功管理，进一步对变革项目研究和开发的投入做整体管理。企业需要设法使其对变革开发的多种投资进行组合管理。为了达成这种平衡，使变革项目处于最佳水平，组织必须做出更加完善的资源分配决策，以反映各项目之间的相互关系。企业不但要考虑某一特定项目的机会，还要考虑怎样才能让项目的总体结构匹配企业的战略蓝图。

二、解释

（一）变革项目组合在规划层面保证和战略的一致性

变革项目通常由多个项目组成的项目集或者单个战略级项目构成。项目和项目集最大的不同：是否为战略提供直接支撑。一般来说，如果一个项目直接支持战略，很有可能是个项目集。通过战略确认项目集的愿景、使命和目标，确认项目集的范围、交付。项目集的范围是为战略而存在，是根据战略而制定的，战略的变化随之影响发生变化。多个变革项目集的组合形成公司的变革项目组合管理。项目组合管理的目标、项目集的目标得和战略保持一致，依据战略目标的变化而做出变化。

变革项目组合以获取最优的投资回报来支撑企业战略目标的达成。所以每个变革项目的过程需要严格且详细的商业论证过程来确保与战略保持一致。这个过程包括组织战略评估、项目集总体商业论证、初步概要商业论证、详细商业论证、内容涉及战略论证、经济性论证、财务论证、管理论证、商务可行性论证等方面。商业论证只有在项目治理组织的决策通过的情况下才可以启动实施。

（二）变革项目收益可以通过项目治理技术来支撑

为了保证变革项目价值收益的实现，在项目组合管理过程中需要建立项目治理机制。项目治理包括技术交付类治理和商务投资类治理。技术交付类治理通过技术管理决策团队实施，保证变革项目解决方案的可行性；商务投资类治理通过最高管理决策团队来实施，保证变革项目在战略一致性的牵引下取得最佳的投资回报。技术交付的决策评审一般会作为商务投资决策评审意见的组成部分。变革项目中每个子项目的启动、交付和退出都需要经过项目治理组织的评审与决策，通过项目治理过程完成为变革各子项目的计划、交付和成本的控制及价值的评定。

（三）公司层级的变革项目需要有组合分析和分类管理

在变革环境比较成熟的企业，公司有可能存在多个变革项目同时实施，这些变革项目的变革目标不尽相同，但都是为企业经营发展所需要的。所以如何在公司层面统筹多个变革项目的管理和实施，就涉及到了变革项目的组合分析。变革项目的组合分析要保证在公司战略目标一致的前提下，通过组合分析技术来确认变革项目全集，最终实现企业的最佳投资回报率。

为了有效支撑变革项目的组合管理分析，在企业具体实践中可以对变革项目进行分类管理。变革项目可以根据战略的支撑程度、影响范围、变革程度、资源投入程度、价值输出等因素来区分。战略的影响程度可以分为对组织战略、跨领域战略或者是业务单元战略的影响程度；影响范围可以根据业务范围、组织范围、区域范围等区分；变革程度涉及对文化、组织、流程、IT 的影响程度，投入程度主要是从成本考虑项目资金、人员和时间等方面的情况；价值输出主要是从收益交付考虑变革项目为企业带来的财务收益和非财务收益，这些本质上是通过变革变量的结构化管理区分变革项目的类型实现差异化管理。

三、分类

流程资产名称	业务变革组合管理服务（Change Portfolio Management Solution，CPfM）	
层级分类	☐要素级组件资产 ☐流程级组件资产 ☐企业级组件资产	☐要素级解决方案服务 ☐流程级解决方案服务 ☑企业级解决方案服务
目的分类	☑绩效类流程资产　☐风险类流程资产	

四、适用场景

流程资产名称	业务变革组合管理服务（Change Portfolio Management Solution，CPfM）
适用对象	☑业务流程 owner　☑流程执行人　☑相关管理部门
适用场景阶段	☑业务规划阶段　☑业务设计阶段　☐业务实施阶段 ☐业务评估阶段

（一）通过投资组合实现战略目标的有效方法

面对众多的机会，没有有效的方法来区分轻重缓急，无法正确挑选适合本组织的发展机会，往往会造成资源的浪费，甚至是战略目标的偏离。项目组合管理与价值管理相关，在众多的机会中评估项目价值和可行性，设定优先级，保证变革项目沿着组织预先设立的战略方向进行，并且在项目集实施的过程中，通过内外部环境和项目实施变化，及时调整企业资源和决策方向，期望获得组织最大的投资回报率。

（二）统筹大型业务优化项目的实施和运作

通过变革项目管理的运作，从组织、流程、机制上推动组织大型业务优化项目的实施和运作，保证变革成果有效落地和变革收益的实现。变革项目管理过程明确了子项目关联关系、优先级、协同计划，通过实现各子项目的收益、目标、范围、交付过程等统筹和管控，协同保证与推进跨项目实施，保证实现业务目标价值的达成。在业务敏捷需求和组合管理要求下，组织可以在实施过程中根据变革项目的类型，裁剪流程制品的输出和交付，简化过程管理，满足企业变革项目管理定制要求。

（三）变革项目组合管理办公室的推行

正如我们前面所说，公司的变革项目管理涉及到项目组合管理的范畴，而支撑项目组合管理实施的重要组织保障就是变革项目组合管理办公室。变革项目组合管理办公室一般为常设组织机构，从企业层面统筹各类变革项目的管理，例如变革规划和治理实施。变革项目组合管理办公室的实施对于企业做变革组合管理是不可或缺的组织。

项目组合管理的过程包括理解洞察业务、项目组合分析、项目优先级排序，项目组合确认等一系列过程，而变革项目组合管理办公室除了公司层面的管控治理角色，在独立的变革项目实施过程中还需要帮助业务建立项目管理的能力，在变革项目实施过程给予必要的辅导，提供变革项目项目经理的资源池，同时有责任建立公司的变革管理文化。

五、组件制品与输入输出

流程资产名称	业务变革组合管理服务（Change Portfolio Management Solution，CPfM）
制品组件	■业务变革项目规划服务 ■业务变革项目评审与决策服务 ■业务变革项目实施服务 ■业务架构　■业务目标　■流程绩效目标清单

输入	输出
• 战略目标规划 • 业务变革规划 • 业务变革策略 • 变革管控团队	• 变革项目商业论证 • 变革项目章程 • 变革项目立项书 • 变革项目实施路径 • 变革项目管理计划 • 变革项目愿景与目标 • 变革项目蓝图 • 变革项目管理组织 • 变革项目管理架构 • 变革项目收益计划 • 变革项目管控方法 • 变革项目治理意见

六、方法步骤

业务变革组合管理服务过程一般包括如下步骤：

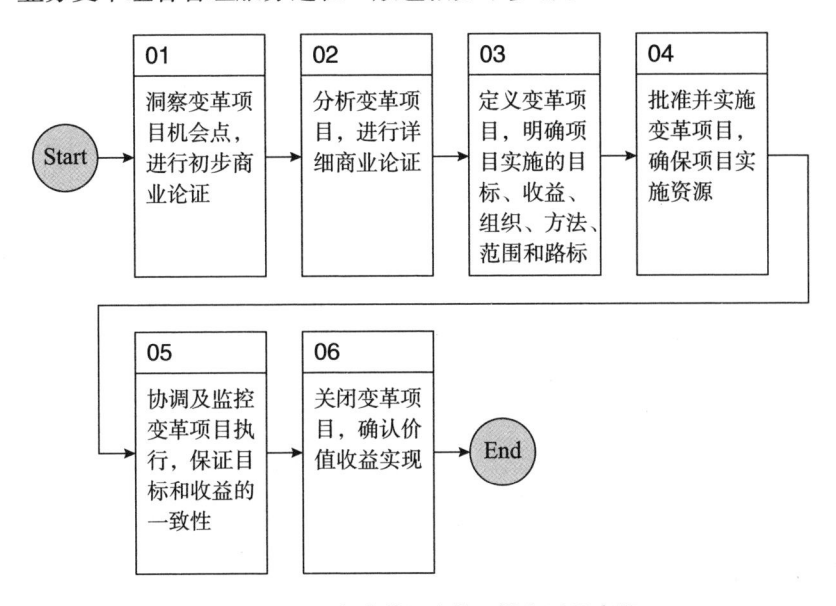

图 10-5　业务变革组合管理服务过程步骤

步骤1：洞察变革项目机会点，进行初步商业论证

通过市场分析、业务战略、变革需求、企业架构、信息化战略等管理活动，从外部客户和内部业务需求来获取组织价值机会点，并拟制初步的变革项目商业计划书论证机会点的价值和可行性。变革项目机会点来源于战略需求和价值洞察分析，体现为变革项目商业计划书。变革项目商业计划书阐述了机会点的业务价值及受影响的产品、组织、流程，同时还包括了成本、风险、项目组织、项目周期等内容。

步骤2：分析变革项目，进行详细商业论证

进一步识别和分析变革项目所需的外部环境要求和内部资源要求，内部资源包括资金资源、人力资源、时间投入等，据此形成变革项目的假设、限制和约束。需要对变革项目目标、范围、成本、收益、风险等内容进行详细的论证和分析，并根据变革项目范围分析各子项目的关联关系，并对各子项目进行优先级排序和实施路径，形成变革项目管理架构。这个过程，需要对变革项目的商业论证的价值合理性和可行性再次审视，形成详细的变革项目商业计划书，以确保变革项目组合在业务价值、资源投入、约束限制及风险、实施路径的合理性。

步骤3：定义变革项目，明确项目实施的目标、收益、组织、方法、范围和路标

变革项目定义是变革项目实施的基础。变革项目定义包括了变革项目愿景、项目目标、项目蓝图、项目组织、项目管理计划、项目管理架构、项目实施路径，项目收益计划、项目管控方法等内容。变革项目管理的实施可以依据项目集管理的方法论来定义。上述相关的项目定义的内容可以通过项目立项书或项目章程的形式来体现。

步骤4：批准并实施变革项目，确保项目实施资源

项目治理组织通过对变革项目商业计划书论证和详细的项目定义内容，对项目的价值性、合理性、可实施性等给出评审与决策意见，评审决策通过之后才可以启动实施变革项目。在此过程中，需要继续详细论证变革项目和各子项目和战略的一致性。

步骤5：协调及监控变革项目执行，保证目标和收益的一致性

变革项目定义完成后，进入变革项目实施阶段。变革项目管理不涉及实质的项目实施交付过程，实施交付过程是由每一个单独的子项目完成的。变革项目管理在实施阶段主要是协调及监控变革项目中各子项目的执行情况，体现为治理、管理和控制交付，包括计划进展、问题风险、变更、交付及质量等内容，需要确保各子项目的目标和收益和整个变革项目目标和收益的一致性，还需要对项目干系人进行管理。除了上述的项目交付能力的管理，变革项目阶段或者是单个项目的项目收益也需要进行监控和治理。注意，项目集和各子项目执行过程中也需要跟踪项目的资源管理。

步骤6：关闭变革项目，确认价值收益实现

变革项目由于涉及到多个项目的实施交付，除了项目的交付输出，更关心组织价值收益的实现，所以一般会存续相当长的时间。变革项目关闭包括

单个项目的关闭和整体变革项目的关闭。变革项目关闭需要在项目治理机制的要求下，对项目关闭申请进行目标和收益价值的评审。项目关闭后，除了例行的项目信息的归档、经验总结、团队成员释放等要求，还需要对后续的可持续运营支持提供保证。从某种意义上说，变革项目的关闭是一个过程，这个过程和业务运营紧密结合，当业务可以承担变革成果并开始实现价值收益的时候才意味着变革项目的真正关闭。

七、技术工具

流程资产名称	业务变革组合管理服务（Change Portfolio Management Solution，CPfM）
技术工具	■商业论证　■SWOT分析　■价值评估技术　■变革管理 ■EEFs（评估事业环境因素）　■EA　■评审技术 ■项目管理工具　■风险分析　■干系人管理　■财务分析 ■供应商评估等

10.5　业务变革项目评审决策服务

一、定义

流程资产名称	业务变革项目评审决策服务（Change Project / Program GateReview Solution，CPGR）
流程资产定义	变革项目评审决策服务是为了确保变革项目质量和应对项目风险，确保变革项目达到组织预期收益，在变革项目存续期间设置结构化的阶段评审点。

变革项目执行是由评审决策流程来推动的。评审决策决定了变革项目是否可以继续推进下去。在变革项目的实施过程中，使用阶段评审流程，有助于提高变革项目决策的效率。阶段评审决策在变革项目流程中以特定阶段召开决策会议的形式进行，并授权高层领导来制定。

阶段评审应以决策会议的方式进行，而不是简单的汇报或者介绍形式。每个阶段评审都要做出决策意见，并明确地传达结论意见。在每个阶段评审过程中，都要把实际执行的情况与原计划进行比较，以确保项目和预期目标的一致性。

二、解释

（一）阶段评审点的评审要求

变革项目阶段评审点一般由公司高层参与，高层参与的目的主要是审核目前阶段项目的输出和进展是否符合预期的项目方向，是否达到预期的项目收益。每个阶段都需要制定清晰的目标，提供可衡量的检查点，并说明目前变革项目的实际情况，公司高层领导才有可能做出正确的决策意见。通过阶段评审流程，高层领导将资源分配到公司的变革项目中并对项目小组进行相应的指导和领导。这些决策是在项目过程的不同阶段通过批准或者暂停的方式制定出来的。每个阶段评审会议的结论包括：继续，取消（暂停）或者是变更方向。

（二）评审点设置与项目阶段和里程碑相关联

变革项目阶段性评审与项目实施过程的关键进展或者是里程碑进展相关联，保证在项目实施过程中里程碑进展被高层管理者和关键干系人所知。变革项目阶段性评审流程和变革项目实施相对应，分为五个阶段（概念阶段、计划阶段、开发阶段、验证/试点阶段和推行阶段），变革项目的评审决策过程通过一系列的里程碑点的决策，并只有达到该阶段的项目目标，才可以进行下一个阶段的项目工作。不同级别的项目采用不同的阶段评审标准，根据项目级别对评审点进行裁剪适配。

（三）阶段评审点的设置分类原则

变革项目阶段评审点分为决策评审点和技术评审点。决策评审点关注项目投资回报率的决策，从商务层面评审项目目前的风险、成本、资源、范围等问题；技术评审点关注项目方案的可行性，包括业务流程、人员、IT技术的落地性。每个阶段设置决策评审点（DCP）以及在关键里程碑点设置技术评审点（TR）。技术评审对项目架构（业务架构、数据架构、应用架构、技术架构)、项目方案和项目间的关联关系进行评审，为项目组提供技术方案方面的指导，同时技术评审的结论为管理决策团队进行管理决策评审提供参考依据。决策评审点和技术评审点相互作用。技术评审点作为决策评审点的输入，不同类型的评审点由不同的角色组成评审团队来作决策。

三、分类

流程资产名称	业务变革项目评审决策服务（Change Project / Program GateReview Solution，CPGR）	
层级分类	☐要素级组件资产 ☐流程级组件资产 ☐企业级组件资产	☐要素级解决方案服务 ☐流程级解决方案服务 ☑企业级解决方案服务
目的分类	☐绩效类流程资产　☑风险类流程资产	

四、适用场景

流程资产名称	业务变革项目评审决策服务（Change Project / Program GateReview Solution，CPGR）
适用对象	☑业务流程 owner　☐流程执行人　☑相关管理部门
适用场景阶段	☑业务规划阶段　☑业务设计阶段　☐业务实施阶段 ☐业务评估阶段

（一）保证战略目标实施的聚焦性

在项目组合立项的过程中，经过一系列筛选，只有少部分项目可以获得投资，并极有可能给公司产生收益。变革评审的决策不仅仅是单纯地投资一个好的创意，取得某一目标水平的预期投资回报，进一步来说，从众多的机会中挑选适合本组织发展的机会，也是其目的之一。

（二）防止项目实施过程中的价值遗漏

阶段评审覆盖变革项目整个生命周期过程，阶段评审可以看作一个漏斗，每次的评审都需要结合内外部环境变化去评估项目的价值、目标、范围、风险等，同时还要结合上次阶段评审的结论和问题。在上一次评审结论的基础上，确认遗留问题的解决进度，确认目前的变革项目进展，解决过程中发生的问题，这种阶段性的评审保证变革项目从立项到推行过程中的所有问题都被有效地连续性地管理和跟踪。

（三）提高业务变革项目评审决策效率

决策滞后将浪费宝贵的组织资源。但不当的管理容易出现决策效率低下、项目漫无目的、项目周期不受控的现象。在变革项目管理过程中，高层领导通常有好的意愿来支撑变革项目的成功，但经常不清楚应该怎么做，应该做什么。评审流程仅仅是一份书面政策或者流程是不够的，阶段性评审决策的执行帮助高层领导完成所需的工作，通过连接公司战略要求、确定的里程碑，明确评审点衡量要求，提供决策评审和技术评审依据、授权项目小组执行等措施，有助于作出高效率的评审决策。

五、组件制品与输入输出

流程资产名称	业务变革项目评审决策服务（Change Project / Program GateReview Solution，CPGR）
制品组件	■业务变革项目实施服务 ■业务变革组合管理服务 ■业务变革规划服务 ■业务架构　■业务目标　■流程绩效目标清单
输入	输出
• 战略目标规划 • 业务变革规划 • 业务变革里程碑计划 • 项目阶段性评审标准 • 变革管控团队	• 变革项目阶段性评审意见 • 遗留问题清单

六、方法步骤

业务变革项目评审与决策服务过程一般包括如下步骤：

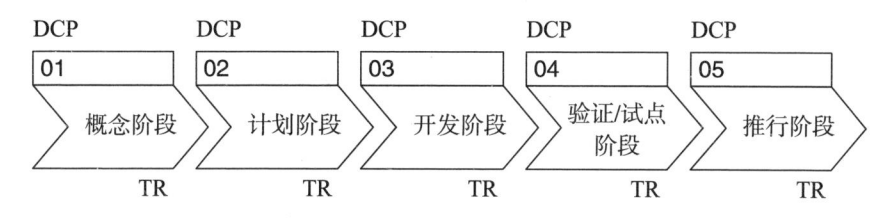

```
DCP      DCP      DCP      DCP      DCP
 01       02       03       04       05
概念阶段  计划阶段  开发阶段  验证/试点  推行阶段
                            阶段
 TR       TR       TR       TR       TR
```

图 10-6 业务变革项目评审与决策服务过程步骤

步骤 1：概念阶段评审

概念阶段评审的聚焦点放在分析市场机会和战略的可行性上。概念阶段的通过意味着分配项目小组资源和所需的资金。一个有效的阶段评审，能够推动变革项目朝着正确的方向前进。在此阶段，组织应用假设对机会点进行评审，所有的假设是明确的，并通过了有效性审核。这个阶段只需要少数几个人参与项目，正常情况下在 4—8 个星期内完成。

步骤 2：计划阶段评审

计划阶段是变革项目实施的基础。这个阶段的目标是清晰地定义项目范围、明确项目的高阶方案设计，高度准确地核实在概念阶段提出的论证，但不需要在这个阶段做出详细方案，主要关注项目方案的要素即可。例如，业务目标的痛点和需求，客户期望和需求，市场竞争和技术驱动等描述，项目范围，项目计划和项目蓝图等。这一阶段结束时，应该对这个阶段所需要的资金和预算作出评估。这一阶段的评审会议使得高层领导得以解决遗留问题，还可以让高层领导对项目的优先级进行排序，并据此分配资源。这个阶段，高阶设计已经启动，并且有更多的人参与其中。

步骤 3：开发阶段评审

开发阶段的目标是根据上一阶段的评审会议批准的方案开发详细的业务方案。大部分具体设计的工作和开发的工作都是在这个阶段完成的。相比之前的阶段，这个阶段的技术评审的内容提供的比例有所增加。这个阶段会有里程碑式的进展，客户可以看到项目方案的部分成果或者原型成果。根据这个阶段的时间周期，需要进行定期的进展汇报。

步骤 4：验证 / 试点阶段评审

验证和试点阶段主要是验证业务方案执行的可行性，之前的方案是关于理论层面的验证。这个阶段会选择合适的业务范围试点准入，验证详细方案的可行性。这个阶段的评审会议主要是做最后的检查和评估。

步骤 5：推行阶段评审

推行阶段的评审主要是考察前一段试点的变革项目优化和问题的解决等情况。我们据此确认是否可以进行大规模的推行及推行准备的评审，包括对大范围业务推行策略和计划的可行性与合理性的评审，对推行准备的充分性评审等内容。

七、技术工具

流程资产名称	业务变革项目评审决策服务（Change Project / Program GateReview Solution，CPGR）
技术工具	■决策评审　■技术评审　■会议评审　■阶段技术评审 ■价值评估技术　■风险分析　■EA　■供应商评估 ■财务分析等

10.6　业务目标运营服务

一、定义

流程资产名称	业务目标运营服务（Process Performance Operation Solution，PPO）
流程资产定义	业务目标运营是对业务流程的计划、组织、实施和控制、评价和改进的系统性的方法和过程，是以业务流程为对象，以流程绩效为目的的端到端管理过程。

业务目标运营管理需要建立一套基于流程的目标绩效管理系统才能实现流程测评，通过分解战略愿景与目标，实施流程目标、流程执行和流程分析监控，流程改进的闭环实现业务持续改进的过程。

业务目标运营的核心是基于组织现状实现组织目标的持续改进，从聚焦战略目标制定到业务流程执行，从业务目标的角度关注流程产生的业务价值和流转的效率，通过测评关键流程能力，揭示核心业务中的突出问题，促进关键业务效果和效率指标的改善，进而提升组织内部和客户满意度。

二、解释

（一）业务目标运营的指标是改进流程绩效

流程绩效指标是承载战略指标，通过业务架构或者业务价值流设计一套流程指标体系来实现组织的业务目标运营。通过网状的业务流程设置网状的业务流程绩效，实现业务流程指标之间的相互关联和支撑。流程规划确认流程绩效目标，通过对流程执行的监控观察流程绩效的实际情况是否满足预期，目前的业务差距存在于哪些业务流程和支撑流程，并制定相应的措施促使流程效率的提升和流程质量的稳定。

（二）业务目标运营的对象是业务流程

业务运营的对象是业务流程，体现为依据端到端流程上的关键环节、接口、节点、多部门协作等，本质上是对业务过程和过程网络的管理，以实现期望的目标。通过流程可以集成质量、内控、IT等要素实现企业层级的业务运营。以流程为对象的业务运营，是多种管理要素综合形成的结果，通过将这些不同类别的要求集成在业务流程中，从业务执行的角度统筹管理不同要素的执行情况。

（三）流程绩效和战略目标达成相关

企业规划分为战略层级、战术层级和运营层级。战略层级规划确认组织长远方向和重要举措，战术层级规划关注企业近期目标和执行策略，运营层级规划是支撑组织企业战略规划和战术规划的使能规划。流程运营将战略规划转化为相应的流程运营计划。流程运营计划与战略规划的不同之处在于其有明确的时间、事务、过程、风险、风险预案、预算、预期收益、预期结果等综合信息的周期性全面计划，用来支撑企业完成战略规划。流程运营规划是战略规划的支撑，流程运营是战略目标达成的保证。

三、分类

流程资产名称	业务目标运营服务（Process Performance Operation Solution，PPO）	
层级分类	☐要素级组件资产 ☐流程级组件资产 ☐企业级组件资产	☐要素级解决方案服务 ☐流程级解决方案服务 ☑企业级解决方案服务
目的分类	☑绩效类流程资产　☐风险类流程资产	

四、适用场景

流程资产名称	业务目标运营服务（Process Performance Operation Solution，PPO）
适用对象	☑业务流程 owner　☑流程执行人　☑相关管理部门
适用场景阶段	☑业务规划阶段　☑业务设计阶段　☑业务实施阶段 ☑业务评估阶段

（一）战略目标分解，实现目标到执行的过程

组织的战略目标由其相应的流程完成，组织正是通过无数的、跨职能的工作流程，诸如新产品设计流程、采购流程、生产流程、销售流程等来运作并实现企业目标。按照系统论的观点，流程是一个目标驱动的系统。组织目标的复杂性，需要把目标分解为多层的目标树，而且是依据流程分解为多层的目标树，以便实施目标管理。

（二）构建企业流程绩效体系

建立从组织战略目标出发的组织绩效、流程绩效和岗位绩效相关联的企业流程绩效体系。通过将战略目标分解为流程绩效，保证流程绩效驱动组织绩效目标的达成。流程绩效的实现是通过流程执行过程中的个体和岗位来完成的，根据流程执行过程中涉及的组织、岗位，将流程绩效按照一定的原则分配部门和岗位的绩效指标。这个过程完成了从组织整体目标到流程绩效目

标和流程活动的岗位目标的流程绩效体系的搭建。如上的流程绩效体系搭建的过程可以按照流程架构的层级分解来实现。

五、组件制品与输入输出

流程资产名称	业务目标运营服务（Process Performance Operation Solution，PPO）
制品组件	■流程绩效目标　■业务流程　■关键流程 ■业务架构　■角色清单　■流程清单 ■业务流程优化服务

输入	输出
● 业务战略 ● 业务目标 ● 业务需求与问题	• 流程绩效目标（树） • 岗位绩效目标（树） • 战略目标与流程目标关联关系 • 业务目标关键成功因素

六、方法步骤

业务目标运营服务过程一般包括如下步骤：

Start → 01 确认企业战略与目标 → 02 识别影响战略目标达成的关键成功因素并分层分类 → 03 将关键成功因素关联到L1流程 → 04 设置L1流程的绩效指标及相关的业务场景指标 → 05 分解L1流程绩效至下层流程，最终分解到活动层级绩效 → 06 关联流程绩效指标到部门和岗位绩效目标 → 07 设置流程绩效目标值 → 08 根据组织绩效目标，不断调整优化流程和流程绩效目标 → End

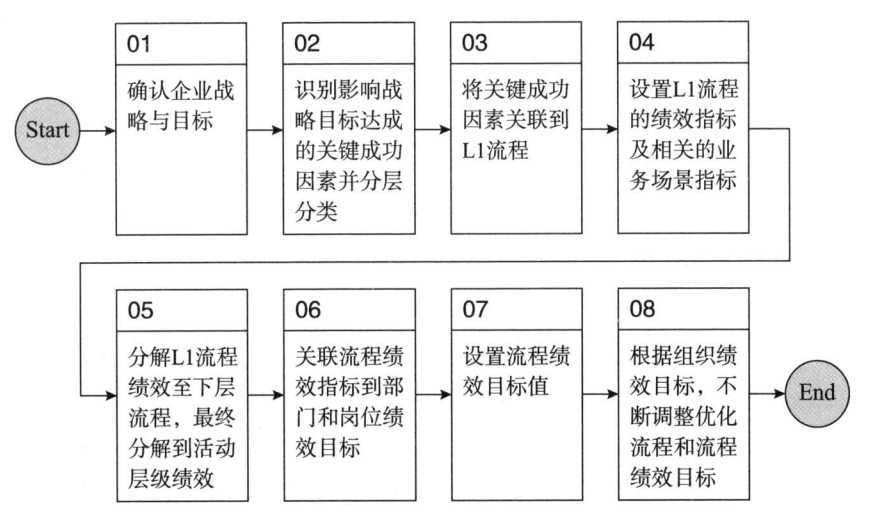

图 10-7　业务目标运营服务过程步骤

步骤 1：确认企业战略及目标

企业战略关注于企业满足股东要求、客户要求、社会责任要求等实现，具体体现为经营指标、客户满意度指标等，这是企业的整体目标。企业整体目标可以通过平衡记分卡来阐述，平衡记分卡也可以在不同的业务单元实现分层分级的设置。

步骤 2：识别影响业务目标达成的关键成功因素并分层分级

业务目标是在业务过程的支持下实现的，并受到关键业务因素的影响，我们把这些影响目标达成的业务因素称为关键成功因素。识别影响目标达成的关键成功因素，并把它们按照一定的分类进行排列，找出关键成功因素和目标达成的关联关系，对业务目标的管理就显得至关重要。关键成功因素的分类可以按照影响业务目标的重要程度来区分。例如，对业务目标达成影响比较大的因素可以设置为重要关键因素；对业务目标达成影响较小的因素，可以设置为关键因素。

步骤 3：将关键成功因素关联到 L1 流程

业务目标的达成是业务流程综合运作的结果，业务目标的达成和关键成功因素强相关，也就一定和业务流程强相关。将关键成功因素按照流程架构识别并分配到对应的 L1 层级流程，这种对应关系可以是一对一，也可以是多对多，这个步骤实现业务绩效和流程的首次关联，实现关键成功因素和 L1 流程的关联。

步骤 4：设置 L1 流程的绩效指标及相关的业务场景指标

流程绩效指标的设置关注关键成功因素的达成，识别影响其达成的问题或者痛点，综合战略和财务的考量，设定该 L1 流程的绩效指标。流程绩效指标的设计还需要关注业务场景和分析维度。其中业务场景是业务本质内涵属性，业务场景不同，流程不同，流程绩效表现也就不一样，如 MTS 业务场景和 MTO 业务场景。在设置流程绩效指标的时候，还需要考虑指标分析维度的选取。例如渠道的分类、产品的分类和区域的分类等。例如，国内运输周期绩效和海外运输周期绩效。流程指标的定义需要明确数据收集形式、指标口径分析渠道、统计频率和计算公式、指标 owner 等详细信息的说明。

步骤 5：分解 L1 流程绩效至下层流程，最终分解到活动层级绩效

依据流程架构，基于 L1 绩效要求分解得出 L2 绩效指标。以此类推，分解得出各层级的流程绩效，流程绩效的分解最终要落实到岗位角色上，即活动绩效。在各层级的流程绩效指标定义过程中，特别需要注意上下游目标的影响分析，前后流程影响分析，以及各种业务场景指标的分析与设计。

步骤 6：关联流程绩效指标到部门和岗位绩效目标

根据流程执行过程中涉及的组织和岗位，将流程绩效目标树按照一定的原则分配部门和岗位的绩效指标。业务流程是跨部门运作的，业务流程的结果通常也是多个部门和岗位合作的结果，在流程绩效的设置中，可以按照参与业务的重要度和业务实质来设置责任和相应的权重。

步骤 7：设置流程绩效目标值

流程绩效目标值是企业对流程执行效果的目标要求，与企业的业务能力强相关，由客户和组织目标决定。企业有时候为了快速促进流程指标的改进，会根据企业自身实际和行业标杆设置目标值，有时候将重要的流程绩效目标值纳入考核管理来引导和激励流程执行者。

步骤 8：根据组织绩效目标，不断调整优化流程和流程绩效目标

组织通过设计多维度指标分析内外部客户调查、处理客户投诉、解决业务问题等日常情况，监控业务绩效目标表现，制定流程改进措施，确保业务绩效指标可以满足客户和组织要求。根据业务流程的绩效报告，管理者定期评估和更新流程衡量指标和目标，利用流程衡量指标来跟踪流程绩效，查找绩效不佳的原因，并推动部门的绩效持续改进。

七、技术工具

流程资产名称	业务目标运营服务（Process Performance Operation Solution，PPO）
技术工具	■市场反馈分析　■业务流程分析　■根因分析 ■标杆分析法　■GQM 方法　■BSC 方法　■数据分析 ■数据建模　■财务分析　■价值评估技术 ■定量评估与定性评估　■目标分解　■关键成功因素分析 ■验收与评估标准等

10.7 治理风险合规服务

一、定义

流程资产名称	治理风险合规服务（Governance Risk Compliance Solution，GRC）
流程资产定义	治理风险合规服务的对象是业务风险，是在企业的各经营业务之上，以战略为中心，以流程管理为基础，通过绩效管理和风险内控管理措施，对各项经营管理过程进行管理和控制，保障战略和经营目标达成的过程。

业务风险是指未来的不确定性给企业实现经营目标带来的影响。COSO 框架对业务风险管理的定义为：业务风险管理是一个过程，受企业董事会、管理层和其他员工的影响，包括内部控制及其在战略和整个公司的应用，旨在为实现经营的效率和效果、财务报告的可靠性以及法规的遵循提供合理保证。

二、解释

（一）风险合规管理和业务目标强相关

风险合规控制结合了组织愿景、业务战略、关键成功因素、目标、流程绩效等内容，将改善业务绩效和保证风险可控融合在一起，保证风险合规控制与战略目标的一致性。企业面临的挑战是不断地满足客户的期望，为客户提供业务过程和结果的透明性，从而建立更好的与业务伙伴之间的信任关系。企业的业务目标决定了风险管理的策略与方向。业务目标的设立表现为通过平衡记分卡来阐述战略目标，并将各级业务目标分类到关联流程绩效。

（二）流程化的风险合规管理

由于风险控制与业务流程的关联，因此可以便捷地定位相关的负责人，通过风险控制定义，将流程与风险控制关联并且与企业的目标和制度保持同步。流程化的企业风险合规管理过程，将风险合规管理纳入业务执行中，它为企业目标的实现提供合理的保证，具体体现在通过流程将公司运营执行、资金资产安全、法律遵从、财务报告、数据质量、产品与服务质量、客户满意等要求的落实，综合考虑质量、成本、效率和管理要求，风险管理可以涉及各个方面。流程与风险内控的结合体现在：通过业务流程控制设计识别风险、减缓风险，做到风险预防性控制，通过将业务流程控制活动集成到业务流程中，监控业务流程执行，做到风险发现性控制，通过将流程绩效纳入风险改进，通过改进流程质量来识别和管理风险。

（三）风险合规管理关系到企业的全体成员

风险合规管理是由企业董事会、管理层和其他员工共同参与的，应用于企业战略制定和企业内部各个层次与部门。在具体管理过程中涉及风险业务流程 owner、风险合规管理人员、风险控制检查人员。

三、分类

流程资产名称	治理风险合规服务（Governance Risk Compliance Solution，GRC）	
层级分类	☐要素级组件资产 ☐流程级组件资产 ☐企业级组件资产	☐要素级解决方案服务 ☐流程级解决方案服务 ☑企业级解决方案服务
目的分类	☐绩效类流程资产　☑风险类流程资产	

四、适用场景

流程资产名称	治理风险合规服务（Governance Risk Compliance Solution，GRC）
适用对象	☑业务流程 owner　☑流程执行人　☑相关管理部门
适用场景阶段	☑业务规划阶段　☑业务设计阶段　☑业务实施阶段 ☑业务评估阶段

（一）企业风险合规体系设计、执行、监控

风险合规体系使企业形成一个内部控制的系统，该系统有效且高效地支持企业目标实现。业务流程责任人、风险合规管理责任人、风险控制检查人员融入改善业务绩效和风险监控的过程中。对于不断变化和日趋复杂的业务环境，提供端到端的风险合规遵从方法，快速适应以保持业务绩效，通过提供清晰可靠的信息，支持决策制定，将风险降低到可以接受的水平。

（二）提升业务风险过程管理效率和柔性

对不断变化的法规作出快速调整，提升业务的敏捷性。将法规分解为控制要求，便于清晰地应对融合内外部法规的要求，减少重叠部分，精简控制和相应的测试工作。企业风险合规与流程体系的融合，降低了业务部门和监控部分之间的分歧，并且提升了绩效，通过流程导向的方式，加快了决策制定和适应调整的速度。

（三）支持完整的审计跟踪

由于风险控制与业务流程的关联，因此可以便捷地定位相关的负责人，将流程与风险控制关联并且与企业的目标和制度保持同步。在以流程为基础的风险合规控制过程中，我们可以快速实现审计问题定位、审计过程跟踪、审计证据收集，同时也可以减少审计文档输出工作量。

五、组件制品与输入输出

流程资产名称	治理风险合规服务（Governance Risk Compliance Solution，GRC）
制品组件	■业务流程关键控制点 ■流程遵从性评估服务 ■业务规则　■流程审计服务　■流程绩效目标 ■业务流程　■关键流程（高风险流程）
输入	输出
・业务目标 ・外部法律及合规要求 ・企业内部政策，如人力政策、财务政策等 ・业务流程 ・流程问题 ・客户投诉	・企业风险合规治理框架 ・企业风险清单 ・业务流程风险等级 ・高风险流程 ・风险控制措施

六、方法步骤

业务风险、合规及治理服务过程一般包括如下步骤：

步骤1：评估企业风险及合规现状

企业的风险包括战略风险、经营风险、合规风险等内容，而这些风险涉及企业的所有部门和全体员工，覆盖了企业的所有业务流程。评估企业风险和合规现状是一个庞大的工程，这个过程不仅要识别内部风险、合规管理现状，还要研究外部法规政策的要求和企业的遵从情况。

步骤2：设定业务目标，通过分配指标及其业务流程来达到目标

风险合规管理过程和业务目标紧密关联，业务目标决定风险管理的目标和方向，所以风险管理流程的起点是定义企业及各下属部门的战略和目标，通过分配指标及其业务流程来达到目标。

Start → 01 评估企业风险及合规现状 → 02 设定业务目标，通过分配指标及其业务流程来达到目标 → 03 识别事件和风险，并关联到业务目标和业务流程 → 04 执行风险评估，确认风险影响程度和可接受程度 → 05 定义风险响应措施和计划 → 06 设计和实施控制措施，控制活动固化在业务流程中 → 07 监控控制活动，并评估内部控制的有效性 → 08 根据企业风险承受程度，启动风险应对措施，保证业务可持续运作 → End

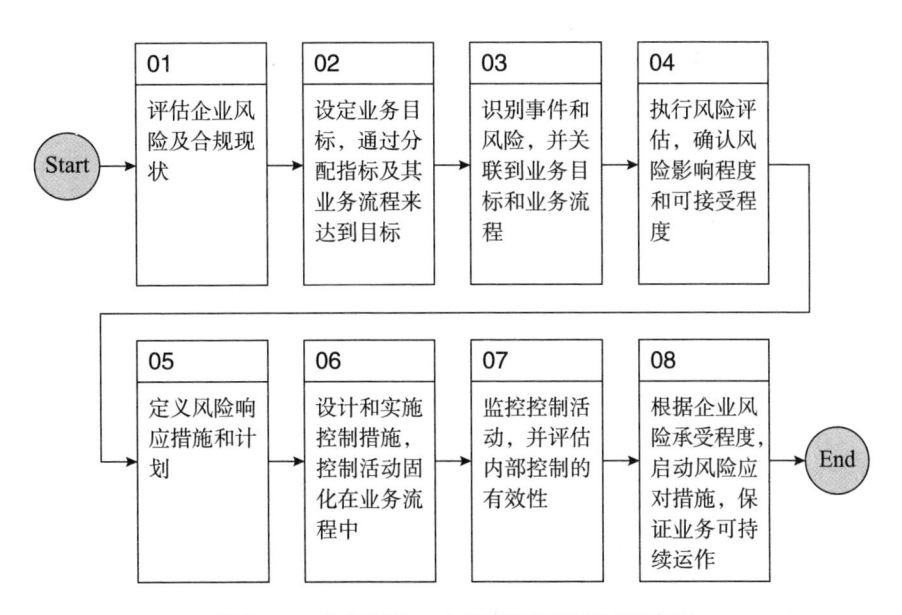

图 10-8　业务风险、合规及治理服务过程步骤

步骤3：识别事件和风险，并关联到业务目标和业务流程

通过识别影响目标实现的内部事件和外部事件，可以定义机会和威胁。机会用来管理战略和目标设定的流程，威胁指的是有可能造成目标损失的事

件。高层管理者识别战略风险，中层管理者识别战术风险，所有的风险都需要关联业务目标和业务流程，形成企业风险清单。识别风险和合规相关流程，具体操作包括将风险（负面事件）关联到目标并详细描述、将风险关联到发生风险的流程、定义风险细节（描述、类型、责任等）及风险评估准备。

步骤4：执行风险评估，确认风险影响程度和可接受程度

用非常清晰的方式定义风险，评估固定风险和剩余风险，可以进行定量和定性的评估，定量评估需要丰富的经验。执行风险评估需要维护所有相关的风险信息，确认风险发生的概率和影响程度。

步骤5：定义风险响应措施和计划

当风险发生后，会有不同的应对措施，包括避免、接受、减轻和分担等。管理层根据风险发生的频率和影响的后果来选择正确的风险响应措施，使风险与风险容忍实体、风险承受度相关联。定义风险响应措施和计划时，尤其要关注高风险流程的影响。

步骤6：设计和实施控制措施，控制活动固化在业务流程中

在业务架构、价值流、业务流程中定义风险控制措施，将风险控制措施固化在日常的业务流程执行中，以确保风险响应能够高效地执行。一般来讲，通过定义明确的控制措施以降低风险，包括识别物理控制（资产、价值、库存）、定义管理视图和报告、基于绩效指标的控制、定义职责分离、定义岗位权限等。控制定义包含控制如何被执行到其相关/归属的业务流程，谁负责该控制，该控制是否需要被测试/被审计，该控制如何进行测试，什么时候进行测试和谁来测试等内容。

步骤7：监控控制活动，并评估内部控制的有效性

内部控制监控包括企业和各业务单元所有监控活动，如实时例外监控、合规监控、流程分析与绩效监控、业务一致性监控、流程审计管理监控等。监控结果作为残余风险评估和风险应对措施的输入。风险监控手段通常通过风险检查项目或者是审计项目来实施，特别需注意的是，除了日常的风险监控活动，组织应该建立例行机制来系统全面地评估内部控制的有效性，包括控制环境、控制措施、控制政策等内容。

步骤 8：根据企业风险承受程度，启动风险应对措施，保证业务可持续运作

风险应对措施包括避免、接受、减轻和转移。其中特别强调风险接受机制，是指在风险流程执行对业务产生了管理或者财务上的风险，目前又没有办法马上执行改进，或者目前停止该流程的执行会带来更大的损失，但风险还在可控制范围内，流程 owner 启动风险接收机制，在一段时间内允许该流程执行，也就是带病执行。

七、技术工具

流程资产名称	治理风险合规服务（Governance Risk Compliance Solution，GRC）
技术工具	■ GRC 企业治理　■ COSO 框架　■ RACI 矩阵　■ 调研 ■ 目标分解　■ BSC　■ SOD 矩阵　■ 审计 ■ 风险分析与管理　■ EA　■ 业务流程分析等

10.8 管理体系融合服务

一、定义

流程资产名称	管理体系融合服务（Management Mechanism Integration Solution，MMI）
流程资产定义	管理体系融合是指按照业务架构和业务流程整合企业中相关管理体系的要求，将体系要求和体系运作融合为一套管理要求，通过协同企业管理要求，降低企业管理成本，并提高体系运作的效率和效果。

企业总是有很多体系，通用的管理体系一般有流程体系、质量管理体系、信息安全管理体系、EHS 管理体系、风险内控体系等。

二、解释

（一）业务流程管理使体系整合变成了可能

在很多企业，通过部门职能的设置来确认业务范围，这是企业存在多套管理体系的根本原因。这些管理职能部门有不同的部门目标、不同的体系要求和不同的管理语言，但这些部门的最终管理目标是一致的，那就是为企业的整体目标服务。如何将这些体系的管理要求作为整体来管理？流程是企业中业务执行的载体，它整合了所有的管理和生产要素，流程执行人、活动及要求、输入输出、信息系统，流程目标等，管理体系的要求都是通过企业的全体成员来遵守并执行，将企业的管理要求落实到流程的执行中，体系融合通过流程来整合就变成了可能。通过业务流程设计、业务流程执行、业务流程评估、业务流程优化和业务流程的文件化来实现组织内部多种体系的融合和管理。

（二）体系融合开展的统一源头是流程架构

我们前面提过，企业的流程架构是业务蓝图，以流程架构设计为原则，沿着流程架构的体系管理工作，可以做到业务的完整性和相对独立性。例如，企业一般是要求沿着流程架构做制度、沿着流程架构做流程、沿着流程架构做绩效等，这样可以保证这些工作的完整性，它能够覆盖所有的业务功能。流程架构的结构性可以保证这些业务功能不重叠、不交叉。所以，体系工作开展的基础和源头是流程架构。

（三）体系要求和执行需要政策和流程来落实

政策是企业中以权威形式标准化的规定要求全体成员必须遵从的行为准则，具有相对稳定性和权威性的特点。例如，企业中的人力资源政策、安全管理政策等。流程是规定企业中该业务活动的操作步骤、操作标准和要求，相对于政策稳定性差一些。体系的要求首先要在政策层面融合，在企业的政策文件中可以体现不同的体系要求，接着政策的规定需要体现在流程设计和执行中，也就是说，政策通过流程来履行。这好比流程架构是一张地图，在地图的每个模块上加载铁路、山川等不同的管理要求，通过设置地图导航，规范引导人们的道路运作。

三、分类

流程资产名称	管理体系融合服务（Management Mechanism Integration Solution，MMI）	
层级分类	☐要素级组件资产 ☐流程级组件资产 ☐企业级组件资产	☐要素级解决方案服务 ☐流程级解决方案服务 ☑企业级解决方案服务
目的分类	☐绩效类流程资产　　☑风险类流程资产	

四、适用场景

流程资产名称	管理体系融合服务（Management Mechanism Integration Solution，MMI）
适用对象	☑业务流程 owner　☐流程执行人　☑相关管理部门
适用场景阶段	☐业务规划阶段　☑业务设计阶段　☑业务实施阶段 ☐业务评估阶段

（一）企业体系文件整合

随着企业规模的扩大，一方面，各类体系文件越来越多，各自分头管理；另一方面，各类体系文件的内容相互依赖和冲突越来越多。企业中通过流程来整合各类体系文件，实现文件的统一管理，从源头上避免文件内容的冲突，后续文件生命周期等业务要求也可以实现统一的系统管理。

（二）企业综合管理运营

企业内部各类管理运营是对各类管理要素的管理，例如，质量管理是对质量要素的管理，内控管理是对风险要素的管理，当企业有统筹各类管理要素实现综合管理的需求时，就需要对这些管理要素集成整合，集成整合的表现不仅仅是体系要求的整合，也可以是组织岗位、信息系统等资源整合共享。

五、组件制品与输入输出

流程资产名称	管理体系融合服务（Management Mechanism Integration Solution，MMI）
制品组件	■流程架构 ■业务流程 ■业务流程视图 ■业务流程关键控制点 ■流程遵从性评估服务 ■治理风险合规服务

输入	输出
• 战略目标 • 体系目标 • 体系文件及要求	• 融合后的业务流程 • 融合后的业务流程文件

六、方法步骤

管理体系融合服务过程一般包括如下步骤：

步骤1：构建企业流程架构

流程架构设计不仅从客户视角展示业务运作，还确保了业务覆盖的完整性。流程架构是体系工作开展的基础和源头。

```
Start → 01 构建企业流程架构 → 02 按照企业流程架构，梳理该业务流程场景 → 03 结合业务流程场景，梳理企业中各体系要求 → 04 梳理企业管理文件体系，统一文件模板要求，并进行分层分级管理
       ↓
       05 在流程上添加不同的标签，整合各类体系在业务执行中的统一性 → 06 评审和改进各类体系管理 → End
```

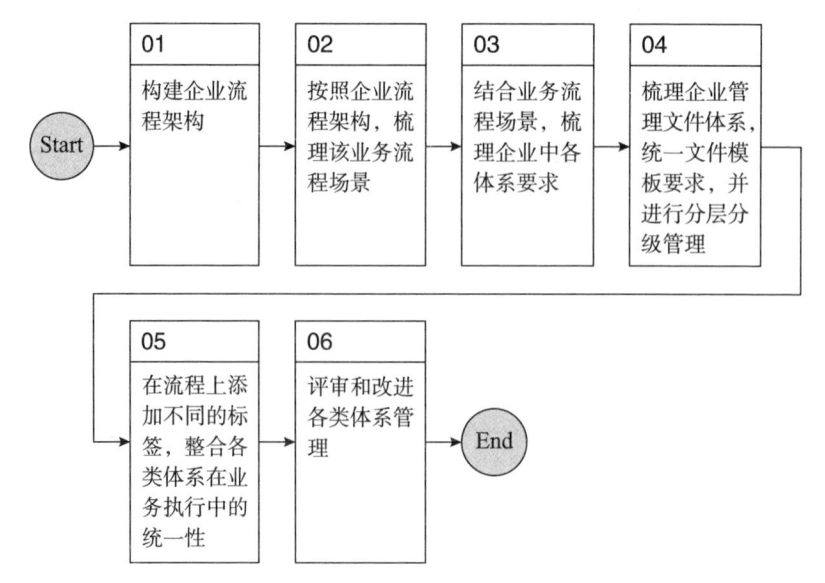

图 10-9　管理体系融合服务过程步骤

步骤 2：按照企业流程架构，梳理该业务流程场景

体系要求不仅要落实到业务设计上，还要落实到业务执行中。业务场景是对业务流程执行过程中实际场景的细化。

步骤 3：结合业务流程场景，梳理企业中各体系要求

梳理企业管理体系类别，如内控合规体系要求、质量体系要求、风险要求等。体系要求可以分为组织、角色、流程、信息系统和文件等方面。

步骤 4：梳理企业管理文件体系，统一文件模板要求，并进行分层分级管理

梳理企业文件管理体系，例如按照政策、制度、流程、操作指导书等进行层级分类。操作过程如下：首先，收集政策类文件模板各类体系的需求，统一文件模板格式，并纳入如上各体系的要求，做到管理要求在政策文件上的融合；其次，收集流程类文件模板需求，统一文件模板格式，要求尽可能纳入如上政策内容的要求，做到政策要求在流程上实现，其他层级以此类推，实现体系要求在不同层级文件的落实。

步骤 5：在流程上添加不同的标签，整合各类体系在业务执行中的统一性。

在流程上添加不同的标签，将多种管理体系要求落实在一套业务流程中，一方面保证了体系和业务的紧密结合和实施执行，另一方面为体系的认证评估提供了方便。业务流程固化在组织、角色和信息系统中，所以各类管理体系的执行随之固化在组织、角色、信息系统中，通过流程设计要求和流程执行的监控，保证体系执行在业务执行过程中的融合性。

步骤 6：评审和改进各类体系管理。

体系的管理评审用来评测各类体系在企业中的执行效果，体系文件的要求在企业内部统一管理，并和业务实际情况的匹配实现持续优化。业务实际执行情况可以通过业务流程的效果评估实现，体系改进要求可以通过业务流程优化来实现整改，所以各类体系的评估和改进也可以流程的维度实现管理。

七、技术工具

流程资产名称	管理体系融合服务（Management Mechanism Integration Solution，MMI）
技术工具	■目标分解　■业务流程分析　■检查表　■EA 等

本篇小结

本章介绍了解决方案流程资产知识内容，包括定义、适用场景、操作流程、输入输出、技术工具等，总计17类，其中流程级解决方案资产9类，关注流程生命周期实施过程的方法介绍，具体包括业务需求管理服务、业务流程优化服务、权责设计与审批流程优化服务、数字化业务流程优化服务、业务流程适配服务、业务流程绩效评估服务、客户声音收集服务、业务流程遵从性评估服务、业务流程审计服务。企业级解决方案资产8类，关注企业层面流程变革管控和实施方法介绍，具体包括业务能力管理服务、业务变革规划服务、业务变革组合管理服务、业务变革项目实施服务、业务变革项目评审与决策服务、业务目标运营服务、治理风险合规服务、管理体系融合服务。

PROCESS ASSET

第五篇 后记

附录1　不同管理视角的相关性

本书在剖析流程资产的过程中，涉及很多管理视角。为了让大家对各种管理视角有更清晰的认识，笔者在此做一个简单并通用的相关性说明。

流程资产在被提出的时候，可能包含一种或者多种管理视角。例如，变革项目实施，既包含变革管理的视角，又包含项目管理的视角。这些管理视角也会随着流程资产的状态而变化。例如，流程优化是以项目的方式开展，涉及项目管理的视角，如果该流程是价值流或者关键流程，可能涉及价值管理的过程，如果该流程的优化是属于变革项目管理范畴，就又涉及变革管理和架构管理的视角。越是大型的、复杂的流程资产，涉及的管理视角越多。不管是哪一种管理视角，我们都可以用如下的方式来分析各种管理视角和流程资产的关系：

1. 管理视角相关性描述

管理视角相关性描述该管理视角的定位和关注点，简单阐述与流程资产的相关性。

2. 根据流程资产的层级属性判断管理视角涉及的流程资产复杂度

一般认为组合类的流程资产的复杂度高于组件类的流程资产的复杂度。据此，涉及流程资产复杂度判断，按照企业级流程资产、流程级流程资产和要素级流程资产分别设置为高、中、低。

3. 根据流程资产的适用阶段判断管理视角涉及的流程资产范围覆盖度

流程资产适用范围分为业务规划阶段、业务设计阶段、业务实施阶段和业务评估阶段。据此，我们认为涉及的阶段越多，流程资产范围覆盖度越大，并按照高、中、低来设置覆盖度等级。

4.强相关的流程资产

列举书中提到的和该管理视角相关的流程资产，我们这里只是把涉及的重要且关键的流程资产列举出来，并不代表与其他流程资产不相关。

需要注意的是，由于各类管理视角都有专业的知识方法，所以提到的相关性、复杂度、覆盖度等描述都是对书中涉及的流程资产内容而言，并不代表对各类管理视角的系统完整的描述。各类管理视角对应流程资产层级关系如下图所示：

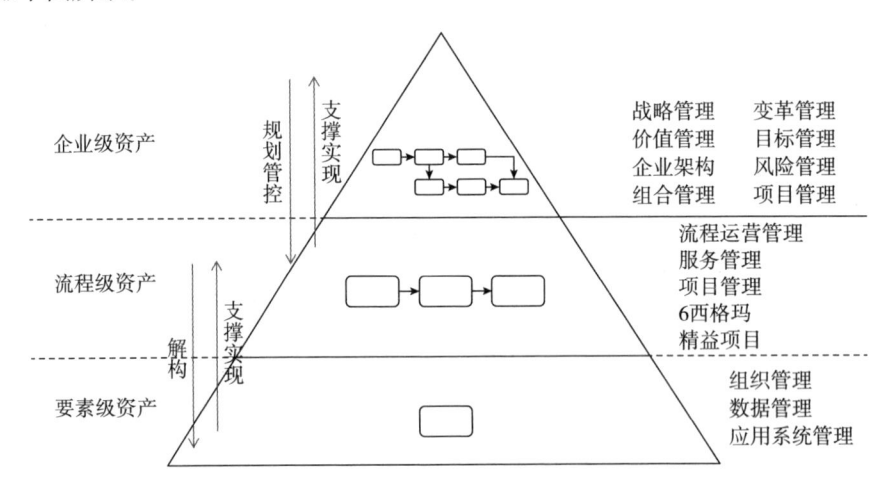

图 1　各类管理视角对应流程资产层级关系图

一、战略管理

1.管理视角相关性描述

战略管理关注战略目标的制定及如何保证达成制定的目标，涉及企业级的流程资产，关注组织目标和价值的实现。在战略管理过程中，组织需要将战略目标层层分解到各业务单元和业务流程来承载整体目标的达成。各业务单元为了达成组织目标，会识别出相关举措或者与达成战略目标的强相关业务流程，并通过有效的方法实施过程管理，保证其与战略的一致性。按照广义的战略管理内容，战略管理包括战略目标管理、企业架构管理和组合及变革管理。企业架构和组合管理帮助组织做好决策，保证从战略目标到战略执行落地的一致性。

2. 涉及流程资产复杂度：H

3. 涉及流程资产范围覆盖度：H

4. 强相关的流程资产内容：

- 关键流程（Key Business Process）
- 业务价值流（Value Stream）
- 业务目标运营服务（Process Performance Operation Solution，PPO）
- 业务架构（Business Architecture，BA）
- 业务变革规划服务（Business Change Planning Solution，BCP）
- 业务变革组合管理服务（Change Portfolio Management Solution，CPfM）

二、价值管理

1. 管理视角相关性描述

价值管理包括从定义价值机会点到价值实现的过程，是对业务结果的评价或衡量。从战略目标的输出，到价值机会点的发现（类似变革规划）、组织价值流管理、变革项目实施、流程优化实施、风险合规管控，端到端业务流程及优化，都是从价值角度触发的管理要求，贯穿了组织战略、战术和执行层级。一般来说，价值管理和目标管理相关联，目标可以是客观的数据，也可以是主观的评价。

2. 涉及流程资产复杂度：H

3. 涉及流程资产范围覆盖度：M

4. 强相关的流程资产内容：

- 业务价值流（Value Stream）
- 业务变革规划服务（Business Change Planning Solution，BCP）
- 业务变革组合管理服务（Change Portfolio Management Solution，CPfM）
- 业务变革项目实施服务（Change Project / Program Implementation Solution，CPI）
- 业务变革项目评审决策服务（Change Project / Program Gate Review Solution，CPGR）

三、企业架构

1. 管理视角相关性描述

企业架构是用于企业管理框架和方法，为流程资产提供框架指导和服务。企业架构包括业务架构和IT架构。其中，业务架构是业务驱动与目标、业务组织和业务行为的组合。业务架构是流程管理的框架，是业务能力的集合，业务能力是支持业务目标和任务实现的我们需要执行的业务活动，应用信息技术将业务能力和业务流程固化在应用系统中。企业架构在战略层级、规划层级和交付层级保证流程变革的管理运作。

2. 涉及流程资产复杂度：H

3. 涉及流程资产范围覆盖度：M

4. 强相关的流程资产内容：

- 业务架构（Business Architecture，BA）
- 业务能力管理服务（Business Capability Management Solution，BCM）
- 业务价值流（Value Stream）
- 业务变革规划服务（Business Change Planning Solution，BCP）

四、组合管理

1. 管理视角相关性描述

组合管理的核心机制是价值管理，现代组合管理理论是基于20世纪中期财务管理发展起来，期望在风险可接受的情况下得到最大的投资回报率。组合管理可以用于产品组合的开发、项目组合的实施、IT战略的投资等内容。组合管理在书中属于企业层级的变革类的流程资产应用，包括变革项目规划、变革项目管控、变革项目实施的内容。架构在组合管理和变革管理实施过程中执行企业治理的要求，为聚焦战略目标的最佳投资回报决策做支撑。

2. 涉及流程资产复杂度：H

3. 涉及流程资产范围覆盖度：M

4. 强相关的流程资产内容：

- 业务变革规划服务（Business Change Planning Solution，BCP）
- 业务变革组合管理服务（Change Portfolio Management Solution，CPfM）
- 业务变革项目评审决策服务（Change Project / Program Gate Review Solution，CPGR）
- 业务架构（Business Architecture，BA）

五、变革管理

1. 管理视角相关性描述

变革管理应用结构化的方式是组织从当前状态转型到未来状态以实现预期收益的实践。变革是由一系列不同的活动组成的转变过程，其目的是支撑组织和利益相关方从当前状态转变到未来状态。这个过程中人、流程、技术、工作场所等资源都会受到影响。

2. 涉及流程资产复杂度：H

3. 涉及流程资产范围覆盖度：M

4. 强相关的流程资产内容：

- 业务能力管理服务（Business Capability Management Solution，BCM）
- 业务架构（Business Architecture，BA）
- 业务变革规划服务（Business Change Planning Solution，BCP）
- 业务变革组合管理服务（Change Portfolio Management Solution，CPfM）
- 业务变革项目实施服务（Change Project / Program Implementation Solution，CPI）
- 业务变革项目评审决策服务（Change Project / Program Gate Review Solution，CPGR）

六、目标管理

1. 管理视角相关性描述

通过组织目标的设置和分解，落实到不同的业务单元和流程运作过程中，并对业务执行过程进行监控和目标达成情况的评估检查。组织目标涉及经营目标、业务单元目标、流程目标、岗位目标等。不管是何种目标，都需要保持和组织整体目标的一致性。

2. 涉及流程资产复杂度：M

3. 涉及流程资产范围覆盖度：H

4. 强相关的流程资产内容：

- 流程绩效目标（Key Performance Indicators，KPI）
- 关键流程（Key Business Process）
- 业务流程绩效评估服务（Process Performance Appraisal Solution，PPA）
- 业务目标运营服务（Process Performance Operation Solution，PPO）

七、风险管理

1. 管理视角相关性描述

风险管理是对组织未来的不确定性风险给企业实现经营目标造成的影响进行全面的管理，包括经营风险、财务风险和合规风险。风险内控的管理一般和业务流程采用融合的手段进行管理。流程一方面需要关注组织和客户目标的实现，同时还需要承载公司政策、制度、法规等内容要求。风险合规的管理是针对业务目标达成的潜在风险而言的，这和业务流程的目标是一致的。

2. 涉及流程资产复杂度：M

3. 涉及流程资产范围覆盖度：H

4. 强相关的流程资产内容：

- 流程关键控制点（Key Control Point，KCP）
- 业务流程遵从性评估服务（Business Process Compliance Test Solution，CT）
- 业务流程审计服务（Business Process Audit Solution，PA）
- 治理、风险及合规服务（Governance Risk Compliance Solution，RGC）
- 权责设计与审批流程管理服务（Responsibility & Approval Process，Solution RAP）
- 业务变革项目评审决策服务（Change Project / Program Gate Review Solution，CPGR）

八、服务管理

1. 管理视角相关性描述

服务管理需要体现在提供服务过程中要求的政策和原则。这些原则包括服务策略管理、服务策略和客户管理。针对IT领域的服务管理在国家标准ISO/IEC 20000和ITIL框架有最佳实践展示。在ITIL中服务的定义：服务是用于给客户交付价值输出的一种方式，并通过服务水平协议来保证服务交付的质量。流程组件资产或者流程解决方案资产如果是由业务第三方来提供，也可以看作服务。

组织的业务干系人通过提出需求或问题来触发服务管理。干系人的需求可以来自战略、战术和操作等不同层级的要求。业务干系人的需求通过业务分析一般转化为项目或者流程优化需求。在实际工作中，涉及企业层级相对比较复杂的流程解决方案制品的交付，通常由外部咨询顾问来协助交付，称为管理咨询服务或者流程实施服务。在有些企业中，流程制品的交付还涉及组织内部流程IT管理部门的要求，由流程BP（Business Parter）或者顾问协助交付，这种在企业内部的流程制品的交付也可以称为服务管理，可以根据组织服务管理协议和流程来执行。

2. 涉及流程资产复杂度：M

3. 涉及流程资产范围覆盖度：H

4. 强相关的流程资产内容：

- 业务需求分析管理服务（Business Analysis Solution，BAS）
- 视角及业务流程视图（Viewpoint & Business View Diagram）
- 业务流程绩效评估服务（Process Performance Appraisal Solution，PPA）
- 业务流程优化服务（Business Process Optimization Solution，BPO）
- 业务流程适配服务（Business Process Adaptation Solution，BPA）
- 权责设计与审批流程管理服务（Responsibility & Approval Process Solution，RAP）
- 数字化业务流程优化服务（Digital Business Process Optimization Solution，DBPO）

- 客户声音收集服务（Voice of Customer Solution，VOC）
- 业务变革规划服务（Business Change Planning Solution，BCP）
- 业务目标运营服务（Process Performance Operation Solution，PPO）

九、流程运营管理

1. 管理视角相关性描述

流程运营管理是一种以规范化地构造端到端的卓越业务流程为中心，以持续提高组织业务绩效为目的的系统化方法，管理过程主要包括流程规划、流程建设、流程优化和流程评估。流程运营管理的核心是流程，流程是任何企业运作的基础，企业所有的业务都需要流程来驱动，流程管理本身要从顶层流程架构开始，形成端到端层级化的流程体系，包括定义和设计流程管理生命周期的方法和标准，设计端到端的流程绩效指标等内容。流程管理使用的方法技术有流程优化、流程重组、6西格玛、精益管理等。

2. 涉及流程资产复杂度：M

3. 涉及流程资产范围覆盖度：H

4. 强相关的流程资产内容：

- 业务需求分析管理服务（Business Analysis Solution，BAS）
- 业务流程优化服务（Business Process Optimization Solution，BPO）
- 权责设计与审批流程优化服务（Responsibility & Approval Process Solution，RAP）
- 业务流程绩效评估服务（Process Performance Appraisal Solution，PPA）
- 业务流程遵从性评估服务（Business Process Compliance Test Solution，CT）
- 业务流程审计服务（Business Process Audit Solution，PA）

十、项目管理

1. 管理视角相关性描述

项目是在限定的资源及限定的时间内需完成的一次性任务。通过运用各种相关技能、方法与工具，为满足或超越项目有关各方对项目的要求与期望，所开展的各种计划、组织、领导、控制等方面的活动。项目管理是交付流程资产的形式，而且是被实践证明了的最佳的交付形式，尤其变革实施、流程优化等方面应用更多。原因是在业务变革或者优化的过程中，涉及的跨部门沟通内容居多，而且业务优化过程通常是阶段性集中性的业务活动，设计优化完成后进入业务例行运作阶段，这个特点和项目的特点十分吻合，所以流程优化天然地和项目管理结合在一起来使用。

2. 涉及流程资产复杂度：M

3. 涉及流程资产范围覆盖度：M

4. 强相关的流程资产内容：

- 业务流程优化服务（Business Process Optimization Solution，BPO）
- 业务流程适配服务（Business Process Adaptation Solution，BPA）
- 业务变革规划服务（Business Change Planning Solution，BCP）
- 业务变革组合管理服务（Change Portfolio Management Solution，CPfM）
- 业务变革项目实施服务（Change Project / Program Implementation Solution，CPI）
- 业务变革项目评审决策服务（Change Project / Program Gate Review Solution，CPGR）

十一、组织管理

1. 管理视角相关性描述

组织管理是指通过建立组织结构规定职务或职位，明确责权关系等，以有效实现组织目标的过程。组织管理涉及业务流程的角色匹配与赋能。

2. 涉及流程资产复杂度：L

3. 涉及流程资产范围覆盖度：M

4. 强相关的流程资产内容：

- 角色与组织建模（Role & Organization Modelling）

- 权责设计与审批流程管理服务（Responsibility & Approval Process Solution，RAP）

十二、数据管理

1. 管理视角相关性描述

数据管理具体就是指对数据进行收集、组织、存储、加工、传播和利用的一系列活动的总和。在流程资产内容中更涉及业务流程中的数据流转和数据的分析应用。

2. 涉及流程资产复杂度：L

3. 涉及流程资产范围覆盖度：M

4. 强相关的流程资产内容：

- 流程起点终点与业务范围建模（Start Point & End Point & Scope Modelling）
- 活动输入输出与数据建模（Input & Output & Data Modelling）
- 业务需求分析管理服务（Business Analysis Solution，BAS）

十三、应用系统管理

1. 管理视角相关性描述

应用系统涉及业务流程的主要模块和功能点，包括系统的定位和功能、系统的边界和定义、系统间的关联关系，通过系统技术实现是从前端展示到业务处理逻辑再到后台数据流转的整体解决方案。

2. 涉及流程资产复杂度：L

3. 涉及流程资产范围覆盖度：M

4. 强相关的流程资产内容：

- 业务活动及应用功能建模（Business Active & Function Modelling）
- 流程起点终点与业务范围建模（Start Point & End Point & Scope Modelling）
- 业务需求分析管理服务（Business Analysis Solution，BAS）

附录2 技术工具

表1 战略分析与选择技术与工具

NO	技术工具（英文）	目的与定义
1	客户需求管理框架 （$APPEALS）	是一种了解分析客户欲望与需求、确定产品市场定位的工具。
2	平衡记分卡 （Balanced Score Card）	是绩效管理工具，也是战略管理工具，包括4个维度度量：财务、客户、内部运营和学习成长，可以用于管理任何业务模型和组织结构下的绩效管理。
3	商业论证 （Business Case）	是一个提供推荐解决方案效益和成本分析的正式商业文档，主要内容包括需求、预期成果、约束、风险以及推荐的解决方案。
4	商业画布 （Business Model Cavas）	描述企业如何创作、交付和获取价值，包括9个构建块：细分客户、客户关系、客户渠道、价值主张、收入结构、主要业务、资源、合作伙伴、成本结构。
5	需求洞察工具 （Businesss Insight Technolygy）	是一种需求引导与挖掘技术，在用户或者是利益干系人不明晰或者部分明晰需求的情况下，通过精准的引导、分析技术或者研究客户样本，去挖掘客户或者利益干系人都不自知的强烈需求。例如PEST、PESTEL分析、用户旅程分析技术等。
6	能力路线图 （Capability Roadmap）	是一种规划技术，描述组织业务能力获取和实施的规划，也可以辅助业务整合不同的业务举措。
7	变革管理工具 （Change Technolygy）	是组织在实施变革过程中使用到的方法和技术，这些方法和技术可以是针对人员意识和思想，例如ADKAR模型，也可以是针对变革实施过程的技术工具，例如项目组合管理。

续表

NO	技术工具（英文）	目的与定义
8	事业环境因素分析 （EEFs Analysis）	是指对项目、项目集或项目组合产生影响、限制或指令作用的各种对团队不能直接控制的条件分析。事业环境因素是大多数规划过程的输入，可能提高或限制项目管理的灵活性，并可能对项目结果产生积极或消极的影响。
9	企业架构 （Enterprise Architecture）	是对企业事业信息管理系统中具有体系的、普遍性的问题而提供的通用解决方案。更确切地说，是基于业务导向和驱动的架构来理解、分析、设计、构建、集成、扩展、运行和管理信息系统。复杂系统集成的关键，是基于架构（或体系）的集成，而不是基于部件（或组件）的集成。
10	市场反馈分析 （Market Feedback Analysis）	是对客户的研究，来确定什么产品服务客户会有需求，什么因素会影响客户决策，以及市场的竞争情况，例如PEST方法、波士顿矩阵技术等。
11	战略分析 （Strategy Analysis）	是通过一定的手段和方法从复杂的信息与线索中，整理出重点影响客户战略形成的因素，以便于下一步的战略选择和制定。例如PEST、价值流分析、波士顿矩阵、平衡记分卡技术等。
12	SWOT分析 （SWOT Analysis）	是一种定义组织目前内部和外部状态的简单而有效的战略分析工具，具体包括4个方面内容：组织优势、劣势、机会、威胁。
13	价值评估技术 （Value Assement Technolygy）	是根源于企业追逐价值最大化的内生要求而形成的价值评估技术，主要以规划价值目标和管理决策为手段、整合各种价值驱动因素和管理技术来实现梳理管理和业务的过程。
14	价值流分析 （Value Chain Analysis）	是一种寻求确定企业竞争优势的工具。价值流分析的基础是价值，其重点是价值活动分析。通过将企业资源、能力和竞争优势进行分解，并考虑这些单个的活动本身及其相互之间的关系来确定企业的竞争优势的一种方式。
15	组织驱动框架 （VMOSA Framwork）	是一种战略分析工具，从企业价值观出发，以业务目标驱动为基础，保证企业战略、使命、目标、举措的一致性。

表2　组合管理、评估决策技术与工具

NO	技术工具（英文）	目的与定义
16	验收与评估标准（Acceptance & Evalutation Critria）	是一种评估技术，通过验收标准的制定来评估交付是否可接受。验收标准定义了一组必须满足的最低要求确保特定业务解决方案的实现，评估标准定义了一组根据方案和备选设计允许利益干系人根据价值进行评估的需求。
17	决策分析（Decision Analysis）	是一种通用的决策分析技术，用规范的方法正式评估不同方案及对应的结果，支持业务做方案比较决策。决策分析可以采用不同的方式开展，例如数据分析、财务分析、决策树等。
18	决策建模（Descision Modelling）	是一种复杂的决策分析技术，展示了数据库如何放在一起来做决策，包括决策矩阵和决策树。决策建模用来解决更复杂的决策分析问题。
19	决策树（Decision Tree）	是一种判断评价项目可行性的决策分析方法，是直观运用概率分析的一种图解法。在已知各种情况发生概率的基础上，通过构成决策树来求取净现值的期望值大于等于零的概率并支持决策。
20	决策矩阵（Decision Matrix）	常用于企业的战略经营管理中，它是表示决策方案与有关因素之间相互关系的矩阵表式，常用来进行定量决策分析，是风险型决策常用的分析手段之一。
21	优先选择矩阵（Priority Matrix）	是针对通过头脑风暴得到的众多面临问题或解决问题的措施，确定优先解决的问题或优先采取措施的方法。优先矩阵的目的是帮助人们在矩阵图或树图的分析中，根据权重系数和决定准则测量/评价关联性，以决定要优先实施的方案。
22	定量评估与定性评估（Estimation）	可以用于执行某一个行动方案所需的成本、时间、工作量的估算，估算通过预测业务结果支持业务决策。
23	财务分析（Finacial Analysis）	用于从财务角度了解投资项目的一个或者多个解决方案的成本效益情况。

续表

NO	技术工具（英文）	目的与定义
24	阶段门审查（Gate Review Technology）	是一种产品质量策划的方法，也可用于项目质量策划过程中。定义成一种用来确定和制定确保某产品或者项目成果使顾客满意所需步骤的结构化方法，保证在项目管理过程的所有阶段，通过结构化（Gate）的评审技术，均处于项目团队的管理过程中，以确保步骤按需求完成。
25	优先排序（Prioritization）	通过规定的业务规则和流程对相关信息的重要性达成共识，重要性可以是价值、风险等因素，优先级的确认影响到后续的资源投入。
26	项目组合管理（Portfolio Analysis）	是在可利用的资源和企业战略计划的指导下，进行多个项目或项目群投资的选择和支持。项目组合管理是通过项目评价选择、多项目组合优化，确保项目符合企业的战略目标，从而实现企业收益最大化。
27	供应商评估（Vendor Assessment）	用来确保投资者的可信度和提供的产品或者服务满足组织的期望和需求。当解决方案卷入外部投资者，或者是解决方案采用外包形式时，对于第三方会产生具体的需求。包括确保供应商的财务状况、合规状况、方案交付能力等。

表3　目标管理技术与工具

NO	技术工具（英文）	目的与定义
28	关键成功因素分析（Critical Success Factors）	是以关键因素为依据来确定业务目标总体规划的方法。在组织运作过程中，存在多个变量影响系统目标的实现，其中若干个因素是关键的和主要的（即成功变量）。通过对关键成功因素的识别，找出实现目标所需的关键信息集合，从而确定企业目标设定的优先顺序，也有助于影响企业运作过程中目标实现的原因分析。
29	目标分解（Objective Decomposition）	是将总体目标在纵向、横向或时序上分解到各层次、各部门以至于具体人，形成目标体系的过程。目标分解是明确目标责任的前提，是使总体目标得以实现的基础。

续表

NO	技术工具（英文）	目的与定义
30	目标问题测量分析（GQM Analysis）	是一种面向目标、自上而下、由目标逐步细化到度量的度量方法，可以用于流程绩效的识别和定义，具备较强的可操作性和灵活性。GQM 按照层级结构来组织，即从目标定义开始，把目标提炼成相关的考察问题，再标识相关问题的需求并通过组织定义为度量指标。
31	评估与绩效指标（Metrcis and Key Performance Indicators）	用于度量解决方案的绩效和表现结果，可以是量化的指标，也可以是非量化的指标。

表 4　风险管理技术与工具

NO	技术工具（英文）	目的与定义
32	COSO 框架（COSO Framwork）	用于为企业风险管理提供一个统一术语与概念体系的全面的应用指南。
33	GRC 企业治理方法（GRC Method）	是在企业的各经营业务之上，以战略为中心，以流程管理为基础，通过绩效管理和风险内控管理措施，对各项经营管理过程进行管理和控制，保障战略和经营目标达成的管理方法和工具的总称。
34	风险分析与管理（Risk Analysis and Management）	用来定义给目标和价值带来负面影响的不确定性，通过识别并登记风险列表，分析评估风险不确定性，形成相应的风险应对措施。

表 5　干系人管理技术与工具

NO	技术工具（英文）	目的与定义
35	干系人管理（Stakeholder Management）	用于识别和明确与业务解决方案活动相关角色，也可以帮助检查是否有干系人遗漏的情况。例如干系人矩阵、洋葱图、RACI 矩阵等技术。
36	利益干系人登记表（Stakeholder List）	用来辅助识别举措或者业务需求可能受到影响的业务关键人员，确保解决方案实施过程中干系人正确卷入与参与，包括记录、思考和分析识别的干系人的特点，例如权责、态度、决策水平等。

253

表6　项目管理技术与工具

NO	技术工具（英文）	目的与定义
37	成本分析 （Cost Analysis）	是用来估算备选方案优势和劣势的财务分析工具，以确定可以创造最佳效益的备选方案。成本分析可帮助项目经理确定规划的质量活动是否有效利用了成本。
38	工作分解结构 （WBS）	是项目管理重要的专业术语之一，以可交付成果为导向对项目要素进行分组，它归纳和定义了项目的整个工作范围每下降一层代表对项目工作的更详细定义。

表7　业务需求管理技术与工具

NO	技术工具（英文）	目的与定义
39	需求代办事项管理 （Backlog Managemnet）	是一种需求管理工具，利用计划的方法记录、跟踪剩下的工作事项，并且为这些工作事项分组、分类、跟踪和排序。
40	头脑风暴法 （Brain Storming）	是一种需求收集工具，通过研讨的方式收集和形成创造性思维的工具，过程中不允许相互评价，目的是在短时间内产生大量的想法。
41	德尔菲法 （Delphi Method）	是一种需求收集工具，也称专家调查法，其本质上是一种反馈匿名函询法，其大致流程是在对所要预测的问题征得专家的意见之后，进行整理、归纳、统计，再匿名反馈给各专家，再次征求意见，再集中，再反馈，直至得到一致的意见。
42	业务文档分析方法 （Document Analysis）	是一种需求收集工具，通过检查描述业务环境和现有组织资产的资料来获取业务信息以了解业务需求。
43	焦点小组 （Focus Group）	是一种需求收集工具，通过高度交互式的环境来获取特定产品或者服务的想法和观点。
44	访谈 （Interviews）	是一种需求收集工具，通过和业务干系人面对面的方式来获取需求的技术。
45	思维导图 （Mind Mapping）	是用于表达和捕捉思想、想法和信息的工具，可以作为有效协作和沟通的工具。

NO	技术工具（英文）	目的与定义
46	原型法 （Prototyping）	是一种沟通和验证需求的技术，通过和利益干系人互动创建的模型或者设计方案来评估需求的满足程度，基于此形成最终的业务解决方案。
47	分镜/故事板 （Story Board）	是一种确认用户需求的技术，概念来自电影行业的故事板，需求管理中和业务用例相关，将一组相关用例串在一起，加上背景、条件、关联等说明信息，就构成了用户需求文档。
48	调研 （Survey or Questionnaire）	是一种需求收集工具，针对某一特定目的，通过设置一系列问题，在较短的时间内完成收集调查人员的反馈信息。
49	用户故事/用例 （User Stories / Case）	是一种需求获取方法，用来描述用户需求或者展示系统功能和质量需求，关注与业务干系人的价值。
50	工作坊 （Workshop）	为了达到预期目标引导业务干系人在集中时间内相互协作的一种方式。Workshop可以提升干系人之间的信任和理解，有助于产生可以用来引导未来工作开展的结构化交付物。

表8 业务流程分析与设计技术与工具

NO	技术工具（英文）	目的与定义
51	6西格玛 （6δ）	是一种改善企业质量流程管理的技术，要求制定业务目标、收集数据以及分析结果，通过这些来减少产品和服务的缺陷，进而带动质量提高、成本降低，实现财务表现的提升与企业竞争力的突破。6西格玛包括两个过程：6西格玛DMAIC和6西格玛DMADV，它们是整个过程中两个主要的步骤。6西格玛DMAIC是对当前低于6西格玛规格的项目进行定义、度量、分析、改善以及控制的过程。6西格玛DMADV则是对试图达到6西格玛（6 Sigma）质量的新产品或项目进行定义、度量、分析、设计和验证的过程。

续表

NO	技术工具（英文）	目的与定义
52	精益方法（Lean Method）	可以用来业务流程分析与改进的方法，核心思想是根据用户需求定义企业生产价值，按照价值流组织全部生产活动，企业在为顾客提供满意的产品与服务的同时，把浪费降到最低限度。目标是以最小资源投入，包括人力、设备、资金、材料、时间和空间，准时地（JIT）创造出尽可能多的价值，为顾客提供新产品和及时的服务。
53	SIPOC 方法（SIPOC Method）	质量大师戴明提出来的组织系统模型，是一门最有用而且最常用的，用于流程管理和改进的技术。戴明认为任何一个组织都是一个由供应者、输入、流程、输出，还有客户这样相互关联、互动的 5 个部分组成的系统。这 5 个部分的英文单词的第一字母就组成 SIPOC，因而把此称作 SIPOC 组织系统模型。
54	业务流程分析（Process Analysis）	通过对业务分析，确认当前流程当前状态和未来状态的差距，推荐并提供有价值的流程，了解需要的信息系统支持，目的是形成合理科学的业务流程。
55	标杆分析法（Benchmarking）	通过组织实践和业内最佳实践作对比，来衡量组织的流程或者活动是否达到了最佳实践水平，用于发现组织内部差距，从而制定业务实施目标。
56	根因分析（Root Cause Analysis）	用来识别和评估引起问题的最基础、最本质的原因，是一个聚焦问题产生原因的系统性的检查分析，而不是针对结果表象分析问题。
57	情景分析法（Scenarios Analysis）	业务管理过程中用于对业务不同模式情景分析其不同的过程及影响的结果。通用的情景分析法又称脚本法或者前景描述法，是假定某种现象或某种趋势将持续到未来的前提下，对预测对象可能出现的情况或引起的后果作出预测的方法。通常用来对预测对象的未来发展作出种种设想或预计，是一种直观的定性预测方法。
58	业务规则建模（Business Rules Analysis）	是用来识别和表达去校验和修正组织规则，这些规则会约束日常业务行为，指导业务决策。

续表

NO	技术工具（英文）	目的与定义
59	取消、合并、调整顺序、简化（ECRS）	在进行业务分析的基础上，可以寻找工序流程的改善方向，构思新的工作方法，以取代现行的工作方法。运用ECRS四原则，即取消、合并、调整顺序和简化的原则，可以帮助人们找到更好的效能和更佳的工序方法。
60	取消、简化、整合、自动化（ESIA）	所有企业的最终目的都应该是提升顾客在价值流上的价值分配。重新设计新的流程以替代原有流程，就是以一种新的结构方式为顾客提供这种价值增加，反映到具体的流程设计上，就是尽一切可能减少流程中非增值活动调整流程中的核心增值活动。ESIA法是减少流程中非增值活动以及调整流程的核心增值活动的实用原则。包括消除（Eliminate）、简化（Simply）、整合（Integrate）和自动化（Automate）4个步骤。
61	标准化、执行、检查、调整（SDCA）	标准化维持，即"标准化、执行、检查、调整（总结）"模式，包括所有和改进过程相关的流程的更新(标准化)，并使其平衡运行，然后检查过程，以确保其精确性，最后作出合理分析和调整使得过程能够满足愿望和要求。

表9　组织分析设计技术与工具

NO	技术工具（英文）	目的与定义
62	组织建模（Organization Modelling）	用来定义组织或者组织结构、岗位结构的组建形式，也包括角色描述、职责和汇报结构等。
63	RACI矩阵（RACI Matrix）	展示了4种角色类型及其职责，保证在业务解决方案过程中角色分配的一致性理解，在干系人分析中使用，可以基本保证干系人组或者干系人完整地被识别。
64	职责分离矩阵（SOD Matrix）	在商业中，大多数的业务流程或者任务不止一人来完成，通过在业务流程或任务中设置多个角色实现业务分离，是一种旨在防止欺诈和错误的内部控制方式。

表 10　系统分析设计技术与工具

NO	技术工具（英文）	目的与定义
65	业务功能分解 （Fuctional Decomposition）	通过结构化方法将业务流程或者系统功能分解，帮助业务管理复杂性，降低不确定性。
66	接口分析 （Interface Analysis）	用来考虑业务系统之间的交互关系，并提供信息系统接口细节。

表 11　数据分析设计技术与工具

NO	技术工具（英文）	目的与定义
67	数据分析 （Data Analysis）	通过统计分析方法对收集来的大量数据进行分析，将它们加以汇总和理解并消化，以求最大化地开发数据的功能，发挥数据的作用。
68	数据挖掘 （Data Mining）	通过数据分析，从不同角度检查大量数据，并发现有用的业务模式和关系，用以提升业务决策水平。
69	数据建模 （Data Modelling）	用于解决复杂的数据分析问题，通过建立数据模型，发现数据之间的关系并建立通用模型，用来指导业务决策。
70	报表技术 （Reporting Technology）	是数据分析的一种展示形式，通过对数据进行归类、统计、分析、展示来为业务决策提供依据。数据报表需要考虑不同干系人的需求，并据此选择合适科学的报表展示形式。
71	时序建模 （Sequence Modellding）	可以用来展示不同业务场景下，信息如何在系统之间实现流转的软件工具。
72	状态建模 （State Modellding）	用来描述和分析信息系统中各类实体的不同可能状态，从一个状态如何转变到另一个状态的软件工具技术。

表 12　评审检查技术与工具

NO	技术工具（英文）	目的与定义
73	审计 （Audit）	是一种检查监督手段，通过对资料作出证据收集及分析，以评估组织业务实际状况，然后就资料及一般公认准则之间的相关程度作出结论及报告。
74	检查表 （Checklist）	用于确认是否完成的点检表，主要关注业务事项是否有遗漏，检查表通常使用简单易于了解的标准化图形，业务人员只需填入规定之检查记号，再加以统计汇整其数据，即可提供量化分析或用于比对检查。
75	评审检查 （Review）	用来评估工作产品是否满足需求。根据不同的目的，可以采用不同的评审手段。例如桌面检查、走读、交叉评审、会议评审等方式。
76	观察 （Observation）	是一种需求获取的工具，通过实际观察业务执行过程来理解和获取业务信息。
77	集成验证工具 （Integrated & Verification Tool）	是确保各单元组合在一起后能够按既定意图协作运行，并确保增量的行为正确的工具。它所测试的内容包括单元间的接口以及集成后的功能。集成验证的意义还在于它能间接地验证方案设计是否具有可行性。

附录3　缩略语

字母序	缩略语	全称（以首字母为缩写）	中文
A	$APPEALS	Price、Availability、Packaging、Performance、Ease of Use、Assurances、Life Cycle、Social Acceptance	价格、可获得性、包装、性能、易用性、保证性、生命周期、社会接受程度
	ACMP	Association for Change Management Professionals	变革管理专业协会
	ADKAR	Awareness、Desire、Knowledge、Ability、Reinforcement	认知、渴望、知识、能力、巩固
	APQC	American Productivity and Quality Center	美国生产力质量中心
B	BA	Business Architecture	业务架构
	BAS	Business Analysis Solution	业务需求分析
	BCM	Business Capability Management	业务能力管理
	BG	Business Group	业务集团
	BI	Business Item	业务项
	BPA	Business Process Adaptation	业务流程适配
	BPMN	Business Process Modeling Notation	业务流程建模与标注
	BPO	Business Process Optimization	业务流程优化
	BSC	Balanced Score Card	平衡记分卡

续表

字母序	缩略语	全称（以首字母为缩写）	中文
C	CCOR	Customer Chain Operation Reference Model	客户链运作模型
	CMMI	Capability Maturity Model Integration	能力成熟度模型集成
	COSO	The Committee of Sponsoring Organizations of the Treadway Commission	美国反虚假财务报告委员会下属的发起人委员会
	CP	Change Planning	业务变革项目规划
	CPM	Change Project / Program Management	业务变革项目管理
	CPI	Change Project / Program Implementation	业务变革项目实施
	CPGR	Change Project / Program Gate Review	业务变革项目评审决策
	CRUD	Create、Retrieve、Update、Delete	增加、读取、更新和删除
	CSR	Corporate Social Responsibility	企业社会责任
	CT	Compliance Test	遵从性评估
D	DCOR	Design Chain Operation Reference Model	设计链运作模型
	DCP	Decision Check Point	决策评审点
	DBPO	Digital Business Process Optimization	数字化业务流程优化
	DFD	Data Flow Diagram	数据流图
	DMADV	Define、Measure、Analysis、Design、Verify	定义、测量、分析、设计、验证
	DMAIC	Define、Measure、Analysis、Improve、Control	定义、测量、分析、改进、控制
E	EA	Enterprise Architecture	企业架构
	ECRS	Eliminate、Combine、Rearrange、Simplify	取消、合并、调整顺序、简化
	EEFs	Enterprise Environmental Factors	企业环境因素

续表

字母序	缩略语	全称（以首字母为缩写）	中文
	EHS	Environment、Health、Safety	环境、健康、安全
	ESIA	Eliminate、Simply、Integrate、Automate	取消、简化、整合、自动化
	ETOM	Enhanced Telecom Operations Map	增强的电信运营图
G	GQM	Goal Question Metric	目标问题测量
	GRC	Governance、Risk、Compliance	治理、风险、合规
H	HR	Human Resource	人力资源
I	IIBA	International Institute of Business Analysis	国际商业分析协会
	IPD	Integrated Product Development	集成产品开发
	IT	Information Technology	信息技术
	ITR	Issuse to Resolution	从问题到解决方案
K	KCP	Key Control Point	关键控制点
	KPI	Key Performance Indicators	关键绩效指标
L	L.NO	Level.NO	层级
	LTC	Lead to Cash	从线索到回款
M	MTO	Make to Order	按订单生产
	MMI	Management Mechanism Integration	管理体系融合服务
	MTS	Make to Stock	按库存生产
O	OGC	The Office of Government Commerce	英国商务部
	OPA	Organizational Process Assets	组织过程资产
P	PA	Process Audit	流程审计
	PEST	Politics、Economy、Society、Technology	政治、经济、社会、技术
	PESTEL	Political、Economic、Sociocultural、Technological、Environmental、Legal	政治、经济、社会文化、技术、环境、法律

续表

字母序	缩略语	全称（以首字母为缩写）	中文
	PO	Process Owner	业务流程责任人
	PPA	Process Performance Appraisal	业务流程绩效评估
	PPI	Process Performance Indicator	流程绩效指标
	PPO	Process Performance Operation	业务目标运营
R	RACI	Responsible, Accountable, Consult, Inform	负责、执行、咨询、通知
	RAP	Responsibility & Approval Process	权责设计与审批流程
S	SACA	Semi-Annual Control Assessment	半年控制评估
	SCOR	Supply Chain Operation Reference	供应链运作参考
	SIPOC	Supplier、Input、Process、Output、Client	供应者、输入、流程、输出、客户
	SMART	Specific、Measurable、Achievable、Relevant、Time-based	明确性、衡量性、可实行性、相关性和时限性
	SOD	Separation of Duty	职责分离
	SPC	Statistical Process Control	统计过程控制
	SWOT	Strengths、Weaknesses、Opportunities、Threats	优势、劣势、机会、威胁
T	TOM	Total Order Management	全面订单管理
	TR	Technical Review	技术评审
U	UML	Unified Modeling Language	统一建模语言
V	VMOSA	Vision、Mission、Objective、Strategy、Action	远景、使命、目标、战略、行动
	VOC	Voice of Customer	客户声音收集
W	WBS	Work Breakdown Structure	工作分解结构

图书在版编目（CIP）数据

流程资产：从组件到解决方案的企业核心能力建设 / 张燕飞著 . —北京：中国法制出版社，2020.12

ISBN 978-7-5216-1463-3

Ⅰ.①流… Ⅱ.①张… Ⅲ.①企业管理—业务流程—研究 Ⅳ.① F273

中国版本图书馆 CIP 数据核字（2020）第 225814 号

策划编辑：潘孝莉
责任编辑：刘　悦（editor_liuyue@163.com）　　　　　　　　封面设计：汪要军

流程资产：从组件到解决方案的企业核心能力建设
LIUCHENG ZICHAN: CONG ZUJIAN DAO JIEJUE FANG'AN DE QIYE HEXIN NENGLI JIANSHE

著者 / 张燕飞
经销 / 新华书店
印刷 / 三河市国英印务有限公司
开本 / 710毫米×1000毫米　16开　　　　印张 / 17.25　字数 / 255千
版次 / 2020年12月第1版　　　　　　　　2020年12月第1次印刷

中国法制出版社出版
书号 ISBN 978-7-5216-1463-3　　　　　　　　　　　　　定价：69.00元

北京西单横二条2号　邮政编码 100031　　　　　　　传真：010-66031119
网址：http://www.zgfzs.com　　　　　　　　　　　编辑部电话：010-66022958
市场营销部电话：010-66033393　　　　　　　　　邮购部电话：010-66033288

（如有印装质量问题，请与本社印务部联系调换。电话：010-66032926）